JIM KNIPFEL,

*1965 in Green Bay, Wisconsin, geboren,
hielt sich nach dem Abbruch seines Studiums mit den
unterschiedlichsten Jobs über Wasser.
Er leidet an einer unheilbaren Augenkrankheit
(Retinitis pigmentosa), die ihn langsam erblinden lässt.
Heute lebt er in Brooklyn und schreibt für
New Yorker Zeitungen.*

DIE BRIGITTE-EDITION
ERLESEN VON ELKE HEIDENREICH

BAND IX
JIM KNIPFEL
Blindfisch

JIM KNIPFEL

Blindfisch

Aus dem Amerikanischen von
Eike Schönfeld

DIE BRIGITTE-EDITION

*Für meine Eltern
Georg und Janice Knipfel,
die nie die Hoffnung aufgegeben haben,
selbst nachdem ich wiederholt keine mehr hatte.
Ich liebe sie mit jeder Faser meines Herzens.*

Einleitung

Meine Oma Myrt starb, als ich zwölf war. Sie hatte viel zu lange gegen die verheerenden Auswirkungen des Krebses gekämpft, und eines Morgens, an Thanksgiving, hatte sie den Kampf verloren.

In einer stillen, düsteren Leichenhalle in Baldwin, Wisconsin, verbrachte ich einen Nachmittag damit, in einem Pulk von Angehörigen und Fremden herumzulaufen, bis ich schließlich ein Plätzchen auf einem unbequemen Stuhl an einer Wand fand. Ich setzte mich und wusste nicht, was ich machen sollte. Es war meine allererste Beerdigung.

Gegenüber erblickte ich meinen Onkel Tom, den Bruder meiner Mutter. Ich sah, wie sein Bierbauch, die schiefe Krawatte, die Koteletten und die dicke Brille sich durch die Menge auf mich zu bewegten. Ich vermutete, Onkel Tom würde die gleichen schlichten Worte des Trostes finden, die auch schon alle anderen gebraucht hatten, doch ich lag falsch.

Onkel Tom sah zu mir herab, wie ich da auf dem Stuhl mit dem kratzigen, blumengemusterten Bezug saß, und sagte nicht Hallo oder dergleichen, sondern nur: »Fang lieber gleich an, Braille zu lernen.«

»Danke, Onkel Tom«, erwiderte ich und beschloss, ihm den Rest des Nachmittags aus dem Weg zu gehen. Länger, wenn möglich.

Das Einzige, was ich über meinen Onkel Tom wusste, war, dass seine Augen noch schlechter waren als meine. Ich wusste nicht, dass wir beide an derselben Krankheit litten, und sollte es auch erst Jahre später erfahren. So wie ich es mir zurechtreimte, war das trotz der Größe und Weitläufigkeit unserer Familie nicht weiter verwunderlich. Es war eben statistisches Pech, dass ausgerechnet wir zwei eine Brille brauchten. Damals, 1977, war von Genetik noch kaum die Rede, jedenfalls nicht bei Beerdigungen in Kleinstädten in Wisconsin. Und niemand hätte vorhersagen können, dass die Welt um mich herum dunkel werden würde, während ich noch ein einigermaßen junger Mann war.

Die meisten Leute, die etwas auf sich halten, würden auf meinen Onkel wohl herabsehen, weil er in einem Wohnwagen lebte, sich im Fernsehen Profi-Wrestling ansah und Papst-Blue-Ribbon-Bier trank; aber er war nicht dumm. Was meine Augen betraf, lag er goldrichtig.

Nachdem ich über die Jahre eine Menge dieser »O Gott, ich habe eine schreckliche Krankheit!«-Bücher gelesen hatte, war mir etwas aufgefallen, was ich auf gar keinen Fall machen wollte, wenn ich selbst mal eines schreiben würde. In nahezu allen dieser Bücher unterbricht der Autor nach rund einem Drittel seine Geschichte, um eine fade, klinische Beschreibung der betreffenden Krankheit einzuschieben. Das ist ungefähr so, als würde der Autor eines billigen Romans sich plötzlich in allen Einzelheiten beispielsweise über die Geschichte der Landschaftsarchitektur oder der Schuhreparatur auslassen, um uns zu zeigen, dass er ordentlich recherchiert hat und genau weiß, womit der Protagonist seine Brötchen verdient. So was kotzt mich an.

Um also peinliche Aussetzer im »Erzählfluss«, wie man das im Gewerbe so nennt, zu vermeiden, möchte ich gleich an dieser Stelle erklären, worum es sich bei meiner Krankheit handelt.

Die Netzhaut ist das Gewebe, das den hinteren Teil des Auges überzieht; sie enthält die photorezeptorischen Zellen – die Stäbchen und Zäpfchen. Die Zäpfchen sind für die Auflösung und Farbunterscheidung zuständig. Die Stäbchen sind um die Netzhautgrube herum angeordnet und besorgen das Farb- und das Schwarzweißsehen. Zäpfchen und Stäbchen sind beide zuständig für die Umwandlung des Lichts, das durch die Pupille eindringt, in elektrische Impulse, die sodann über den Sehnerv ins Gehirn gelangen, wo das eigentliche »Sehen« stattfindet.

»Retinitis pigmentosa«, kurz RP, ist die flotte Sammelbezeichnung für eine Vielfalt genetisch verwandter Krankheiten, die die Stäbchen und Zäpfchen angreifen und ihre Schädigung und Degeneration verursachen. Ich habe die so genannte »klassische« RP. Das bedeutet, dass die Stäbchen in meiner Netzhaut sich schon vom Augenblick meiner Geburt an aufzulösen begannen, während die Zäpfchen relativ intakt blieben. Das erste merkliche Ergebnis war der Verlust der Nachtsicht. Dann kam ein schleichender Tunnelblick dazu. Während diese Symptome sich verschlimmerten und zunehmend hinderlicher wurden, blieb meine zentrale Sicht, obwohl eingeschränkt, relativ konstant. Jedenfalls eine Zeit lang. Das Endergebnis bei den meisten Fällen von RP ist natürlich Blindheit.

Seit mehreren Jahrzehnten wird darüber geforscht, aber zum Zeitpunkt, da ich dies schreibe, gibt es für RP keine Heilung. Sie ist unbehandelbar und irreversibel – was im Grunde heißt, dass ich miese Karten habe.

Außerdem fand ich mit Mitte zwanzig heraus, dass ich im linken Temporallappen meines Gehirns eine Läsion hatte, die mich, ohne dass ich wusste warum, während eines Großteils meines Lebens langsam, aber rücksichtslos in den Wahnsinn getrieben hatte. Auch die ist inoperabel.

Die Zahlen summieren sich auf wenig mehr als nichts. Schätzungsweise 100 000 Amerikaner leiden an irgendeiner Form von RP. Jährlich erleiden weitere geschätzte 167 000 Menschen in diesem Land traumatische Hirnverletzungen, die zu einer Läsion wie der meinen führen. Diese bescheidenen Zahlen werden erst dann bemerkenswert, wenn man sie addiert. Die Chance, an beidem zu leiden, liegt ungefähr bei eins zu 65 000 oder bei rund einem Viertel von einem Zehntel eines Prozents der Bevölkerung.

Na, sehen Sie? Jetzt können Sie sich vorstellen, wie fies es gewesen wäre, wenn ich das mitten in einer Sexszene gebracht hätte! Da wir nun wissen, womit wir es zu tun haben, kann ich wohl mit meiner blöden kleinen Geschichte fortfahren.

JMK
Brooklyn, 1998

Warum brauche ich meine Augen mehr als andere?
Mir scheint, sie haben sich nie auf etwas gerichtet.
Einzig und einfach mit diesem Gedanken tröste ich mich.
SAMUEL BECKETT

In dunklen Zeiten beginnt das Auge zu sehen.
THEODORE ROETHKE

Die Welt steht dir offen

»Selbstmord-Hotline?«, schien mich die muntere junge Frau am anderen Ende der Leitung zu fragen, als sie meinen Anruf entgegennahm.

Beim Wählen hatte ich noch keine Ahnung gehabt, was ich sagen würde. So weit hatte ich nicht vorausgedacht. Etwa: »Ich will mir gerade die Pulsadern aufschneiden. Und was machen Sie jetzt dagegen, hm?« Das ging doch nicht. Ich kriege Probleme, wenn ich mir so was nicht vorher überlege. Ich war noch nie gut im Improvisieren. Statt also etwas Idiotisches zu sagen, entschied ich mich zu schweigen.

»Hallo?«, meldete sich die Stimme am anderen Ende wieder. »Ist da jemand?«

Der ganze Nietzsche, in den ich mich mal vertieft hatte, löste sich in Wohlgefallen auf.

»Hallo?«, fragte sie erneut. »Ich höre Sie aaatmen!«

»Seien Sie still«, blaffte ich. Ich war versucht zu sagen: »Das war's. Sie haben's versaut«, und aufzulegen, aber so grausam war ich nicht, noch nicht.

»Also, was ist los?«

»Was glauben Sie denn? Dass ich bloß plaudern will?«

»Ich meine, was haben Sie vor?« Sie meinte es ernst.

»Rasierklingen. Glaube ich. Jedenfalls hab ich eine vor mir liegen.«

»Wissen Sie, mit Rasierklingen klappt das nur selten.«

Na toll, ich rufe um Hilfe, und dann kritisiert da eine meinen Stil.

»Haben Sie einen besseren Vorschlag? Eine Knarre kann ich mir nicht leisten.«

»Dazu bin ich nicht da. Ich bin nur da, um Ihnen zu helfen.«

»Na, das machen Sie ja ganz Klasse.«

»Stopp«, sagte sie, »wir haben die Sache falsch angefangen.« Ich hörte den Ärger in ihrer Stimme. »Nochmal von vorn. Wie heißen Sie?«

»Der Name ist unwichtig.«

»Okay«, sagte sie. »Dann erzählen Sie mir doch mal, warum Sie sich umbringen wollen.«

»Braucht man denn dafür einen Grund? Ich hab mich von keiner Freundin getrennt, ich hab keinen Job verloren, und mir hat auch keiner gesagt, dass ich Lymphdrüsenkrebs habe. So einfach ist das nicht.«

Ich wusste keine Antwort auf ihre Frage. Mir war zunehmend aufgefallen, dass mich meine Sehschwäche – die mich in der Vergangenheit nur nachts behindert hatte – nun auch am Tag befiel. Ich hatte es in Physik nicht gepackt und auch nicht an der Universität Chicago. Also hockte ich nun in Madison, an der Universität von Wisconsin, einer nichts sagenden Staatsuni, die sogar Autisten zuließ, wenn sie die Gebühren zahlen konnten, und studierte Philosophie, was mir später einen Dreck helfen würde. Aber auch das alles reichte nicht als Grund.

»Könnten Sie mir denn mögliche Gründe nennen?«

Jetzt hing ich drin. Da konnte ich es ja wenigstens mal probieren. »Wahrscheinlich könnte man sagen, ich bau nur Scheiße.«

»Ach ja?« Ihre Stimme wurde zu einem heiseren

Flüstern. Sie glaubte wohl, sie komme jetzt voran, sei endlich zu mir durchgedrungen. »Wann haben Sie denn das letzte Mal Scheiße gebaut?«

»Vor ungefähr fünf Minuten, als ich den Hörer abgehoben habe, um Sie anzurufen.«

»Das ist aber nicht sehr nett.« Sie bemühte sich, sich ihre Offenheit zu erhalten.

»Tut mir Leid«, sagte ich. Was wohl auch ein bisschen stimmte.

»Versuchen wir's mal anders. Drehen wir die Sache um. Sagen Sie mir, was Sie alles gern haben.«

Ich überlegte eine Weile.

»Es fällt mir im Moment ziemlich schwer, da was zu nennen, Ma'am.«

»Na, kommen Sie, irgendwas gibt's bestimmt. Sie haben doch sicher Freunde.«

»Nö.«

»Überhaupt keine?«

»Nö.«

»Und Ihre Familie?«

»Meine Familie ist cool. Über die kann ich wirklich nur Gutes sagen.«

»Na, sehen Sie. Können Sie sich vorstellen, wie denen zumute wäre, wenn Sie sich umbrächten?«

»Na und? Soll ich etwa bloß wegen Schuldgefühlen weiterleben? Schuldgefühlen, wie denen zumute wär, wenn ich Schluss mache? Das wäre keine tolle Ausgangslage.« Ich kicherte.

»Sehen Sie? Sie haben gelacht! Und wenn Sie lachen, hat das etwas zu bedeuten. Nicht alles ist rabenschwarz.«

»Na, wie Wagner sagte«, antwortete ich als einer jener jungen Menschen, die ihren Wagner viel zu ernst nehmen, »sehen wir unserem Verhängnis lachend entgegen.«

»Wer?«

»Schon gut«, sagte ich und wusste auch schon, dass das Ganze ein Fehler gewesen war. Es brachte nichts und würde auch nie was bringen. »Danke, dass Sie sich die Zeit genommen haben, aber ich bin auf einmal todmüde. Ich leg mich jetzt ins Bett.«

»Wollen Sie sich immer noch etwas antun?«

»Ja, eigentlich schon. Aber im Moment bin ich einfach zu scheißmüde dafür.« Diese paar Minuten am Telefon hatten mir auch noch das letzte bisschen Energie geraubt. Sie setzte noch einmal an, aber ich legte auf. Sinnlos. Ich ließ mich angezogen, wie ich war, auf meine Matratze fallen und schlief ein.

Am nächsten Morgen war es draußen frisch und klar. Ich hätte einiges erledigen sollen, aber ich konnte mich ums Verrecken nicht erinnern, was. Ich zog Hut und Mantel an, verließ die Wohnung und ging in eine Richtung, in die ich noch nie gegangen war. Mit sechzehn hatte ich angefangen, überall einen schwarzen Fedora zu tragen. Damals glaubte ich, ich sähe damit wie Bogart aus. Das war ein Irrtum. So viele rennen durchs Leben und versuchen, Bogart oder Cagney zu sein, aber meistens wird nur Elisha Cook Jr. daraus. Jedenfalls bei mir. Doch der Hut war geblieben. Er war mein auffälligstes Kennzeichen.

Ich lief stundenlang herum, in der Hoffnung, mich zu ermüden und die bösen Gedanken beim Gehen loszuwerden. Als mir allmählich die Beine schwer wurden, drehte ich um und ging nach Hause. Unterwegs machte ich eine Bestandsaufnahme, stellte aber fest, dass es gar nichts aufzunehmen gab.

Zu Hause angekommen, öffnete ich die Tür, warf Hut und Mantel auf die Matratze, nahm die Rasierklingen vom Schreibtisch, ging damit ins Bad und suchte vergebens nach einem bequemen Plätzchen auf dem gefliesten Boden. Nach ein paar Minuten gab ich diesen albernen Gedanken auf und begann am linken Handgelenk zu werkeln.

Als jemand an die Tür klopfte, wusste ich, dass die Sache schief gegangen war. Ich kniete über der Toilette. Alles war voller Blut, der Fußboden, der Klositz, die Wände verschmiert. Der Tümpel Wasser in der Toilette war dunkelrot. Ich starrte auf meinen Arm und sah, wie die Rasierklinge aus dem tiefen roten Schlund hervorstand, der mal mein Handgelenk gewesen war.

Ich hatte es wieder verpatzt. Es sah so aus, als würde ich weiterleben. Zu allem Unglück stand auch noch mein Nachbar Steve von oben an der Tür.

Langsam stand ich auf. Ich hatte noch nicht genug Blut verloren, um richtig benommen zu sein, aber mir zitterten die Knie. Ich lehnte mich gegen die Wand, zog die Klinge aus meinem Handgelenk und ließ sie ins Waschbecken fallen. Jetzt war auch im Waschbecken Blut. Ich ging aus dem Badezimmer, zur Tür, an die Steve noch immer klopfte, und drückte die Stirn dagegen.

»Steve«, sagte ich, ohne aufzumachen, »hier ist ein ziemliches Schlamassel ...«

»Aber bei dir ist doch immer ein Schlamassel«, erwiderte er.

»Das hier ist aber ... was anderes.«

Stille trat ein.

»Steve, ich hab mir was angetan. Darauf solltest du dich gefasst machen.«

Immer noch Stille. »Okay«, sagte er schließlich.

Ich drehte den Schlüssel und öffnete die Tür. Er sah das Blut auf meinem Hemd und schaute auf meine Arme.

»Bitte guck nicht ins Bad.«

Steve, der so ein bisschen der mütterliche Typ war, trat an mir vorbei in die Wohnung. »Einen Verband wirst du wohl nicht dahaben«, sagte er. »Aber Papiertücher?«

»Waschbecken ... drunter ... weißt schon«, gestikulierte ich schwach. Steve ging zum Waschbecken, bückte sich, packte die Papiertuchrolle und riss einiges davon ab.

»Da, wickel das drum. Ich bring dich ins Krankenhaus. Zieh dir deinen Mantel an.«

Ich zog mir den Trench über, Steve schlüpfte in meine Army-Jacke und führte mich ins Treppenhaus. Ich gab ihm meine Schlüssel, er schloss ab, wir gingen hinaus.

Fünf, sechs Straßen weiter war ein Krankenhaus. Steve hielt mich an den Armen, als wir zur Notaufnahme gingen; die durchweichten Papiertücher hinterließen eine Tropfspur auf dem Gehweg.

In der Notaufnahme war wenig los, daher saßen wir schon bald vor einer jungen Frau, die meine persönlichen Daten und die der Versicherung in ihren Computer tippte.

»Wie ist das passiert?«, fragte sie. Weder Steve noch ich sagten etwas.

»Wie ist das passiert?« Sie blickte von ihrem Bildschirm auf. Steve warf mir einen nervösen Blick zu und stupste mich an.

»Angelunfall«, sagte ich.

Sie musterte mich streng.

»Okay, kein Angelunfall.« Ich hielt beide Arme hoch. »Was glauben Sie wohl, was es war?«

Nachdem sie mit mir fertig war, sagte sie, wir sollten uns ins Wartezimmer setzen, es werde jemand kommen.

In einer Ecke des Raums lagen eine Holzeisenbahn und ausgestopfte Tiere auf einem Haufen. Die Wände waren grell mit Bildern von Comic-Häschen und -Kühen bemalt. Alles war heiter und fröhlich. Wir waren allein, und nach kurzer Zeit fing ich an zu kichern.

Steve sah mich angstvoll an. »Was ist?«

Ich zeigte auf die Wand. »Die Häschen.«

Bald verfiel ich in einen Lachkrampf, es schüttelte mich auf meinem Stuhl, während das Blut auf meinen Armen trocknete. Vielleicht war es die gruselige Euphorie, die sich einstellt, wenn man eine lebensbedrohliche Situation überstanden hat. Vielleicht war es das grausige Lachen eines Irren, dem einfach alles egal war. Jedenfalls fand ich alles um mich herum albern. Steve lachte mittlerweile genauso heftig wie ich.

Nachdem wir zwanzig Minuten lang lachend gewartet hatten, kam eine große Frau ins Wartezimmer und setzte sich neben uns.

»Ich fürchtete schon, Sie wären gegangen«, sagte sie freundlich. »Sie sollten eigentlich nebenan warten, im Wartezimmer für Erwachsene.«

Sie wollte sich meine Arme ansehen. Ich zog die blutgetränkten Ärmel des Trenchs zurück. Meine Handgelenke waren eine einzige verklumpte Sauerei.

»Ich mach das mal sauber.« Sie ging aus dem Zimmer und kam mit Alkohol, Watte und Verbandszeug wieder. Während sie das Blut abwischte, erklärte sie, sie sei Sozialarbeiterin in der psychiatrischen Station weiter oben, wo ich die nächsten Tage verbringen würde.

Sie stellte mir noch weitere elementare Fragen: Ob ich es schon einmal versucht hätte; ob ich wüsste, warum ich es getan hätte; ob ich einen Psychiater hätte. Bevor sie ging, um oben alles für mich vorzubereiten, wickelte sie mir noch einen Verband um die nun sauberen Wunden.

»Lassen Sie den dran, das muss schön zubleiben. Wir wollen doch nicht, dass Ihnen Schmutz in die Handgelenke gerät.«

Die Vorstellung, dass Schmutz von der Decke in meine Wunde fiel, brachte Steve und mich, während wir der Sozialarbeiterin hinterherwinkten, erneut zum Lachen.

»Willst du in das Wartezimmer für Erwachsene?«, fragte Steve.

»Ach, was soll's.«

Steve fand das auch, und so saßen wir da und kicherten, bis ein Pfleger mit einem Rollstuhl kam, um mich zum Zusammenflicken abzuholen.

»Kann *ich* den Rollstuhl fahren?«, fragte Steve ihn.

»Sind Sie verletzt?«

»Nein, ich mag Rollstühle einfach.«

»Leider geht das nicht.«

Ich setzte mich rein, dann schob der Pfleger mich den Gang entlang zu einem Untersuchungszimmer. Steve zockelte hinterher.

»Legen Sie sich da auf die Liege«, sagte der Pfleger, als wir im Zimmer waren. »Der Arzt kommt gleich.«

Ich kletterte auf das knitterige Papier, legte mich hin und wartete. Steve ging herum, betrachtete die Zungenspatel und den Blutdruckmesser an der Wand.

Als der Arzt hereinkam, sah er mir nicht in die Augen. Ergrauender Vollbart, schüttere Haare, Stethoskop um den Hals, beflissen.

»Das war aber eine große Dummheit«, sagte er.

»Auch Ihnen einen schönen guten Abend«, antwortete ich.

Er sagte gar nichts, wühlte nur in Schubladen herum. Nachdem er gefunden hatte, was er suchte, wandte er sich mir zu. Er hielt etwas in der Hand.

»Als Erstes pikse ich Sie mit einer Nadel«, sagte er.

»Wie, zur Strafe?« Steve wollte loslachen, verstummte jedoch, als der Arzt ihm einen Blick zuwarf.

»Ich pikse Sie mit der Nadel«, wiederholte er, »um zu sehen, ob Nerven beschädigt worden sind.«

Die übrige Zeit, die wir bei ihm waren, sagte ich nichts mehr außer Ja oder Nein. Er entdeckte keine beschädigten Nerven, und so nähte er beide Handgelenke zu.

»Sie können sich jetzt wieder ins Wartezimmer setzen«, sagte er, wobei er mir noch immer nicht in die Augen sah. »Bald kommt jemand und holt Sie ab.« Er machte eine Pause. »Vielleicht kann Ihnen oben jemand helfen.« Mit dieser Ermunterung und frisch verbundenen Handgelenken ging ich hinaus, um mit Steve erneut zu warten. Es war weit nach Mitternacht, doch er blieb bei mir, redete, brachte mich zum Lachen. Als zwei Sozialarbeiterinnen hereinkamen, um mich zur psychiatrischen Station zu bringen, zockelte er wieder mit, was sie auch zuließen.

»Ich möchte nur sehen, wohin Sie ihn bringen«, erklärte er.

Zu viert stiegen wir in einen Fahrstuhl, und eine der Frauen zog einen Schlüssel heraus, der uns den Zugang zum sechsten Stock ermöglichte. Die Frauen brachten mich zu einem Zimmer in der Nähe der Fahrstühle, mit einem Einzelbett darin, daneben ein Tischchen mit einer Lampe darauf sowie ein Fenster. Kein Zimmergenosse, Gott sei Dank. Sie ließen Steve das Zimmer in Augenschein nehmen und teilten ihm dann mit, dass er nun gehen müsse.

Ich dankte ihm für seine Hilfe und gab ihm die Hand, dann brachte eine der Frauen ihn zum Fahrstuhl. Die Frau, die bei mir geblieben war, sagte, ich solle meine Taschen ausleeren, damit sie sah, dass ich auch keine scharfen Gegenstände dabei hatte. Sie nahm mir meinen Kuli ab und reichte mir einen scheußlichen, zerknitterten Bademantel. Dann sollte ich mich aufs Bett setzen und ihr ein paar Fragen beantworten.

Sie zog ein mehrere Seiten langes Formular hervor und fing an. »Wie heißen Sie?«, fragte sie. »Wissen Sie, wer Präsident ist? Wissen Sie, wo Sie sind?«

Ich hätte schon längst schlafen müssen. Ich wollte einfach nur ins Bett, doch ich beantwortete ihre

Fragen, so gut ich konnte. Als sie sagte, ich solle in Siebenerschritten von hundert rückwärts zählen, musste ich protestieren.

»Ich versuch's mal«, sagte ich, »aber es ist spät, und ich bin echt müde.«

»Wir haben noch einiges vor uns. Wären Sie früher gekommen, würden wir das jetzt nicht morgens um zwei tun.«

Ich beantwortete ihre Fragen, ließ mir meine Rechte als eingesperrter Irrer vorlesen und unterschrieb unten auf dem Formular. Dann sagte sie, sie werde mir nun die Station zeigen.

»Ich möchte das jetzt wirklich nicht, Ma'am«, sagte ich. »Geht das nicht auch noch morgen?«

»Es muss noch heute Nacht sein. Morgen bin ich nicht da.«

Ich rutschte vom Bett und folgte ihr in den Flur. Alles war still, die anderen Türen waren geschlossen, aber ein Stück den Gang entlang sah ich eine junge Frau. Sie saß auf dem Fußboden, die Knie an der Brust, und wiegte sich vor und zurück gegen die Wand.

»Achten Sie nicht auf sie«, sagte meine Führerin. »Das ist Missy. Missy tut das eben.«

Sie zeigte mir die Gemeinschaftstoiletten und -duschen. »Da können Sie morgen früh rein«, erklärte sie.

Ohne mich, dachte ich.

Sie führte mich in die Küche und machte den Kühlschrank auf. Ein braungelbes Licht fiel auf den traurigen Inhalt. Essen für die Irren.

»Sie können alles essen, was drin ist. Nur nicht das Stück Kuchen da.« Sie zeigte auf ein Stück aufgeweichten Schokokuchen auf einem Pappteller im untersten Fach. »Das ist Bubbas Kuchen.«

Ich sah den Kuchen an, und mir fiel ein, dass ich seit dem Morgen nichts mehr gegessen hatte. Mein Kopf schmerzte noch mehr als die Handgelenke.

Die Frau führte mich zurück in mein Zimmer, sagte mir, am Morgen werde jemand kommen und sich mit mir unterhalten, und wünschte mir eine gute Nacht. Dann schloss sie die Tür.

Ich zog mich aus, schlüpfte in den verdammten Bademantel und legte mich in das kratzige Psychiatriebettzeug. So lag ich eine Weile da, spürte meinen Magen, den Kopf und die Handgelenke, stand dann wieder auf und schlich hinaus auf den Flur. Keine Wärter da, keine Pfleger. Nur Missy. Auf Zehenspitzen ging ich an ihr vorbei in die Küche, wo ich Bubbas Kuchen aß.

Ein paar Tage später wurde ich aus dem Krankenhaus entlassen, nachdem ich versprochen hatte, zu einem Psychiater zu gehen. Ich blätterte das Telefonbuch durch, aber alle Ärzte sahen mir eher teuer aus. Ich fragte bei Bekannten herum, und die meinten, an der Uni gäbe es vielleicht einen ermäßigten Dienst.

Schließlich landete ich bei einem Therapeuten namens Gerry. Wenn ich zu ihm wollte, musste ich zwei Kilometer von meiner Wohnung zu Fuß zur Uniklinik gehen, wo er ein Sprechzimmer irgendwo im Souterrain hatte. Gerry war ein kleiner, dicker, kraushaariger Mann. Ein Doktorand, der mich billig behandelte. Zweimal die Woche unternahm ich, in Abstimmung mit meinem Stundenplan, den

Marsch zur Klinik und saß dann in seinem Sprechzimmer, während er Kette rauchte, nickte und sich Notizen machte. Und ich redete.

Ich hatte nie viel geredet, nun aber sprudelte viel Ungesagtes heraus, und Gerry nahm es ernst. Er schob nicht alle meine Probleme auf meine Eltern. Hier bei ihm waren sie unschuldig, hatten mir nie etwas anderes als Liebe gegeben, und ich hätte nicht vorgehabt, einfach still dazusitzen, wenn jemand über sie herzog.

Was er nicht tat.

Ich merkte, dass sich meine Persönlichkeit radikal veränderte. Ich war nicht mehr der schweigsame, superschlaue Junge. Ich grub Dostojewskis *Aufzeichnungen aus dem Untergrund* wieder aus und erkannte, dass der Erzähler all das aussprach, was mir im Kopf herumgespukt war – die Paranoia, die Wut, die Isolation, die Angst.

Das versuchte ich Gerry zu erklären. Während ich den »Untergrund-Mann« zur Charakterisierung dieser Persönlichkeitsveränderung heranzog, nannte er ihn beharrlich den »Mann unter der Erde«.

»Ich bin noch nicht tot«, betonte ich.

Gerry kriegte das mit dem Namen nie richtig geregelt, also schenkte ich ihm bei unserer letzten Sitzung, vier Monate nach der ersten, das Buch und sagte ihm, nur wenn Therapeuten wie er das läsen, könnten sie Leute wie mich verstehen.

Doch bevor ich ihm das Buch gab, sagte Gerry etwas, was einen Einstellungswandel in mir festigte. Während der folgenden Jahre rettete es mir immer wieder das Leben – und machte ihm fast ebenso oft beinahe ein Ende.

»Jim«, sagte er abschließend, während er seine letzte Zigarette ausdrückte, »Sie sind kein schlechter Mensch. Aber die Welt ist ein schlechter, furchtbarer Ort. Sie müssen eines tun. Sie müssen der Wut, dem ganzen Hass, der in Ihnen steckt, eine andere Richtung geben. Sie müssen aufhören, sich selbst zerstören zu wollen. Kehren Sie diese Wut nach außen und versuchen Sie, stattdessen die Welt zu zerstören.«

In dem Augenblick fiel etwas in mir zusammen, eine hohe Backsteinmauer, und eine starke Kraft floss aus mir heraus. Auf dem Rückweg zu meiner Wohnung an jenem bitterkalten Januarabend ballte ich die behandschuhte Faust und schlug damit eine Reihe Fenster in einem verlassenen Lagerhaus ein. Es ging mir schon erheblich besser. »Stirb zur rechten Zeit«, schrieb Nietzsche. Ich tat es in diesem Augenblick.

Entblößung

Ich bin fünf Jahre alt. Es ist ein schöner, blauer, wolkenloser Sommertag. Ich bin im Garten, spiele allein (wie meistens), hänge mit dem Kopf nach unten an den Knien von der Querstange der wackeligen, potenziell tödlichen Schaukel. Ich greife hinauf, packe die Stange und lasse mich – samt kurzen Hosen, Button-down-Hemd, Hornbrille und Bürstenschnitt – zu Boden fallen, dann renne ich durch den Garten zur Hintertür des kleinen beigen Zweifamilienhauses, das wir bewohnen. Es ist Zeit zum Mittagessen.

Auch noch im elendsten Leben, einem Leben, in dem scheinbar nichts nach Plan verläuft und alles ein einziges Durcheinander ist, gibt es Augenblicke, strahlend helle Augenblicke, die uns aus zu diesem Zeitpunkt stets unklaren Gründen für immer in Erinnerung bleiben. Gute Augenblicke, in denen, nur für einen Moment im Großen Schlamassel, alles gut ist.

Ich rede nicht von den großen Ereignissen – Geburt, Heirat, Umzug in ein neues Haus, Geldgeschäften. Ich rede von den allerkleinsten Augenblicken – winzige Facetten im Diamanten der größeren Erfahrung, Dinge, die sonst niemand bemerken würde oder auch nur fünf Minuten, nachdem sie geschehen sind, noch in Erinnerung hätte. Momente eben. Säkulare Epiphanien ohne Beispiel, ohne Resultat.

In solchen Begriffen habe ich meine Kindheit in Erinnerung, die schlimmen Momente genauso wie die guten. Als Erinnerungssplitter der Freude und des leichten Grauens. Vielleicht hat das damit zu tun, dass ich im Lauf der Jahre so oft und von so vielen Kräften erschüttert worden bin. Manchmal sieht es so aus, als wären diese Splitter – diese kleinen Geschichten – das Einzige, was mir geblieben ist. Doch wir beurteilen unser Leben, so wie auch andere es beurteilen, nach den Geschichten, die wir erzählen können.

Obwohl ich mir Mühe gab, ein braves Kind zu sein, machte ich von Anfang an nur Kummer. Ich war eine Steißgeburt und rutschte mit der Nabelschnur um den Hals auf die Welt. Noch heute bin ich davon überzeugt, dass ich sie mir selbst herumgeschlungen habe. Als ich ein knappes Jahr alt war, musste ich Schienen an meinen verdrehten Beinen tragen, was es meiner Schwester Mary erleichterte, mich bei meinen Gehübungen umzustoßen. Auch stolperte ich mehr als andere Kinder über Gegenstände und lief gegen Wände. Die meisten meiner Babyfotos zeigen ein pummeliges Kind mit einem zu großen Kopf und stets schreckgeweiteten Augen.

Als ich drei Jahre alt war, merkten meine Eltern, dass ich eine Brille brauchte. Als sie versuchten, mir das Lesen beizubringen, riss ich ihnen das Buch aus der Hand und hielt es mir dicht vor die Nase, damit ich die Wörter und Bilder erkennen konnte. Sie gingen mit mir zum Augenarzt im Luftwaffenstützpunkt K.I. Sawyer auf der oberen Halbinsel Michigans. Nach einer Reihe von Tests eröffnete der Arzt ihnen, dass ich kurzsichtig sei.

»Ekelhaft kurzsichtig«, sagte er, mit dem rätselhaften Zusatz, auch meine Augäpfel seien »komisch geformt«. Von dem Moment an, da ich zu denken begann, verstand ich mich als abnorm.

Auf der Rückfahrt vom Optiker eine Woche später mit meiner neuen Hornbrille auf der Nase, deren Gläser ungefähr so groß waren wie Daumennägel, zeigte ich unter großem Geschrei auf alles, woran wir vorbeifuhren. Ich reagierte so, als hätte noch niemand Reklametafeln, Ampeln, andere Autos, Hunde und Sträucher gesehen. Zum ersten Mal war die Welt kein unbegreifliches Tohuwabohu aus verschwommenen Farben ohne Form und Sinn mehr. Zum ersten Mal hatten die Dinge um mich herum Ränder.

Wenig später zogen wir in das beige Zweifamilienhaus in Green Bay, Wisconsin. Mein Vater, der zu einer Tankflugzeugbesatzung gehörte und im Bauch von KC-135s über Korea und Vietnam geflogen war, hatte sich entschlossen, in die Rekrutierung zu wechseln.

Wir wohnten in der Allouez Avenue am Fuß eines Hügels, und wochentags taperte ich fast jeden Abend diesen Hügel hoch, um meinen Vater auf dem Heimweg von der Arbeit abzupassen. Mein Vater war und ist noch immer ein Bär von einem Mann, und jeden Abend, wenn wir uns trafen, langte er mit einem mächtigen Arm zu mir herab und schwang mich auf seine Schultern, wo ich dann den Rest des Heimweges saß und Blätter von den Bäumen am Weg riss, die ich später meiner Mutter schenkte. Jeden Abend dankte sie mir dafür, gab mir einen Kuss auf die Wange und stellte die Blätter in eine kleine Vase über der Spüle, wo sie blieben, bis ich ihr am nächsten Abend neue brachte.

Es war eine idyllische Kindheit in einer durch und durch bürgerlichen Vorstadt im mittleren Westen.

Mein Vater nahm mich in grässliche Filme mit,

aber erst auf der Heimfahrt im Auto gestanden wir uns ein, wie schlecht sie gewesen waren. Er ging mit mir zum Profi-Wrestling, er nahm mich an Wochenenden in sein Büro mit, ins Museum und zu Football-Spielen der Packers. Anfang der siebziger Jahre lief bei den Packers nicht viel zusammen, aber trotzdem froren wir uns auf der Alutribüne des Lambeau Field einen ab, froh, dabei zu sein, und voller Hoffnung, dass die Packers diesmal ein gutes Spiel abliefern würden. Gelegentlich schafften sie es auch.

Die Packers bestimmten das tägliche Leben in Green Bay, ob sie nun gewannen oder verloren. Jeden Sonntag während der Football-Saison war die Stadt wie ausgestorben.

Von der Hysterie angesteckt, wie das bei männlichen Vorstadtjugendlichen eben so ist, spielte ich häufig mit den Nachbarjungen auf dem Feld hinter unserem Häuschen Football. Es war der beste Platz der ganzen Gegend, daher mussten die anderen Kinder mich mitspielen lassen.

Meine Mitspieler kamen in voller Montur – winzige Schulterpolster, wattierte Hosen, Packers-Helme und Trikots. Das gab es in allen Sportgeschäften der Stadt im Paket zu kaufen. Mit offizieller Lizenz. Dabei kam jedoch heraus, dass alle Spieler die Nummer 22 trugen. Es war die einzige Nummer, die auf die Trikots gedruckt wurde. Das machte alles sehr verwirrend.

Die Nummer 22 gehörte nämlich einem Wide Receiver namens Jon Staggers, der zwei Spielzeiten bei den Packers war – nicht der Beste, den man je gesehen hatte. Doch da seine Nummer auf jedem Kindertrikot prangte, bekam er in diesen beiden Spielzeiten mehr Autogrammwünsche als jeder andere aus der Mannschaft.

Vielleicht war es natürliche Widerborstigkeit, vielleicht die amerikanische Liebe zum Underdog, aber im tiefsten Innern – heimlich und nie außerhalb meiner vier Wände – war ich ein Fan der Chicago Bears. Warum weiß ich nicht. Vielleicht sahen sie einfach härter aus. Dick Butkus, ihr Middle Linebacker, war ein Mann von animalischer Brutalität. Ich bewunderte, wie furcht- und gnadenlos er seine Gegner zermalmte.

Als Bears-Fan hatte man in Green Bay ein Problem: Zwischen den Bears und den Packers herrschte, seit es sie überhaupt gab, eine hässliche Rivalität. Bei jeder Begegnung war klar, dass Blut fließen würde.

Mein Vater wusste von meiner Verbundenheit mit den Bears, und als er mir einmal etwas Besonderes zum Geburtstag schenken wollte, rief er dort an und bestellte mir eine Miniausrüstung von Dick Butkus. Der Helm war schwarz, das Trikot schwarz-rot mit einer dicken 51 darauf. Entweder dachte mein Vater nicht an den Ärger, den mir das einbringen würde, oder er wollte mich irgendwie abhärten, denn ich war ein schwächliches Kind, das von den Football-Spielen auf dem Sandplatz zumeist in Tränen aufgelöst nach Hause kam.

Als ich meine neue Montur zum ersten Mal voller Stolz anlegte, um mit all den 22ern zu spielen, hatte ich keine Ahnung, was mich erwartete. Ich wollte niemanden vor den Kopf stoßen; ich mochte nur einfach die Bears.

Nicht nur, dass sich die anderen Kinder weigerten, mit mir zu spielen, auch die Autos, die am Spielfeld vorbeifuhren, bremsten ab, damit die Fahrer mich beschimpfen konnten:

»Verräter!«

»Geh doch nach Russland!«

»Schwuchtel!«

Das Ganze eskalierte, als ein Wagen mit quietschenden Reifen auf den Gehweg fuhr und hielt. Zwei Männer, beide wohl Mitte zwanzig, stiegen aus und stapften zu mir herüber. Ohne ein Wort stießen sie mich zu Boden, stiegen wieder ein und brausten davon.

Danach ging ich nach Hause und schwor mir, bei diesen Spielen hinterm Haus nie mehr etwas anderes als mein Bears-Trikot zu tragen, und das tat ich auch. Sogar zu den Packers-Spielen ging ich mit einer Bears-Kappe. Nach einer Weile ließen mich die anderen Kinder wieder mitspielen. Das mussten sie wohl, schließlich war es ja mein Platz.

Das war meine erste Erfahrung damit, was passieren kann, wenn man sich mit einer Haltung unbeliebt macht. Es war nicht meine letzte. Und rückblickend war dieser erste Ärger harmlos und unschuldig.

Im Solipsismus der Kindheit glaubte ich, solange ich meine Brille trüge, sähe ich alles, was die anderen auch sahen, und zwar genauso gut. In der sechsten Klasse fiel mir auf, dass es mir, wenn meine Eltern mit mir in ein Restaurant gingen, schwer fiel, die Speisekarte zu lesen, solange nicht direkt über meinem Stuhl ein Licht war. Ich ließ sie lieber für mich bestellen, als zuzugeben, dass ich die Karte nicht lesen konnte. Ich wusste nicht, dass da etwas nicht stimmte, nahm es einfach nicht so ernst.

Im Kino fand ich es schwierig, wenn nicht gar unmöglich, zu meinem Platz zurückzufinden, wenn ich einmal hinausgetappt war, um mir noch eine Cola oder eine Schachtel Chuckles zu holen. Nachdem ich einige Male den Gang auf und ab gegangen war und den Namen desjenigen, mit dem ich da war, gerufen hatte, hielt ich es für besser, in der Eingangshalle zu warten, bis jemand kam und mich abholte.

Andere schienen im gleichen Licht locker umherzulaufen, Mobiliar und Menschen aus dem Weg zu gehen, Programme und Speisekarten zu lesen, sich ihr Essen selbst zu bestellen. Es dauerte Jahre, bis ich in meiner Unsicherheit bei schwachem Licht überhaupt ein Problem sah.

Als ich das Nachlassen meiner Sehkraft schließlich als problematisch erkannte, ging ich zu meinem Augenarzt, Dr. Dimlicht. Bei ihm war ich in Behandlung, seit wir nach Green Bay gezogen waren.

Ich fürchtete diese Besuche. Sieben Jahre lang war ich in seine Praxis gegangen, und nicht ein einziges Mal hatte er das eine zerfledderte *Superman*-Heft in seinem Wartezimmer ersetzt. Ansonsten gab es ebenso alte Nummern von *Woman's Day* oder *Ladies' Home Journal*, wovon ich die eine oder andere in meiner Verzweiflung eben auch durchblätterte. Wie sich herausstellte, war Dr. Dimlichts Frau meine Mathelehrerin in der Vierten gewesen, die einzige Lehrerin, die mich je beim Schummeln erwischt hatte.

»Versuchst du noch immer, bei Klassenarbeiten zu schummeln?«, fragte er mich jedes Mal, wenn ich ihm auf dem großen Untersuchungsstuhl ausgeliefert war, um mich herum der optometrische High-tech-Krempel der siebziger Jahre und keine Möglichkeit zur Flucht.

»Nein, Sir«, antwortete ich dann immer brav.
»Na, prima.«

Dr. Dimlicht bezeichnete mich als seinen »Star-Patienten«, aber nur, weil er noch nie die Ehre gehabt hatte, jemanden zu behandeln, dessen Augen in diesem jugendlichen Alter schon so kaputt waren wie meine. Als ich ihm sagte, ich hätte Schwierigkeiten, an dunklen Orten, wo andere ganz locker zurechtkämen, zu sehen, führte er aufgeregt eine ganze Testreihe durch. Er erweiterte meine Pupillen, machte Aufnahmen vom Augenhintergrund, prüfte den Binnendruck und einfach alles und trug dann die Ergebnisse in meine Akte ein. Er fragte mich sogar nach früheren Krankheiten in meiner Familie. Ich wusste, dass eine meiner Großmütter Krebs hatte und die andere Zucker, aber das war's so ungefähr. Onkel Tom vergaß ich völlig.

Als er mit seinen Tests durch war, setzte Dr. Dimlicht sich auf seinen Lederstuhl und betrachtete seine Aufzeichnungen. »Also«, begann er, »es sieht so aus, als wärst du nachtblind.«

Ich war enttäuscht. Das hatte ich nämlich schon gewusst. Ich wollte hören, dass ich irgendeine sagenhaft komplizierte Krankheit hatte. Ich wollte kein »normales« Kind wie alle andern sein. Die normalen Kinder rissen mir die Brille vom Gesicht und rannten davon, während ich hilflos in meinem Garten stand und keinen Schimmer hatte, wohin sie verschwunden waren. Früher oder später brachten sie mir meine Brille immer zurück. Manche früher als andere, aber immer erst, nachdem ich mich auf die Erde hatte sinken lassen und schluchzte, blind und ohne Hoffnung.

Hier hatte ich nun die Chance, endlich mit etwas prahlen zu können. Aber nein, ich war nur »nachtblind«. Von Retinitis pigmentosa sagte Dr. Dimlicht nichts. Vielleicht meinte er, ich könne es nicht aussprechen. An dem Tag verließ ich seine Praxis in dem Glauben, alles sei gut, nur dass ich eben nachts nicht sehen könne. Als ich nach Hause kam und meinen Eltern davon erzählte, reagierten sie ganz ähnlich wie ich. Nicht so enttäuscht, aber auch nicht überrascht.

Ungefähr um diese Zeit fingen die Kinder in der Schule an zu tratschen. Da ich mich meistens von ihnen fern hielt, drehte sich der Tratsch vor allem um mich. Die meisten dieser Gerüchte, Geschichten über meine Eltern oder meine sexuelle Neigung, kamen und verschwanden innerhalb weniger Tage; eines dieser Gerüchte aber hielt sich. Zwar sprach mich niemand darauf an, aber ich hörte so einiges.

»Jim liest ständig, weil er blind wird. Bis es so weit ist, versucht er, sich den Kopf mit so vielen Sachen wie möglich voll zu stopfen.«

Dieses Gerücht hielt sich Jahr um Jahr, bis ich die High-School abschloss. Es folgte mir durch drei verschiedene Schulen und überstand mehrere Klassenwechsel.

Damals hatte ich keine Ahnung, dass ich tatsächlich dabei war zu erblinden. Ich wusste, ich konnte schlecht sehen, aber da ich tagtäglich damit lebte, empfand ich den Zustand als relativ stabil. Hätte Dr. Dimlicht mir die Retinitis pigmentosa erklärt, hätte er sich Zeit genommen, mir die Auswirkungen geduldig darzulegen, dann hätte ich vielleicht eine Vorstellung davon bekommen, was mich erwartete.

Hätte ich gewusst, was vor mir lag, dann hätte ich

die ganzen Jahre meiner Kindheit nicht einfach nur in dem Glauben vergeudet, ich hätte noch ein Leben lang Zeit, nun ja, Dinge anzuschauen. Aber ich glaubte eben, solange ich meine Brille aufhätte oder mir meine ganzen Süßigkeiten eben kaufte, bevor der Film anfing, wäre alles gut.

In dem Sommer, als ich vierzehn wurde, stand meine Schwester vor ihrem Abschluss als Sonderschullehrerin an der University of Wisconsin in Oshkosh. Mary hatte sich entschlossen, im Rahmen ihrer praktischen Ausbildung an einem Programm namens »Respite« – »Atempause« – teilzunehmen, bei dem mutmaßlich »normale« Familien für ein paar Wochen geistig zurückgebliebene und emotional gestörte Kinder bei sich aufnahmen. Das verschaffte den Eltern der Kinder eine Pause, eine Gelegenheit, zu Atem zu kommen, vielleicht sogar Urlaub zu machen.

Mary besprach das Programm mit meinen Eltern, erhielt ihre Zustimmung und begann schon Wochen vorher mit den Vorbereitungen. Irgendwie hielt niemand es für nötig, mir davon zu erzählen oder mich gar nach meiner Meinung dazu zu fragen.

David erschien eines Samstagvormittags Anfang Juni. Er hatte das Down-Syndrom und die entsprechenden körperlichen Probleme – die Ohren mussten gespült werden, das Herz war schwach, und er war insgesamt zurückgeblieben. Zudem kam er mit der geballten Energie eines Achtjährigen und der miserablen Einstellung eines Kindes an, das von seiner Mutter verlassen worden war. Sie stieg gar nicht erst aus dem Auto, plauderte nur kurz durchs Fenster mit meiner Schwester und meinen Eltern, setzte dann auf der Einfahrt zurück und brauste los nach Florida.

Wir brachten David ins Haus und zeigten ihm alles. Mir wurde mitgeteilt, dass er mein Zimmer bekommen und ich auf einer Couch im Souterrain schlafen sollte. Ich fand das ganz in Ordnung und dachte, es würde wie Zelten.

Nachdem wir uns eine Stunde lang beschnuppert hatten – die übrige Familie hin und weg von diesem Energiebündel, ich noch immer erstaunt über die seltsame Wendung, die mein Sommer genommen hatte –, schlug mein Vater vor, ich solle doch mit David im Garten Baseball oder dergleichen spielen.

Ich holte einen Wiffle-Ball und einen Schläger aus der Garage und führte David nach draußen. Ich reichte unserem Hausgast den Schläger und drehte mich um, um ein paar Meter wegzugehen und ihm dann den Ball zuzuwerfen. Doch nach kaum zwei Schritten ging er auch schon auf mich los und schlug mich mit dem Schläger so fest er konnte unten auf den Rücken, dann auf die Beine und die Arme.

Das kann ja ein toller Sommer werden, dachte ich, als ich ihm den Schläger aus den Händen wand, froh darüber, dass ich nicht den aus Aluminium genommen hatte.

Und tatsächlich offenbarte sich da eine seltsame und brutale Dichotomie. Waren meine Eltern oder meine Schwester zugegen, war David der reizendste Junge der Welt. Ein Kind, das ganz schlechte Karten hatte und trotz allem mit einem warmen, goldenen Herzen gesegnet war. Aber sobald sie gingen, sobald er und ich allein waren, wurde das goldene Herz zu Blei und er attackierte mich mit allem, was er an Waffen finden konnte. Wenn er nicht gerade versuchte, die Katze umzubringen oder das Aquarium zu zerschlagen.

Als ich meinen Eltern davon erzählte, bedachten sie mich mit ihrem »Sei doch nicht so eifersüchtig«-Blick und nahmen meine Sorgen nicht ernst. Ich hätte ihnen gern die blauen Flecken an meinen Beinen und die Kratzer an meinen Armen gezeigt, doch das ließen sie erst gar nicht zu.

Nachdem ein paar Tage lang alle zu Hause geblieben waren, um David die Eingewöhnung zu erleichtern, nahmen die Dinge wieder ihren gewohnten Lauf. Das bedeutete, dass meine Eltern wieder zur Arbeit gingen und meine Schwester als Betreuerin in einem Werktagscamp für »auffällige Kinder« anfing. Infolgedessen war ich acht bis zehn Stunden täglich mit diesem Fehltritt Satans allein. Kaum dass sich morgens zum letzten Mal die Tür geschlossen hatte, wenn meine Schwester gegen neun das Haus verließ, begann der Krieg. David eröffnete ihn in der Regel damit, dass er mich anspuckte. Dann fegte er alles, was auf dem nächsten Tisch stand, auf den Boden und machte Jagd auf die Katze. Ich hätte ihm niemals zeigen dürfen, wo ich den Wiffle-Schläger aufbewahrte. Das Chaos ging nonstop so weiter, bis abends der erste Wagen in die Einfahrt fuhr. Dann hörte er auf damit und begrüßte denjenigen, der gerade zur Haustür hereinkam, ganz allerliebst mit Umarmungen und Küsschen.

Wenn ich nicht gerade Glasscherben vom Boden auffegte oder aus meinem Körper zog, fanden meine Eltern mich oft im Souterrain, erschöpft, am ganzen Körper zitternd, beinahe unfähig, etwas zu sagen.

»Was ist mit dir?«, fragten sie dann.

»Er ist böse«, sagte ich zu ihnen.

»So, er ist also böse? Ich finde, du bist ein junger Mann, der noch einiges an Reife zu lernen hat«, sagte mein Vater. »Du darfst nicht vergessen, dass er besondere Probleme hat, er ist nicht so klug oder so groß wie du.«

»Schon gut«, antwortete ich und wusste doch, dass man das nie kapieren würde, wenn man nicht selbst gesehen hatte, wie er zur Schublade mit den Messern stürzte.

Tag für Tag ging es so. Am Wochenende, wenn die Familie da war, konnte ich mich nicht mal in mein Zimmer zurückziehen und abschließen und ihn den anderen überlassen, weil es ja jetzt sein Zimmer war. Stattdessen unternahm ich lange Spaziergänge und ging immer wieder ins Kino.

Von der zweiten Woche an fing ich an zurückzuschlagen. Ich legte nie Hand an ihn, es sei denn, um ihm den Wiffle-Schläger abzunehmen oder seine Stummelklauen vom Hals der Katze wegzubiegen. Stattdessen traf ich ihn da, wo es ihm, wie ich wusste, richtig wehtat.

»Chewie ist tot«, zischte ich ihm leise zu. »Darth Vader hat ihn in mundgerechte Stücke zerhackt und aufgefressen.«

»Chewie! Chewie neiiiin!«, kreischte er dann, schlug die Hände vors Gesicht und warf sich wie ein Häuflein Elend auf den Fußboden.

Das reicht fürs Erste, dachte ich selbstgefällig. David war der totale Star-Wars-Fan. Es war praktisch das Einzige, woran er dachte, wenn er nicht gerade mein Ableben plante. Chewbacca war sein Ein und Alles.

Meine wahre Rache kam eines Sonntags, als mein Vater und meine Mutter weg waren und ich mir einen Film dreimal hintereinander ansah. Dadurch blieb meine Schwester – die mich überhaupt erst in diese Klemme gebracht hatte und die diesen Job ihr Leben lang ausüben wollte – acht Stunden allein mit ihm. Als meine Eltern und ich zurückkamen, war sie in Tränen aufgelöst, während David wieder strahlte und Küsschen verteilte.

»Ich hatte ja keine Ahnung, wie das ist«, sagte sie, »einen ganzen Tag lang mit ihm allein zu sein. Er ist ein kleines Monster.«

Ich sagte gar nichts. Ich stellte den Fernseher an und überlegte, ob meine Eltern ihr nun leise den »Reife«-Vortrag halten würden.

Als Davids Mutter ihn abholen kam, war sie braun gebrannt, aber nicht weniger verhärmt: Auch diesmal stieg sie nicht aus. Sie machte die Beifahrertür auf und ließ ihn einsteigen. Nachdem sich der Rest der Familie tränenreich von ihm verabschiedet hatte, schlenderte ich zu seinem Fenster. Ich dachte mir, das wäre eine nette Geste, ein kleiner Akt des Goodwills meinen Eltern gegenüber, ein billiger Trick, um mir nicht wieder einen Vortrag anhören zu müssen, sobald er für immer weg war.

David beugte sich aus dem Fenster, scheinbar um mir einen Kuss zu geben. Ich ging nahe heran, wobei ich versuchte, mein Amüsement darüber, dass ich diese Lüge so weit trieb, zu unterdrücken, und er spuckte mir ins Gesicht. Dann kurbelte er das Fenster hoch, und sie fuhren davon.

Trotz einer liebevollen, stabilen Familie ging alles ziemlich den Bach runter, als ich vierzehn, fünfzehn war. Nicht nur mit meinen Augen, die merklich schlechter wurden, sondern auch mit meinem Kopf. Ich wurde ein finsterer, einsamer Junge, der wenig sprach und kaum Freunde hatte. Ich entwickelte eine schwere, ziemlich unangenehme pubertäre Angstneurose, vergrub mich in Nietzsche, Camus und Sartre, füllte ganze Hefte mit sentimentalem und larmoyantem Zeug, fügte mir beiläufig Schmerzen zu und brach Auseinandersetzungen vom Zaun – physische wie philosophische –, obwohl ich von vornherein wusste, dass ich sie nicht gewinnen konnte. Ich stellte fest, dass die Leute viel interessanter und attraktiver waren, bevor sie den Mund aufmachten. Kaum redeten sie, verflogen sämtliche Illusionen über ihre Schönheit, Ausstrahlung und Intelligenz. Mich erfüllten die unter Jugendlichen, die zu viel lesen und Punk-Rock hören, weit verbreitete Verachtung und der Hass auf die Welt und die Menschheit.

Anders als in den meisten Fällen stereotyper Teenager-Angst hielt sich meine eine ganze Weile.

Trotz meiner Stimmungsumschwünge und Sumpfereien, meiner Wut und meines Selbstmitleids gab es noch ein paar Freunde an der High-School, die es mit mir aushielten. Peter etwa. Und Paul, Ellen und Steve.

Peter sah mir zwar ähnlich – gleiche Brille, gleicher Haarschnitt –, aber er war härter, athletischer, durchtriebener und militanter. Er machte einen auf Cassius in *Julius Cäsar*. Paul war von allem besessen, womit er in Berührung kam: Pepsi, Pat Benatar, Politik. Ellen hatte schon einiges hinter sich – mieser Umgang, miese Einstellung. Sie war drall, aber auf angenehme Weise. Sie wollte sich wieder in den Griff kriegen und meinte, dass Peter, Paul, Steve und ich schräg genug wären, um ihr dabei zu helfen. Dann Steve. Steve war sanft und lispelte. Sein Vater war Philosophieprofessor, und er sammelte Lehrbücher und hatte in seinem kleinen Zimmer die weltweit größte Sammlung von Abba-Platten stehen. Steve war es auch, der drei Jahre später mit mir ins Krankenhaus ging, nachdem ich mir die Pulsadern aufgeschnitten hatte.

Wir hatten uns nach und nach auf den Fluren der East High gefunden, jeder aus seinen Gründen ein Außenseiter, jeder auf seine Weise ein Freak. Das genügte, um uns zusammenzuschweißen. Wir waren clever, aber nicht so clever, wie wir dachten. Wir hatten einen gesunden Sinn fürs Absurde. Was wir auch machten, wir machten es gemeinsam.

Den Sommer über wurde in Green Bay nicht viel geboten, und im Sommer nach unserem Abschluss langweilten wir uns besonders. Wir hatten jeden Film gesehen, den wir sehen wollten. Keine Band, zu der wir gern gegangen wären, kam in die Stadt. Keiner von uns trank, das fiel also auch aus. Peter hatte einen schicken Swimmingpool hinterm Haus, aber er lud uns nie dorthin ein. Meistens fuhren wir einfach nur so rum, hörten Radio und lachten über alles Mögliche. In der Regel reichte uns das, aber eines Julinachmittags nicht. Wir hockten in Pauls Wagen: Steve, Peter, Ellen, Paul natürlich, der fuhr, und ich.

»Da wär ja noch das Sanatorium«, schlug ich vor, während Steve verzweifelt an der Sendereinstellung kurbelte, um etwas zu finden, was ihm gefiel.

»Du und dein Sanatorium«, grummelte Paul genervt. Immer schlug ich das Sanatorium vor.

»Da hätten wir was zu tun.«

Das Sanatorium am Rande von DePere, fünfzehn Autominuten entfernt, mitten auf dem dürren platten Land gelegen, war das hiesige Spukhaus. Seit wir klein waren, hatten wir Legenden darüber gehört, waren aber nie dort gewesen. Sich dort einzuschleichen war der Initiationsritus der örtlichen Jugend.

Das Sanatorium war in den vierziger Jahren als Krankenhaus eröffnet worden, dorthin kamen Tuberkulosefälle aus der Gegend in Quarantäne. In den fünfziger Jahren wurde dann jedermann mit einer schlimmen ansteckenden Krankheit aufgenommen, mit allem, was eine Epidemie auslösen konnte – Keuchhusten und so weiter. In den sechziger Jahren wurde es zu einem Irrenhaus. Das ist alles sehr gut dokumentiert. Legenden rankten sich darum, was in dem Krankenhaus vor sich gegangen sein sollte. Als es 1969 geschlossen wurde (Gerüchten zufolge, um eine Reihe von Axtmorden zu vertuschen, die dort geschehen waren), verwandelte es sich sogleich in ein Ziel gelangweilter Teenager auf der Suche nach billigem Spaß. Es war auch ideal für Bierpartys.

Natürlich lebte der verrückte Axtmörder noch da und zerhackte jeden, den er dort erwischte. Diese Legende zog eine Reihe von Zeichen und weiteren Mythen nach sich. Stand die Eingangstür offen, war der Mörder außer Haus. War das Licht über dem Garagentor an, war er da. Erst drei Jahre zuvor (es waren immer erst drei Jahre zuvor) waren dort vier Jugendliche verschwunden. Ich bekam nie so genau heraus, ob meine Schwester schon dort gewesen war, aber jedenfalls wusste sie alles darüber. Etwas in Kopf und Bauch sagte mir, dass ich es mir selbst ansehen musste. Leider fand keiner meiner Freunde das Sanatorium so spannend wie ich.

»Mich dort zerhacken lassen? Nein danke«, sagte Steve, nachdem er einen passenden Popsong gefunden hatte.

»Wir werden doch nicht zerhackt. Ich will nur mal sehen, wie's da ist.«

»Warum denn?«

»Bin eben neugierig. Was sollen wir denn sonst machen?«

Nachdem ich ihnen noch ein paar Minuten in den Ohren gelegen hatte, willigten die vier schließlich ein. Es war sechs Uhr, also noch jede Menge Zeit, das Sanatorium zu finden, hineinzugehen, sich umzusehen und wieder herauszukommen, solange es noch hell war.

Vorausgesetzt natürlich, dass wir nicht von einem axtschwingenden Wahnsinnigen umgebracht wurden.

Wir fuhren zu Steve, um Taschenlampen zu holen, und von dort rief ich auch meine Schwester an, um mir den Weg erklären zu lassen.

»Fahrt von DePere aus Richtung Westen, du kennst die Straße. Nach zehn Minuten liegt es rechts am Weg, kannst es nicht verfehlen.« Sie klang überrascht, dass ihr blasser, dürrer, durchgeknallter Bruder da hinwollte.

Wir zwängten uns wieder in Pauls Wagen, fuhren über die Brücke nach DePere, einem kleinen braunen Industrievorort, fanden die von ihr erwähnte Straße und fuhren darauf weiter Richtung Westen, bis die

Häuser Ackerland und dünnem Baumbestand wichen.

Das Seltsame war, in dem Maße, wie alle anderen im Auto sich immer mehr begeisterten, bekam ich, der die vielleicht tödliche Entscheidung gefällt hatte, Angst. Ich glaubte nicht an Legenden, dazu war ich zu schlau. Aber irgendetwas Knisterndes und Unheimliches setzte mir zu. Es war zu spät, um zu sagen, wir sollten umkehren, um ihnen einreden zu wollen, ich hätte nur Spaß gemacht und sehen wollen, ob sie auf so eine blöde Idee hereinfielen. Das ging nicht mehr. Jetzt hing ich drin, und ich hatte Angst. Ich starrte einfach nur aus dem Fenster und wartete.

Ungefähr einen halben Kilometer hinter einer baufälligen Holzkirche sahen wir es. Graue Türme ragten aus einer dichten Gruppe sterbender Bäume. Es war größer, als ich erwartet hatte. Eine tote Festung mit dicken Steinmauern und geborstenen Fenstern, mitten in der Einöde, wie ein Vampirschloss.

Paul ging vom Gas und fuhr rechts ran. Wir starrten zu unserem Ausflugsziel hinüber.

»Und wie machen wir das jetzt?«

Ich hatte die vage Hoffnung, dass keinem ein Plan einfallen würde, dass wir uns damit zufrieden geben würden, das Haus gesehen zu haben, und wieder zurückführen.

»Wenn wir die Karre hier abstellen und die Bullen kommen, wissen die genau, was hier läuft«, sagte Peter. »Das ist immer noch Hausfriedensbruch, wir machen also Folgendes …« Dieser blöde Peter. Immer der Chefstratege. Hatte für alles einen Plan. »Wir fahren zu der Kirche da zurück und parken dort. Dann machen wir einen Bogen und gehen von hinten ran.

Irgendwie kommen wir bestimmt rein – die Fenster sind ja alle eingeschlagen.«

Während wir so dasaßen, fiel mir auf, dass das Licht über dem Garagentor brannte. Ich machte sie nicht darauf aufmerksam.

Paul wendete und fuhr Richtung Kirche. Auf dem Herweg waren uns nur ein, zwei Autos entgegengekommen, was wohl gut war. Weniger Zeugen. Er stellte den Wagen hinter einer Baumgruppe abseits des kleinen Kiesparkplatzes ab. Wir stiegen aus.

Die Kirche, ebenfalls schon lange verlassen, war selbst Teil der Legende geworden. Hier hielt der Kerl mit der Axt seine Satansmessen ab. Wir spähten durch die Fenster. Keine geschlachteten Ziegen, keine Blutspuren, keine Pentagramme.

Mit gezückten Taschenlampen gingen wir hinten um die Kirche herum auf die Wiese, die uns vom Sanatorium trennte. Das Gras war hüfthoch, und während wir langsam hindurchmarschierten, hielt ich sinnloserweise mit gesenktem Blick Ausschau nach Bisamfallen. Natürlich nichts; kilometerweit gab es keinen Fluss, aber ich war mir sicher, dass ich in eine treten und mir dann der Fuß abgenommen würde.

Nachdem wir vorsichtig durch einen selbst gebastelten Stacheldrahtzaun gestiegen waren, sahen wir, dass wir problemlos hineinkommen würden. Die Hintertür war aus den Angeln gerissen.

»Also«, fragte ich, als wir davor standen, »wer geht als Erster rein?«

»Na, das ist ja wohl einfach«, sagte Ellen. »Es war doch deine blöde Idee.«

Die anderen grunzten und kicherten zustimmend. Jetzt *hoffte* ich, wir würden dem Kerl mit der Axt in die

Arme laufen. Ich nahm Steves Taschenlampe und knipste sie an. Warum, weiß ich nicht, denn Taschenlampen hatten mir noch nie was genützt, es sei denn, ich leuchtete etwas von ganz nahe an. Das funktionierte bei mir einfach nie so gut wie im Film.

Ich trat durch die Tür, und die anderen drängelten hinter mir herein. Ich konnte kaum was sehen. Die Schritte knirschten auf abgefallenem Gips und Glasscherben, der Boden war mit Bierdosen übersät.

Wir verteilten uns und gingen auf Entdeckungsreise. Steve und Ellen kamen mit mir. Wir gelangten an eine Treppe, die stabil aussah, und gingen hinauf. Ich leuchtete die Wände ab. An eine hatte jemand »Er packt dich am Arsch« gekritzelt. Schon allein das hätte beunruhigend sein können, doch derselbe Mensch hatte mit demselben Marker darunter noch »Twisted Sister« und daneben »*666*« geschmiert.

»Oooh, unheimlich.« Steve griente. Wir gingen weiter in den ersten Stock.

Der erste Stock war offenbar eine Art Station gewesen. Es gab keine Türen mehr, also linsten wir nacheinander in jeden der rund zwölf Räume mit ihren verdreckten Betonwänden, in der Hoffnung, auf etwas Interessantes zu stoßen. Aber nur noch mehr Gips, Bierdosen und Zigarettenkippen.

In einem Raum lag, mittendrin hingeschmissen, ein Fetzen eines braunen, langflorigen Teppichs. Es war der einzige noch übrige Einrichtungsgegenstand.

»Stellt euch mal vor, wie viele Krankheiten da drin stecken«, sagte ich, als Steve vorschlug, den Teppich mit nach Hause zu nehmen.

Draußen fuhr ein Auto vorbei, die Scheinwerfer flammten durch die geborstenen Fenster. Es wurde langsamer, worauf ich die Taschenlampe ausschaltete. Als das Auto weiterfuhr, knipste ich sie wieder an.

Das Sanatorium war im Großen und Ganzen überraschend langweilig. Leere Räume, Bierdosen und Dreck. Wir gingen wieder nach unten, wo wir auf Peter und Paul stießen, die mehr oder weniger das Gleiche entdeckt hatten.

»Na, jedenfalls waren wir da. Das ist doch schon was«, sagte ich. Keiner wirkte besonders enttäuscht, dass wir hergekommen waren, obwohl wir keine einzige zerlegte Leiche gefunden hatten.

Gerade als wir gehen wollten, entdeckte Paul eine Treppe, die nach unten führte. »Stopp, wir müssen unbedingt noch den Keller untersuchen«, sagte er.

Ich wollte lieber raus und machte mir schon Sorgen, ob ich mir von dem Teppich oben vielleicht eine Tb geholt hatte. »Geh du in den Keller. Sag uns Bescheid, wenn du was Interessantes siehst.«

Vorsichtig stieg er die Treppe hinab und verschwand in der Düsternis. Kurz darauf war er wieder da.

»Da stehen ganz viele Möbel rum, Sessel und Sofas, aber alles halb unter Wasser. Und es stinkt ziemlich übel.«

»Dann müssen wir das wohl nicht unbedingt sehen«, sagte ich.

Wir gingen da raus, wo wir reingekommen waren, aber statt über die Wiese zur Kirche zurückzuschleichen, liefen wir zur Vorderseite des Sanatoriums, durch die Bäume und hinaus auf die Landstraße. In lockerem Gänsemarsch schritten wir die Straße entlang, schwangen keck unsere Taschenlampen. Wenn uns jetzt jemand sah, war völlig klar, wo wir gewesen waren. Aber Scheiß drauf. Wir hatten es getan. Wir hatten den Sprung gewagt, auch wenn dieser Sprung sich letztlich als sinnlos und langweilig erwiesen hatte. Wir hatten dem örtlichen Mythos die Stirn geboten und waren mit heiler Haut davongekommen.

Verschwitzt und in stiller Zufriedenheit stiegen wir in Pauls Wagen und fuhren in die Stadt zurück. Erst Jahre später wurde mir bewusst, warum ich überhaupt so unbedingt in das Sanatorium hatte einbrechen, dann aber kneifen wollen, als sich die Gelegenheit schließlich ergab. Es konnte nur so sein, dass etwas tief in meinem Hirn, irgendein genetisches Vorwissen, wusste, dass ich später so viel Zeit in echten Irrenhäusern verbringen würde.

Blindfisch

Eines Abends nach dem Lateinunterricht saßen mein Freund Grinch und ich in meiner engen Wohnung, ließen eine Flasche Wein hin- und hergehen, rauchten schlechte Zigarren und hatten den Easy-Listening-Sender im Radio laufen. Obwohl wir hart drauf waren – wir sahen so aus und gingen auch in die entsprechenden Konzerte –, fanden wir es absurd, lächerlich und gerade deshalb sehr punkig, in einer so heruntergekommenen Umgebung Easy Listening zu hören. Dieser Widerspruch erschien uns sehr sinnreich, zumal so kurz vor den, wie wir hofften, letzten Tagen der westlichen Zivilisation. Ich war in die Version der 101 Strings von »Raindrops Keep Falling on My Head« versunken, als Grinch sagte:

»Wir sollten eine Partei gründen.«

Wir hatten uns in einem Seminar mit dem Titel »Gewalt und Katharsis« kennen gelernt. Wir hatten beide Philosophie als Hauptfach und saßen im selben Dostojewski-Seminar. Auch in Kafka und Latein. Wir waren in vielen Seminaren zusammen. So waren wir zwangsläufig ins Gespräch gekommen.

Grinch quoll über von Geschichten aus seiner vergeudeten Jugend. Er hatte Drogen und Kleinkriminalität hinter sich, hatte sich geprügelt, hatte Punk gehört, bevor überhaupt einer wusste, was das war, und war auch eine Zeit lang bei der Army gewesen, aus der er dann wegen »miserabler Führung« entlassen worden war.

Anfangs glaubte ich ihm seine Geschichten nicht.

Wir waren zwei Typen, die einander was vorlogen, wie Typen das eben tun. Grinch tat, was er konnte, um mich zu schockieren. Ich hatte noch nie Drogen genommen und noch nie viel getrunken. Ich hatte nicht mal irgendwelche Süßigkeiten oder ein Comic-Heft geklaut. Nie eine Zigarette geraucht. Ich war immer sehr brav gewesen, hatte es jedenfalls versucht. Ich war noch ein schlicht gestrickter Junge aus dem mittleren Westen, neugierig und verwirrt von dem, was mir im Kopf rumging.

Nur eine Woche, nachdem ich von dem Therapeuten kam und die Fenster einschlug, tauchte Grinch auf, wie von Satan persönlich frei Haus geliefert. Grinch war klug und latent psychotisch. Zumindest war er ein Soziopath. Anscheinend kannte jeder Grinch. Er war groß, drahtig und ein paar Jahre älter als die meisten anderen Studenten. Er sprach seltsam gedehnt und zitterig, was ihm von der Army geblieben war, und er hatte schwarze Locken und sah so Klasse aus, dass er bei den Collegemädchen nur mit den Fingern zu schnippen brauchte.

Er schnippte oft mit den Fingern, und ich war stets so vernünftig, mich dann zu verabschieden. Die Mädchen merkten immer erst zu spät, wie diabolisch er war. Aber selbst dann war es ihnen meistens egal. Sie kamen trotzdem wieder.

Es fing alles ganz einfach an. Ich war der Novize. Grinch zeigte mir, wie man klaute, trank und rauchte. Er zeigte mir, wie man nach Geschäftsschluss am besten in ein Gebäude einbrach – was mir nicht viel brachte, da ich, wenn ich erst mal drin war, gar nichts sehen konnte. Er zeigte mir die billigen und sinnlosen Freuden des Vandalismus.

Anfangs legten wir großen Wert darauf, politisch zu sein. Wir gingen zu sämtlichen Protestveranstaltungen und allen Märschen, wir beteiligten uns am Aufbau von Hüttendörfern aus Protest gegen die Apartheid, und einmal hielten wir zusammen mit mehreren hundert Mitgliedern des *Progressive Student Network* zwei Wochen lang das Staatskapitol besetzt. Im Herbst schlossen wir uns Aktivisten an und protestierten gegen die Anwerbungsversuche der CIA auf dem Campus, im Frühling protestierten wir gegen die Investitionen der Universität in Südafrika. Doch nach einer Weile langweilte uns diese politische Nummer, die ewig gleichen Gesichter, die ewig gleichen müden Parolen. Wir merkten, dass wir die Leute, mit denen wir protestierten, genauso wenig mochten wie die Leute, gegen die wir protestierten.

Der Wendepunkt kam bei einer Protestaktion gegen die Investitionen in Südafrika. Ich marschierte zusammen mit zweitausend wahren Gläubigen skandierend und Plakate tragend auf der State Street Richtung Kapitol. Ich hatte mich breitschlagen lassen, ein Transparent ganz vorn in der Meute mit zu halten. Ich hatte keine Ahnung, was drauf stand. Trotzdem glaubte ich, da ich in vorderster Linie marschierte, das Recht zu haben, meine eigenen Parolen zum Besten zu geben.

»Killt die Faschisten, killt die Faschisten!«, brüllte ich in der Hoffnung, andere würden mit einstimmen. Ein paar Leute um mich herum kicherten nervös, doch ich blieb mit meinem Eifer allein.

Eine alternde Erdmutter zu meiner Rechten sprach mich an. »Faschisten sind schon unheimlich«, sagte sie in einem für meinen Geschmack viel zu herablassenden Ton, »aber das ist kein Grund, ihnen Gewalt anzudrohen.« Meine Güte. Ich drückte ihr meinen Zipfel des Transparents in die Hand und ging nach Hause.

Als wir nun in meiner winzigen, ameisenverseuchten Wohnung bei der billigen Flasche Wein saßen, überraschte mich Grinchs Vorschlag nicht. Kaum etwas, was Grinch sagte, überraschte mich noch.

»Überleg doch mal. Wir schlagen uns die Nächte damit um die Ohren, in Madison rumzurennen und diesen Scheiß zu machen. Wenn wir eine Partei gründen, haben wir eine Entschuldigung dafür. Das ist doch eine Generalamnestie für jeden Scheiß. Wir werden von der Uni als eine Art Studentenorganisation anerkannt, und das gibt uns die Chance, noch mehr Scheiß zu machen!«

»Was denn für Scheiß?«

Offenbar hatte Grinch schon alles durchdacht. Er sah auf die Flasche. »Na, allen möglichen eben. Das kriegen wir schon noch raus.«

Vielleicht hatte er es doch nur zur Hälfte durchdacht, aber das war mehr, als ich entgegenzusetzen hatte.

»Wenn du meinst«, sagte ich und nahm ihm die Flasche aus der Hand.

»Als Erstes brauchen wir einen Namen. Einen, der die Leute verwirrt.«

Schweigend saßen wir eine Weile da.

»›Pharmazeuten für den Wandel‹?«, schlug ich vor.

»Nein, nein.«

Wir dachten weiter nach.

»›Nekrophile für den Wandel‹?«, schlug ich als Nächstes vor.

»Besser, aber zu durchsichtig.«

Nach einigen weiteren Versuchen kam Grinch auf »Nihilistische Arbeiterpartei«. Als Hauptfachphilosophen hatten wir die schlechte Angewohnheit, einander alles zu ausführlich zu erklären.

»Der Witz ist« – Grinch lachte –, »wenn wir Nihilisten wären, warum würden wir dann arbeiten? Und warum würden wir auch noch eine Partei gründen?«

Das war's. Die Partei war geboren, und wir konnten unseren ersten Auftritt am nächsten Tag kaum abwarten. Ich ging in meine Kammer, wo ich ein paar riesige Pappbögen aufbewahrte, die nur auf eine solche Gelegenheit warteten.

Das Studentenwerk war in einem weitläufigen Gebäude am Ufer des Lake Mendota untergebracht. Mehrere Anbauten hatten mit ihren fünf, sechs dramatisch verschiedenen Stilrichtungen einen architektonischen Mischmasch daraus gemacht, der sich über einen ganz Straßenzug erstreckte. Gleich am Eingang war eine Halle, rechts davon ein Café und schwarze Bretter, auf denen die wöchentlichen Versammlungen des Studentenwerks angekündigt wurden. Der Gang nach links führte zum Ratskeller, wo Studenten unter achtzehn billig trinken konnten.

An Wochentagen war die Eingangshalle mit Klapptischen gesäumt, hinter denen organisierte Studenten um neue Mitglieder warben: Sozialisten, ROTC, NOW, Junge Republikaner, Revolutionäre Kommunisten, die Studentenzeitschrift.

Ich kam ziemlich früh, besetzte den Tisch gleich

bei der Tür und richtete mich ein. Ich stellte den obligatorischen Spendenbecher hin, klebte die erforderliche Unterschriftenliste dran und hängte unser Plakat auf, auf dem mit dickem Magic Marker geschrieben stand: »Die Nihilistische Arbeiterpartei sagt: Wenn du meinst, Bildung ist teuer, versuch's mal mit Ignoraz.« Wir hatten »Ignoranz« nur halb absichtlich falsch geschrieben. Eigentlich war uns der Platz auf dem Plakat ausgegangen.

Aus meiner Tasche zog ich ein paar kleine, aber repräsentative Beispiele für die Ignoranz, der wir auf der Welt begegnet waren. Religiöse Pamphlete, Seiten aus Physiklehrbüchern aus dem 19. Jahrhundert, katholische Ehehandbücher, schlechte politische Traktate. Unser Konzept war einfach: Eine vierjährige Universitätsausbildung kostete Tausende und Abertausende von Dollars, doch die mitfühlenden Menschen von der NAP waren bereit, jedem Interessierten die Ignoranz für ein ganzes Leben für einen lumpigen Vierteldollar zu verkaufen.

Ich hatte die Ignoranz erst einem einzigen verwirrten alten Mann angedreht, als mich eine Hippiefrau mit langen glatten Haaren, großer runder Brille und einem schwarzen Rollkragenpulli vertrieb. Um einen Tisch zu bekommen, musste man nämlich einer anerkannten Studentenorganisation angehören und den Tisch schon Wochen im Voraus reservieren. Grinch und ich diskutierten eine neue Strategie.

Am nächsten Morgen war ich um acht Uhr mit ihm zusammen wieder da. Indem wir so früh eintrafen, hatten wir garantiert einen freien Tisch, bis die rechtmäßige Organisation, die sich dafür eingetragen hatte, auftauchte. Diesmal wollten wir den offiziellen NAP-Backverkauf durchführen. In einem Supermarkt hatten wir uns mit einer stattlichen Auswahl von Hostess-Produkten eingedeckt, und zuvor hatten wir noch ein Endlosband aufgenommen, auf dem ich die Zutaten eines Twinkie verlas. Wir verkauften nichts, bis wir wieder von derselben Hippiefrau rausgeworfen wurden.

Den Rest der Woche kamen wir täglich wieder, jeden Morgen mit einem neuen Gag, und jeden Morgen waren wir nach einer halben Stunde wieder draußen. Wir hatten einfach ein schrecklich dickes Fell.

Ich machte hundert Fotokopien von der Rückseite eines anarchistischen Buchkatalogs mit einer Liste von gebührenfreien Nummern diverser Organisationen darauf, darunter die der Moral Majority, diverser Atomwaffenhersteller und von Dow Chemical. Unser Plan war schlichter Telefonterror. Jeder Anruf bei einer gebührenfreien Nummer kostet die Leute am anderen Ende Geld. Je länger man spricht, desto teurer wird es für sie. Es war uns egal, wer auf der Liste stand, solange wir dort nur Chaos anrichteten. Wir legten die fotokopierten Listen mit Anleitung als Flugblätter auf den Tisch und setzten uns einfach. Noch bevor wir rausgeschmissen wurden, waren sie weg.

Anschließend bummelten wir in Madison herum, um zu sehen, was wir noch anstellen konnten, und ich vergaß die Flugblätter. Bis zum folgenden Tag, als ich die Studentenzeitung in die Hand bekam.

Unser Flugblatt war abgedruckt, Wort für Wort,

auf der Meinungsseite. Zudem hatte das Blatt auch
noch den Namen NAP darunter gesetzt. Grinch und
ich überlegten. Die Leute von der Zeitung hatten
uns namentlich erwähnt. Das bedeutete, sie wollten,
dass wir für sie schrieben. Es war ihre dezente Art,
uns eine regelmäßige Kolumne anzubieten. Ich setzte mich an meine blaue Plastik-Smith-Corona,
steckte mir eine fiese Zigarre an und schrieb unseren
Erstling.

WIE MAN EINE BILLIGE BOMBE BAUT

Findet ihr nicht alle – ach, bestimmt findet ihr
das –, dass bei jedem Mal die Zeit kommt, wo wir
alle Elvis sein wollen, wo wir die heilige Johanna
von Orléans sein wollen, wo wir Jerry Lewis sein
wollen, Jeane Kirkpatrick oder Golda Meir oder
John Stuart Mill oder Jackie Gleason oder Jocko
der Apeshit Boy oder Veebo der geborene Philo-
soph oder Bozo der böse, axtschwingende Clown
oder eine große Flasche Top Job oder Trockento-
maten oder ein Geistesblitz oder Silly Putty oder
künstliches Hühnerfett von Schmaltz E Dige oder
eine zerquetschte Kröte oder Samuel J. Mecklen-
burg oder Jesse James oder Fatty Arbuckle oder
irgendein Arbuckle oder noch mal Elvis oder ein
Elvis-Imitator oder ein Elivs-Imitatoren-Imitator
oder ein Gebetsteppich oder ein schwarzes Samt-
gemälde oder ein militanter Klempner oder ein
Füllerkratzen oder ein drachenfliegendes Gnu
oder Hufe oder ein Satz ungiftige Wasserfarben
oder ein Viertel Pferd oder verschimmelte Pfirsi-

che oder Niedergeschlagenheit oder eine Buchbinderei oder Gumbys winziger muskelbepackter Alien-Freund Mike oder Archie und Marlene von der Nashville North Show Lounge oder Matze oder ein berühmter Komponist von Werbejingles oder Kirk Douglas oder ein dünner Spuckefaden, der einem von der Unterlippe hängt, oder ein Zahn oder Nasenlöcher oder vielleicht sogar ein Tier, das mal als ausgestorben galt, wie der Coelacant, nur eben kein Fisch, sondern etwas viel Größeres und nicht so Schleimiges, oder einer von den Osmonds oder eine Pfütze oder eine Müllkippe oder ein Zahnpfleger oder der dialektische Materialismus oder der Kategorische Imperativ oder der Grund, warum ein Hammer kein Spielzeug ist, oder der Satz »Mamis mögen es auch!« oder Aunt Jemima oder der Jitterbug oder eine auf ein Stück Pappe gespießte Grille oder ein toter Alter, den keiner mochte, oder Betsy the Boilsucker oder Haare oder ein Kilometer ungeteerte Straße oder »dieser funky Discobeat« oder Krämpfe.

Hab ich Recht? Also seid vorsichtig, verdammt, und sprengt euch nicht die Finger weg.

Es kostete mich eine Viertelstunde harte Arbeit, das hinzuhacken, harte Arbeit, die nicht anerkannt wurde, da der *Daily Cardinal* sie nicht abdrucken wollte, weil er zu beschäftigt damit war, die Gräuel zu dokumentieren, die sich in Nicaragua, Südafrika oder El Salvador abspielten. Zwei Tage, nachdem wir in die Redaktionsräume des *Cardinal* geschneit waren, um unseren ersten brillanten Ausflug in den

Journalismus auf den Tisch des Redakteurs zu legen, schauten wir während der Geschäftszeit herein, um in Erfahrung zu bringen, warum er noch nicht erschienen war.

Die Redakteurin hieß Marcia. Sie rauchte Kette, hatte lange, glatte Haare und dicke Tränensäcke, und sie trug eine wohlkultivierte Weltverdrossenheit zur Schau.

»Leute«, sagte sie zu uns so geduldig, wie sie konnte, und zeigte auf das schlecht getippte Manuskript auf ihrem Tisch. »Seien wir realistisch. Das ist doch kompletter Unsinn.«

»Für mich nicht«, sagte ich.

»Kristallklar«, setzte Grinch hinzu.

Es war uns sehr ernst.

»Ach, kommt. Jeder will Elvis sein? Was soll das denn bedeuten?«

Grinch und ich schauten einander an. Jetzt war sie diejenige, die Unsinn redete.

»Ich will Elvis sein«, sagte Grinch.

»Ich auch«, ergänzte ich. »Keine Frage, ich will Elvis sein.«

»Ich kann dir sogar mehrere Professoren nennen, die Elvis sein wollen.«

»Und, ganz ehrlich, Marcia. Es macht mir Sorgen, dass du nicht Elvis sein willst.«

Wir wurden unauffällig aus der Redaktion eskortiert und gebeten, nie wiederzukommen.

Zwei Wochen später bemerkten wir einen ersten Niederschlag unserer Telefonterroraktion. Ein rechtsgerichtetes Lokalblatt verlieh uns den Titel »Idioten des Monats« und behauptete, das FBI ermittle gegen uns. Leute riefen zuhauf bei Talk-Radiosendungen an und spannen Theorie um Theorie darum, wer oder was die Nihilistische Arbeiterpartei denn nun sei. Die meisten hielten uns für Agenten der Regierung, die die Linke diskreditieren sollten, aber das war typisch für Madison. Sogar in *Time* wurden wir erwähnt, unter der Überschrift »Gebührenfreier Kummer«. Nachdem unser Flugblatt in der Studentenzeitung abgedruckt worden sei, so *Time,* hätten die aufgelisteten Organisationen bis zu fünfzehnhundert Anrufe pro Tag aus der Gegend um Madison erhalten. Besonders der Fernsehprediger Jerry Falwell. Den mochte keiner.

Wir hatten gute Arbeit geleistet, bis auf ein kleineres Detail: Im Jahr zuvor hatte der Oberste Gerichtshof entschieden, dass Telefonterror einen Verstoß gegen Bundesrecht darstellte. Unsere Namen waren nicht in der Zeitung aufgetaucht, nur der Name unserer »Organisation«. Während die FBIler Vertreter der Uni und die Redakteure des *Cardinal* befragten, blieben wir unbehelligt. Die Redakteure waren diejenigen, die beschlossen hatten, das Ding zu drucken; wir hatten es der Zeitung noch nicht mal nahegelegt. Wir waren nur unbeteiligte Zuschauer. Selbst wenn uns die FBIler doch noch auf die Schliche kamen, mussten sie einen Schritt weitergehen zu den Leuten, die den anarchistischen Buchkatalog herausgaben.

Wir machten uns ohnehin keine Gedanken über diese FBI-Ermittlung. Was gab es über uns schon herauszubekommen? Wenn sie unsere Telefone anzapften, hatten sie zwei Typen, die einfach nur so herumschimpften und lachten. Doch da das Studentenwerk und die Zeitung nun tabu waren, mussten wir uns ein anderes Betätigungsfeld suchen.

Inmitten dieses Chaos machte ich mein Vorexamen in Philosophie und sah mich nach einem weiterführenden Studium um. Mir blieben noch neun Monate, bis ich wegzog – wohin auch immer. Ich beschloss, mir in Madison einen Job zu suchen, und blieb in dieser tückischen Wohnung wohnen. Grinch und ich rannten rum, piesackten Wahlkandidaten, ließen uns aus Cafés werfen und bei Punkkonzerten verprügeln, klauten Bücher, störten Performance-Künstler, demolierten, was wir zu fassen kriegten, verprügelten Moonies, tranken Bier und führten Umzüge an – alles im Namen der Nihilistischen Arbeiterpartei, nur damit es irgendwas bedeutete.

Eines Abends, nicht lange nach dem Examen, saßen Grinch und ich im Ratskeller. Es war kurz vor Lokalschluss, und der Laden war fast leer. Grinch ging noch einen Krug Bier holen, während ich am Tisch saß, muffiges Popcorn kaute und in der Musicbox hinter mir grauenhafte Songs drückte.

Ich hatte vielleicht drei, vier Bier über dem Limit, war erledigt und wollte nicht mehr reden. Wollte nicht mehr denken. Wollte nur noch nach Hause und schlafen, um am nächsten Tag aufstehen und mich die ersten vier Stunden erholen zu können, damit wir am folgenden Abend wieder das Gleiche machen konnten.

Wenn ich in einen solchen Zustand geriet, sei es vom Trinken oder von der Aristoteleslektüre, starrte ich häufig ins Leere. Und hörte gar nicht mehr auf. Es kostete einfach zu viel Kraft, den Blick zu fixieren.

Das geschah nun auch, während ich darauf wartete, dass Grinch mit dem Krug wiederkam, der meine Erholung am nächsten Tag nur noch langsamer und schmerzhafter machen würde. Er trat von hinten heran, stellte den Plastikkrug auf den zerkratzten Holztisch und wedelte mir mit der freien Hand vor der Nase herum.

»He, Blindfisch. Aufwachen!«

Ich glotzte ihn an, während ich mir bedächtig das Kinn rieb.

»Blindfisch, hm?«, sagte ich schließlich. Ich hatte den Ausdruck schon öfter gehört, aber nie auf mich bezogen. Meistens bedachten wir damit irgendwelche Idioten, die uns dumm kamen.

»Grinch und Blindfisch«, sagte er zufrieden und schenkte sich Bier aus dem Krug nach. »Klingt nach 'nem höllischen Pärchen.«

»Nach einem aus der Comic-Hölle vielleicht.«

Ein echter Amerikaner

Ich war ein Einwanderer frisch vom Schiff. Ich hatte einen nutzlosen Abschluss von einer Uni, die mir egal war, in einer Stadt, die ich am liebsten niedergebrannt hätte. Keinen Job, der mir die Zeit stahl, kein Geld, um das ich mich sorgen musste. Die Matratze auf meinem Fußboden war zur Heimstatt von Millionen schwarzer Waldameisen geworden. Meine Tage verbrachte ich zumeist damit, dass ich las, umherstreifte, Flasche um Flasche eines fiesen, süßen, selbst gebrauten Kirschweins leerte, irgendwas mit Grinch ausfraß, der noch immer in Seminare gehen musste und eine Ameise nach der anderen zwischen den Fingern zerdrückte.

Es war klar, dass ich etwas mehr tun musste. Ich musste Geld verdienen, wenn auch nur, um die Wohnung zu halten. Die Miete betrug 185 Dollar im Monat, was meine Einkünfte um genau 185 Dollar überstieg.

Andere hatten es da anscheinend leichter. Einfach die Alten anrufen und auf den Scheck warten. Ich verschwieg meinen Eltern, wie tief ich gesunken war, und behielt meine Mittellosigkeit hoch erhobenen Hauptes für mich. Wann immer ich mit ihnen sprach, tat ich mein Bestes, sie davon zu überzeugen, dass alles »ganz prima« lief.

Tagtäglich durchforstete ich die Stellenanzeigen, doch niemand suchte einen »Pennerphilosophen m. viel Sinn für das Absurde«. Arbeiten interessierte mich ohnehin nicht besonders. Mit meinem üblen Kirschwein und den Ameisen war ich glücklich genug. Es musste doch auch anders gehen. Es geht immer irgendwie anders.

Als ich eines Vormittags ziellos herumspazierte, holte ich mir eine Zeitung und setzte mich auf eine Parkbank, um sie zu lesen. Da fiel mir eine Anzeige ganz unten auf einer Seite ins Auge.

Es war eine Anzeige für eines jener Plasmazentren, ähnlich wie das Rote Kreuz, nur profitabler. Ins Plasmazentrum gehen keine Altruisten, um ihren Lebenssaft zu spenden. Die Leute, die da hingehen, tun es, weil sie die fünfundzwanzig Mäuse brauchen, die es im Austausch gegen ihre kostbare Körperflüssigkeit gibt. Die Verzweifelten, wie wir sie wohl in Amerika nennen.

Ich entdeckte ein Münztelefon an der Ecke vor dem Center und vereinbarte einen Termin für den Nachmittag. Als ich hereinkam, saß alles voll mit Pennerphilosophen; die meisten kannte ich vom Sehen. Da war Earl, das Rattengesicht mit seinen langen gelben Zähnen, dem verfilzten Bart, dem karierten Hemd und einer Ausgabe von Ayn Rands *Atlas Shrugged*. Neben ihm saß sein ewiger stummer Schatten Edward. Und dann auch noch Crazy Jake, den ich oft brüllend vor dem B-Side-Plattenladen hatte stehen sehen. Auch Dunderhead und Lummox waren da, noch so ein Gespann. Nacheinander wurden unsere Namen aufgerufen, und eine Schwester führte uns nach hinten in ein Zimmer.

Als ich dran war, brachte man mich durch einen Raum mit drei Schreibtischen, an jedem eine pummelige Krankenschwester, die gerade Blut abzapfte, in ein kleines Zimmer, wo ein offenbar ganz furchtbar gescheiterter Arzt auf einem Stuhl hinter einem leeren Schreibtisch saß. Eine Wanduhr und ein Plastikstuhl für mich vervollständigten das Mobiliar. Der Arzt zog ein Blatt Papier aus seiner Schreibtischschublade und reichte es mir mit unverhüllter Verachtung.

»Hier. Lesen Sie das.«

Ich tat's. Es war ein Informationsblatt über Aids. Zu der Zeit, 1985, als die Nachrichten über Aids allmählich an die Öffentlichkeit durchsickerten, ahnten sie im Blutspendegewerbe schon, was ihnen da blühte, und taten alles nur Mögliche, um sich abzusichern.

Ich überflog es und gab es ihm zurück.

»Und nun frage ich Sie darüber ab.«

»Ach du Scheiße.«

»Sie machen den Test, oder Sie können gleich wieder gehen.« Er wäre am liebsten woanders gewesen, und auch ich wollte nicht da bei ihm sitzen, aber ich brauchte die fünfundzwanzig Mäuse.

Er stellte mir seine kleinen Fragen, ich blaffte ihm meine kleinen Antworten zurück, und nachdem ich ihm genügend richtige gegeben hatte, schickte er mich zu einer Schwester, die einen weiteren Fragebogen hervorzauberte.

»Haben Sie gut gefrühstückt?«

»Ja.« (Pringles und ein Glas Wasser waren für mich damals ein ordentliches Frühstück.)

»Hatten Sie in der vergangenen Woche nachts unerklärliche Schweißausbrüche?«

»Nein.«

»Unerklärliches Fieber?«

»Nein.«

»Unerklärlichen Gewichtsverlust?«

»Nein.«

Sie betete eine Litanei potenzieller Symptome der einen oder anderen Blutkrankheit herunter, die nahezu alle ein Nein erforderten, wollte ich weiter bleiben. Gelegentlich wurde eine Ja-Frage eingestreut, um den Unaufmerksamen eine Falle zu stellen, doch ich passte auf, und so dauerte es nicht lange, bis die Schwester mir eine Gummimanschette um den Arm legte.

Sie stach mich mit einer Lanzette in den Finger, und während ich eine Reihe von Einwilligungs- und »Ja, ich sage die Wahrheit«-Formularen unterschrieb, gab sie einen Tropfen meines Blutes in einen Apparat, der ihn mit Ultraschallgeschwindigkeit schleuderte, um die Plättchen vom Plasma zu trennen. So erkannte sie, ob genügend Eisen drin war und mein Saft an dem Tag für verkaufsfähig befunden werden konnte.

Nachdem ich diesen Test bestanden hatte, wurde ich in einen Raum gewiesen, den ich als das Bluterzimmer kennen lernen sollte, wo eine weitere Schwester mich zum nächsten freien Zahnarztstuhl führte und mich darauf festschnallte. Es gab dreißig Stühle, jeder umgeben von einem Gewirr primitiver Blutsaugevorrichtungen.

Ein weiterer offenbar gescheiterter Arzt, ein junger, kleiner, hip wirkender Typ, der wohl irgendetwas abzubüßen hatte, rannte von einem Stuhl zum nächsten, stach Nadeln in die Leute, überprüfte Beutel, erzählte Witzchen und baggerte die Schwestern an, während er die Penner verschlagen zwinkernd knuffte. Es war klar, dass hier keiner jemanden vögelte.

Schließlich kam er zu mir, stellte sich flüchtig vor und begann an der Apparatur herumzufummeln. Theoretisch ist der Vorgang einfach: Man zapft zwei Beutel Blut aus dem Arm, schleudert es eine Weile, schöpft oben das Plasma ab und jagt einem die roten Blutkörperchen wieder rein. Aber die ganzen Schläuche, Nadeln und Beutel waren immer irgendwie durcheinander, und meistens spuckte irgendein lose sitzender Schlauch kostbares rotes Nass auf den schmutzig grauen Fußboden.

Für meinen ersten Besuch bekam ich nur zehn Dollar. Das war Beschiss. Damit ich die ganzen fünfundzwanzig kriegte, musste ich in derselben Woche noch ein zweites Mal kommen, dann wollten sie mir den Rest ausbezahlen.

Das Ganze brachte mir also fünfundzwanzig die Woche, machte hundert im Monat. Noch immer nicht genug für die Miete. Ich warf einen weiteren Blick in die Zeitung und entdeckte etliche Plasmazentren in der Gegend, allesamt private Unternehmen. Ich machte Rattengesicht ausfindig, der sagte, einige dieser Zentren verglichen die Spenderlisten nicht mit denen anderer. Nachdem ich mich im ersten Zentrum für Dienstag und Freitag eingetragen hatte, ging ich zu einem zweiten, wo ich genau die gleiche Prozedur durchlief. Die gleichen gescheiterten Ärzte, die gleichen pummeligen Schwestern, die gleichen Pennerphilosophen. Dort trug ich mich für Montag und Donnerstag ein. Dann ging ich zum letzten (der Unterschied dort bestand darin, dass die Schwestern minimal besser aussahen, aber dafür inkompetenter waren), wo ich mich für Mittwoch und Samstag eintrug.

Binnen einer Woche kam ich von null auf 300 Dollar im Monat, genug für Miete und Nebenkosten, und dazu blieb noch was übrig für anständige Lebensmittel hin und wieder. Sogar für Flaschenbier. Das einzige Problem war, ich wurde leer gesaugt. Nach ein paar Wochen schlief ich bis eine halbe Stunde vor dem Termin und ging danach sofort wieder nach Hause, um weiterzuschlafen. Meine Motorik, schon vorher nicht gerade blitzschnell, wurde noch langsamer. Ich zerquetschte nur noch die Ameisen auf der Matratze, die gerade auf mir herumkrabbelten. Mein blasses Gesicht wurde beinahe durchscheinend.

Bill Burroughs schrieb: »Wenn du mit jemandem zusammen warst und danach das Gefühl hast, einen Liter Plasma verloren zu haben, *meide* diesen Menschen.«

Das ging mir durch den Kopf, wenn ich in den Zentren angeschnallt lag, unfähig, irgendeinen anderen klaren Gedanken zu fassen. Ständig wiederholte ich es mir, während Rattengesicht Earl auf dem Nachbarstuhl mir etwas von Objektivismus erzählte. Ich wiederholte es, wenn die Schwestern meine Blutbeutel fallen ließen. Ich wiederholte es unablässig, aber ich hörte nie darauf und ließ so zu, dass die Vampire mich langsam umbrachten.

Sobald ich wieder draußen war, riss ich mir die Watte vom Arm und ließ das frische, reine dicke Blut den Arm hinunterlaufen und sich in meiner hohlen Hand sammeln. Allmählich sah ich aus wie die Junkies, die im Madisoner Peace Park zusammenhockten. In gewisser Weise war ich ja auch einer geworden, nur umgekehrt. Statt jemanden dafür zu bezahlen, dass er mir etwas gab, was ich mir in die Adern spritzen konnte, ließ ich mich dafür bezahlen, dass jemand etwas daraus abzapfte. An der Nadel hing ich genauso. Und das Ambiente war mehr oder weniger das gleiche. Statt Fixerbuden hatten wir Zapfbuden. Und unsere Pusher boten uns mehr Geld an, wenn wir regelmäßig kamen. Nach und nach wurde mir die Nadel sogar lieber als das Geld, so wie es auch bei den harten Junkies ist. Die Nadel war auch ziemlich riesig, und als ich sie bei jenem ersten Stich unter die Haut gleiten sah, dann die Wölbung im Arm, den ersten Blutstoß, der durch die durchsichtigen Schläuche fuhr – bei jenem Stich also hatte ich eine andere Form des Glücks gefunden.

Ein paar Wochen, nachdem ich ernsthaft von den Plasmazentren abhängig geworden war, stellte mich zum Glück und durch Zufall ein Pornoladen als Verkäufer ein. Danach ging's eine Weile bergauf.

Eines Abends ging ich zu Grinch in seine Wohnung. Er lebte in ein paar ekligen, feuchten, kakerlakenverseuchten Zimmern mit zwei vietnamesischen Studenten zusammen, die kein Englisch sprachen. Immer stank es bei ihm nach vergammeltem Fisch. Es war nicht gerade schön, ihn dort zu besuchen, und immer eine Erleichterung, wieder wegzukommen.

Wir hatten keine Pläne für den Abend. Die hatten wir nie. Wenn nichts los war, machten wir was los und sahen in aller Ruhe zu, was dabei rauskam. Manchmal legte Grinch sich Handschellen an und rannte die Straße entlang, während ich hinter ihm herraste (darauf bedacht, ihm nicht so nahe zu kommen, dass ich ihn erwischte) und brüllte: »Haltet ihn! Haltet ihn auf!«, nur um zu sehen, wie die Leute reagierten.

Vielleicht würden wir heute mal im O'Cayz Corral, dem örtlichen Punk-Club, reinschauen, um zu sehen, wer spielte. Um halb zehn machten wir uns auf. Während wir auf den Campus zusteuerten, setzten wir das lebhafte Gespräch fort, das wir in Grinchs Küche begonnen hatten.

Ganz plötzlich fing es in meinen Ohren an zu summen. Ebenso plötzlich verschob sich meine Blickperspektive. Statt auf die Straße sah ich nun zum Himmel hinauf. Oder, genauer, in Grinchs Gesicht, das zu mir herabstarrte, wobei er etwas sagte, was ich nicht verstand. Mein linkes Ohr war taub. Ich hatte ein komisches Gefühl im Kopf, fast schmerzähnlich, aber nicht ganz. Doch es fühlte sich an wie etwas, was sehr bald zu Schmerz werden würde.

Ich lag auf dem Rücken auf dem Gehweg.

»Hast du denn den Mast nicht gesehen?« Grinchs Genäsel durchschnitt die Luft. »He, Blindfisch – hast du den Scheißmast nicht gesehen?« Solange wir uns kannten, musste ich Grinch immer wieder daran erinnern, dass ich schlecht sah, besonders nachts. Er vergaß es immer wieder. Ich manchmal auch.

Ich sah mich um; mein Blick erfasste kaum etwas, bis er auf die Straßenlampe etwa sieben Meter über mir fokussierte, die aus einem schwarzen Stahlmasten mit fast 30 Zentimetern Durchmesser hervorstand, der aus dem Gehweg ragte und seinerseits noch bebte und summte, offenbar vom Hochgeschwindigkeitsaufprall meines Schädels.

»Mensch, wir gehen einfach so und reden«, fuhr Grinch erschrocken und aufgeregt fort. »Ich hab gedacht, du siehst den, und dann *rums!* Weißt du? *Rums!* Gehst du zu Boden.« Er fing an zu lachen, hysterisch zu lachen. Und auch ich lachte los, wenn auch nur, weil ich in einer solchen Situation immer lache oder nervös grinse.

»Du bist ja wie die drei Stooges auf einmal!«, japste er.

Ich hob einen Arm, damit Grinch mir aufhelfen konnte, deutete dann auf meinen Hut, den er aufhob und mir so zerknautscht, wie er war, auf den Schädel drückte.

»Mann.« Mit zittrigen Beinen lehnte ich mich an meinen Gegner, den Masten, um mich daran abzustützen. »Mann o Mann.« Es kostete einige Mühe, die Zunge so zu bewegen, wie ich es haben wollte, während Grinch mich nur anstarrte. »Mann o Mann. Hab ihn einfach nicht gesehen.« Ich lachte wieder, diesmal etwas matter. »Weißt du was ... Grinch?« Ich sprach vorsichtig, probte die Worte, bevor ich sie aussprach. »Weißt du ... ich glaub, ich ... geh wohl lieber mal nach Hause. Ich, äh ... fühl mich nicht so besonders.«

Dabei tat mir gar nicht der Kopf weh. Mein Magen krampfte sich zusammen, und mir war, als müsste ich gleich kotzen. Ich spürte mein linkes Ohr noch immer nicht und hörte auch praktisch nichts damit. Meine Knie drohten erneut nachzugeben.

»Klar«, sagte Grinch. »Soll ich dir helfen? Schaffst du's denn allein dahin?«

Ich machte eine Bestandsaufnahme. Ich stand, ich redete, ich wusste, was passiert war. Ich war mit der linken Seite meines Schädels in zügigem Tempo gegen einen stählernen Lampenmasten gedonnert. Jetzt war ich benebelt.

»Ja. Geht schon. Dauert bloß 'n bisschen, weiter nichts.« Ich stieß mich von dem Teufelsmast ab und blieb ohne Hilfe ein paar Sekunden stehen, um sicherzugehen, dass ich das konnte. Grinch gab mir einen Klaps auf den Rücken, um mich auf den Weg zu bringen, und setzte sich dann zu sich nach Hause in Bewegung.

Die üblichen zehn Minuten nach Hause wurden fast zu einer halben Stunde, aber ich schaffte es – benommen, wackelig und indem ich mich an Toren, Wänden und geparkten Autos abstützte. Ich betrat die Wohnung und fiel auf die Matratze. Dort wartete ich, bis das Zimmer zu rotieren aufhörte, worauf ich mich umdrehte und die Schuhe abstreifte. Ich ließ meine Sachen an, robbte zu den Kissen hoch und schlief ein.

Als mich am nächsten Morgen um halb neun der Wecker weckte, stellte ich fest, dass ich mich nicht bewegen konnte. Weder die Arme noch die Beine und auch nicht den Kopf. Nichts. Ich war gelähmt. Nicht mal das verdammte Radio konnte ich ausschalten. Ich dachte, das Einzige, was ich überhaupt noch konnte, war, wieder einzuschlafen. An dem Tag hatte ich nichts weiter vor. Ich musste nicht zur Arbeit. Ich ließ die Augen zufallen und driftete weg.

Als ich eine Stunde später wieder aufwachte, zögerte ich, bevor ich versuchte, mich zu bewegen. Und wenn es nicht ging? Würde ich dann verhungern, hier auf dieser verdreckten Matratze, in diesem Zimmer, von den Waldameisen aufgefressen?

Unguter Gedanke.

Ich nahm all meine Kraft zusammen und wackelte mit den Fingern. Sie packten die Deckenkante. Nacheinander probierte ich Handgelenke, Ellbogen, Schultern. Langsam und schmerzhaft, aber ich konnte sie bewegen.

Die Beine konnte ich noch immer nicht rühren, und mir drehte sich der Kopf. Benommen, wie ich war, standen die Chancen, dass ich mich selber und die Matratze voll kotzte, ziemlich gut. Am besten wäre es, wenn ich mich ins Bad schleppen könnte.

Ich verlagerte mein Körpergewicht und krallte nach dem schmutzigen Teppich. Nachdem ich mich eine Minute lang abgemüht hatte, rutschte ich von der Matratze auf den Boden. Die Anstrengung hatte mich erschöpft. Ich zog mich einen halben Meter näher ans Bad heran. In meinem Kopf herrschte Tohuwabohu, meine Beine waren nutzlos, doch zehn Minuten später spürte ich die kühlen, zerbrochenen Fliesen, stemmte mich neben der Toilette an der Wand hoch und hängte den Kopf über den Sitz. Das wenige, das ich im Magen hatte, kam aus mir herausgebrochen.

Ich langte nach oben, spülte und wurde ohnmächtig.

Als ich wieder aufwachte und versuchte, wenigstens den Kopf zu bewegen, stieg mir die Übelkeit aus den Eingeweiden hoch, und ich würgte, nur um erneut ohnmächtig zu werden.

So ging es den ganzen Tag. Kotzen und ohnmächtig werden, kotzen und ohnmächtig werden. Es muss wohl später Nachmittag gewesen sein, als ich hörte, wie die Haustür aufging. Ich erkannte Steves

Schritte, die nach oben stapften. Ich war überglücklich, wie ich da zusammengekrümmt im Badezimmer lag, ihn über mir herumtrampeln zu hören.

Ich ließ mich auf den Bauch sacken und kroch aus dem Bad ins andere Zimmer. Ich packte die Telefonschnur und zog den Apparat vom Schreibtisch. Ich tippte Steves Nummer ein und hörte es in der Wohnung über mir klingeln, hörte bestrumpfte Füße durchs Zimmer tappen.

»Hallo?«

»Steve? Jim«, flüsterte ich. »Kommst du mal bitte runter?«

»Ja. Was ist?«

»Lange Geschichte.« Ich legte auf, lag ausgestreckt auf dem Fußboden, wartete und versuchte, nicht wieder ohnmächtig zu werden.

Er öffnete die Tür, sah mich und begriff, dass meine »lange Geschichte« nicht sehr lustig war.

»Mein Gott! Was ist los mit dir?«

»Ich weiß nicht. Ich werde ständig ohnmächtig und kotze. Ich war den ganzen Tag im Bad ... kann die Beine kaum bewegen, mir ist schwindlig ... Ich hab mir gestern ziemlich schlimm den Kopf angeschlagen.«

Steve rief einen Krankenwagen und ging dann nach draußen, um auf ihn zu warten. Ein paar lange Minuten später stapften zwei stämmige Kerle ins Zimmer, Steve hinterher.

»Wo fehlt's denn?«, fragte einer von ihnen.

Ich erklärte ihnen, was ich auch schon Steve gesagt hatte.

»Können Sie gehen?«

»Glaub ich nicht, ehrlich gesagt.«

Die beiden Männer stellten sich rechts und links von mir auf und nahmen je einen Arm.

»Auf drei ... eins, zwei ... hoch!« Als sie mich in die Luft rissen, kippte mir der Kopf auf die Brust, und die Benommenheit und Übelkeit überfielen mich wieder. Meine Beine baumelten unter mir, berührten den Fußboden nur aus reiner Gewohnheit.

»Möglich, dass Sie eine Grippe haben«, sagte einer der Männer, während sie mich hinausführten.

»Ja, die geht zur Zeit um«, sagte der andere.

Grippe? Was war das denn für eine Scheiße? »Hören Sie« – dazu hatte ich auch etwas zu sagen –, »gestern Abend habe ich mir den Kopf an einem Masten angeschlagen, heute Morgen kann ich nicht aufstehen. Was soll das denn für eine Grippe sein?«

Sie zogen mich aus dem Haus, vor dem sich mehrere Nachbarn und Passanten versammelt hatten, neugierig, wer wohl diesmal rausgeschleppt wurde. Als sie sahen, wer es war, wieder so ein Besoffener oder Bekiffter, gingen sie, von dem Schauspiel gelangweilt, weiter.

Meine beiden Helfer brachten mich die Treppe hinunter zum Krankenwagen, erst dann machten sie hinten die Klappe auf und zogen eine Trage heraus.

»Da, legen Sie sich hin«, sagte einer von ihnen. Sie waren sauer, dass sie von ihrem Canasta weggerufen worden waren, um so einen blöden College-Knaben mit Grippe aufzulesen. Sie schoben mich mit Schmackes in den Wagen, und ab ging's. Ich gab mir alle Mühe, die Galle unten zu halten, während der Fahrer sich über Funk meldete.

»Hier ist Wagen drei-sieben-zwei ... Wir kommen mit einer männlichen Person. Alter: zirka zwanzig Jahre, zeigt grippeartige Symptome ...« Der Kerl am anderen Ende kicherte sich einen zurecht.

Wir trafen im Krankenhaus ein, ich wurde in ein Untersuchungszimmer gerollt und auf einen Tisch gelegt, wo ich wartete und wieder eine Bestandsaufnahme machte. Mein Kopf platzte fast vor Schmerzen, aber immerhin konnte ich die Beine bewegen. Ein Arzt erschien, beguckte mich kurz und fragte, was passiert sei. Wieder erzählte ich die Geschichte, der Mast, die Benommenheit, die Lähmung, die Ausfälle, das Kotzen.

Er hörte mir das Herz ab, nahm das Stethoskop aus den Ohren und trug etwas auf einer Liste ein. »Also«, seufzte er gelangweilt, »für mich ist das eine Grippe. Ich glaube, man kann Sie wohl nach Hause gehen lassen.«

Ich gab auf. Dann hatte ich eben Grippe. *Herrgott*.

Eine Schwester half mir auf einen Rollstuhl, wo ich zwar aufrecht saß, den Kopf aber gebeugt hielt. Versuchte ich, ihn zu heben, kam die Übelkeit wieder. Die Schwester rollte mich in die Eingangshalle und hielt an.

»Ich lasse Sie jetzt hier, bis man Sie abholt«, zwitscherte sie.

Abholt? Mich holte niemand ab. Ich kannte auch gar niemand mit einem Auto. Ich kannte nicht mal jemand mit einem *Rad*. Es sah ganz so aus, als würde ich lange da stehen müssen. Ich schloss die Augen und driftete weg.

Einige Zeit später wurde ich von einer anderen Schwester geweckt. »He«, flüsterte sie. »Sie sehen nicht so toll aus. Sind Sie wirklich in der Lage, nach Hause zu gehen?«

Ich schüttelte matt den Kopf.

»Ich weiß, wo ich Sie hinbringe.« Sie schob mich mehrere lange Gänge entlang, bis sie an die gesuchte Tür kam. »Da wären wir.« Sie öffnete die Tür zu einem Untersuchungszimmer und half mir aus dem Rollstuhl aufs Bett. »Hier können Sie sich eine Weile hinlegen.«

Bevor sie ging, knipste sie noch das Licht aus, und wie ich so im Dunkeln lag, glaubte ich, sie sei mein Engel. Diejenige, die endlich erkannt hatte, dass irgendetwas Schlimmes mit mir war, und die mir einen Arzt besorgen würde, der mich nicht als Jammerlappen und Idioten abtat. Doch dann merkte ich, dass kein Arzt kam.

Rund zwei Stunden später gingen die Lichter wieder an.

»Okay, Sie!«, trällerte dieselbe Schwester. »Haben Sie sich ausgeruht? Schön. Dann können Sie jetzt nach Hause gehen.«

Ich hatte es aufgegeben, mich zu wundern oder zu hoffen. Sie setzte mich auf den Rollstuhl, schob mich wieder den Gang entlang und stellte mich genau da ab, wo sie mich vorgefunden hatte, damit ich dort abgeholt werden konnte.

Ich wartete ein paar Minuten, bis ich schließlich versuchte aufzustehen. Ich schleppte mich zum Eingang hinaus und machte mich dann langsam auf den Heimweg.

Ein paar Straßen von meiner Wohnung entfernt war eine kleine Klinik, bei der machte ich am Tag darauf einen Termin. Vielleicht kriegten die dort raus, was mit mir nicht stimmte. Zwar konnte ich meine Gliedmaßen wieder gebrauchen, und auch das Kotzen und die Ohnmachtsanfälle hatten sich gelegt, aber ich konnte ums Verrecken keine gerade Linie gehen.

Der Arzt in der Klinik führte die übliche kurze Untersuchung durch und stellte mir die üblichen Fragen, und ich erzählte ihm meine übliche Geschichte, wobei ich diesmal den Schlag an den Kopf betonte.

»Habe ich Ihnen das mit dem Lampenmasten schon erzählt?«

»Ja, ja, haben Sie.«

Dieser Arzt nun kam zu dem Schluss, dass ich zu viel Schmalz in den Ohren hatte. Er führte mich von seinem Sprechzimmer in ein Behandlungszimmer, holte eine riesige Spritze aus einer Schublade und spülte mir beide Ohren aus. Da war nun allerdings eine gewaltige Menge Schmalz drin, dicke Brocken pladderten in die Schale, aber danach ging es mir auch nicht besser (immerhin konnte ich besser hören). Und wie die anderen ließ er mich gehen, zufrieden, dass er gute Arbeit geleistet hatte.

Am Nachmittag suchte ich in den Gelben Seiten nach einem Neurologen. Einige Zeit später hatte ich einen Termin bei einer Ärztin, deren Praxis in einem Gebäude am Stadtrand war.

Nebenbei musste ich ja auch noch arbeiten, und mein Schwindelgefühl ließ nicht nach. Meinen Kollegen im Pornoladen bereitete es eine diebische Freude, mich etwas von ganz hinten aus dem Laden oder von einem hohen Regal holen zu lassen. Sie sahen zu, wie ich von dem dreißig Zentimeter hohen Podest vor der Kasse wankte, über den fleckigen, einstmals roten Teppichboden gegen Wühltische voller herabgesetzter Dildos und verbilligter Packen gebrauchter Pornohefte lief und durch schmale Gänge torkelte, die voll standen mit Beweisen dafür, dass das Ende der Zeiten nahte. Und wie sie lachten!

Steve hatte sich bereit erklärt, mich zu meinem ersten Termin bei der Neurologin zu begleiten. Wir fuhren mit dem Taxi fünfzehn Kilometer stadtauswärts zu einem tristen, modernen grauen Ärztehaus. Wir waren die Einzigen im Wartezimmer. Dennoch mussten wir über eine halbe Stunde warten, bis die Ärztin kam.

Eine kleine Frau mit kurzen, mausgrauen Haaren und harten Zügen schritt eilig durch den Raum auf uns zu. Sie musterte uns nacheinander und sagte dann: »Sie sind bestimmt Jim.«

»Ja.«

»Das habe ich an der Art gesehen, wie Sie dasitzen.«

Steve saß zurückgelehnt auf einem Sessel, entspannt in einer Zeitschrift blätternd. Ich saß wippend auf der Stuhlkante, vor lauter Sorge, ich würde, wenn ich mich zurücklehnte, nicht mehr hochkommen.

»Folgen Sie mir.« Sie zog mich an der Hand hoch und führte mich in einen Flur mit vielen Türen. Außer uns war niemand da. Unvermittelt blieb sie stehen.

»Okay, ich möchte, dass Sie hier etwas ausprobieren«, sagte sie.

»Ah?«

»Stellen Sie sich mir gegenüber.« Ich tat's. Sie war ein paar Zentimeter kleiner als ich, und ich blickte auf sie hinab und hatte nicht die geringste Ahnung, was mir bevorstand. Sie legte mir je eine Hand auf die Schultern, drehte mich blitzartig dreimal um mich selbst und schubste mich dann von sich weg den Gang entlang.

Ich schaffte drei Schritte, vielleicht vier, bis ich gegen die Wand krachte und zusammenbrach. Ich lag da wie ein geschlachtetes Lamm und wartete darauf, dass sie mir einen Tritt versetzte, um zu sehen, ob ich auch wirklich tot war. Stattdessen kam sie her, blickte zu mir herab und sagte:

»Wow, das war ziemlich schlimm.«

Sie brachte mich in ein Untersuchungszimmer, wo sie die gleichen Tests machte und die gleichen Fragen stellte wie die anderen Ärzte, worauf ich ihr die gleiche Geschichte erzählte. Ich erzählte ihr auch von den anderen Ärzten, die mich im Lauf der Woche begutachtet hatten, und von deren Diagnosen: eine schwere Grippe, ein heftiges Ohrenschmalzproblem.

Sie hörte mir geduldig zu, nickte, machte sich Notizen und bat mich dann, ihr noch einmal die Sache mit dem Lampenmasten zu erzählen. Wo er mich am Kopf getroffen, wie ich mich unmittelbar danach gefühlt hätte.

Glaubte mir vielleicht endlich jemand?

Nach einigen weiteren Fragen und Tests (»Folgen Sie mit den Augen meinem Finger«, »Stehen Sie auf einem Bein«) gab sie mir Termine für ein EEG und eine Computertomographie, um festzustellen, ob der Schlag gegen meinen Kopf eine Gehirnerschütterung verursacht oder bleibende Spuren in meinen grauen Zellen hinterlassen hatte.

Eine Woche später waren die Testergebnisse da, und die Neurologin rief mich an, um sie mir mitzuteilen: Nichts. Rein gar nichts. Sie hatte keine Ahnung, was sie davon halten sollte.

»Das Schwindelgefühl dürfte bald weggehen«, sagte sie.

»Hab ich mir gedacht«, antwortete ich.

»Vielleicht ist es das Innenohr. Vielleicht hat es bei dem Aufprall auf den Masten einen Schock abbekommen.«

Ich dankte ihr für ihre Mühe und legte auf.

Ein paar Wochen später verschwand das Schwindelgefühl, so wie sie gesagt hatte, und ich vergaß die ganze Sache.

An einem Donnerstag im Spätfrühling, es war gegen Ende meiner Spätschicht im Pornoladen, kam Grinch durch die Tür. An seinen angespannten, ruckartigen Bewegungen erkannte ich, dass er wegen etwas aus dem Häuschen war. Entweder das, oder er hatte ein bisschen Methedrin auf getan. Er stürmte auf mich zu, schlug mit beiden Handflächen auf den Ladentisch, hob dann die rechte Hand und zeigte auf mich.

»Du bist in einer Band!«, brüllte er und trat zurück, um meine Reaktion zu beobachten.

»Okay.«

»Heute Morgen habe ich«, verkündete er stolz, »kostenlos, ohne sie angefordert zu haben, auf meinen Namen eine Kreditkarte von Sears gekriegt.«

»Mann, Grinch – diese *Idioten*. Wissen die ...«

»Allerdings. Und weißt du, was ich gemacht habe? Ich hab mich in den Bus gesetzt und bin zum nächsten Sears-Outlet gefahren, hab mir den dicken

Katalog durchgesehen, und rate mal, was ich gekauft habe?«

»Kinderklamotten?«

»Besser. Ich hab uns 'ne Gitarre, 'nen Verstärker, ein Mikrophon, ein Casio-Keyboard und einen Notenständer gekauft. Wir sind eine Band!«

»Einen Notenständer? Grinch, kannst du denn überhaupt Noten lesen oder ein Instrument spielen?«

»Nein, und du auch nicht. Wir werden die größte Band, die die Welt je gesehen hat.«

»Oder wenigstens die grausamste.«

Zwei Wochen später, ich machte gerade die Nachmittagsschicht, schoss Grinch erneut im Zustand höchster Erregung zur Tür herein. »Komm vorbei, wenn du hier Schluss machst«, sagte er.

Ich nickte, während ich das, was ich gerade verkauft hatte, in die Kasse tippte. »Ich komme. So um halb sieben.«

Kaum war ich bei ihm, begannen wir Pläne zu schmieden. Vor allem brauchten wir erst mal einen Namen.

»›Die Großinquisitoren‹«, verkündete Grinch.

»Gibt's schon. 'ne Metal-Band aus Georgia.«

»Okay.«

»Wie wär's mit ›Der Wolfsmann, der Rattenmann und der psychotische Dr. Schreber‹?«, schlug ich vor. Das war der Untertitel eines Bandes mit drei Fallgeschichten von Freud.

»Aber wir sind doch bloß zu zweit.«

»Hab ich vergessen.«

»Wie wär's mit ›Schlechtes Karma‹?«

Anders als bei unserer Nihilistischen Arbeiterpartei, auf die wir ganz schnell gekommen waren, erstreckte sich dieser Prozess über Tage, bis Grinch sich an einen Satz aus David Lynchs Verfilmung von *Der Wüstenplanet* erinnerte. »Bringen Sie die Gewürzproduktion wieder in Schwung«, befiehlt da jemand, »oder Sie verbringen den Rest Ihrer Tage in einem Schmerzverstärker!« Pain Amplifiers! Das sagte alles. Wir wollten die Schmerzen unschuldiger Zuschauer verstärken. Noch besser, wir wollten sehen, ob die Leute bezahlten, um ihre Schmerzen verstärkt zu bekommen.

Als uns bewusst wurde, dass wir ja gar keine Perkussionsinstrumente hatten, machten wir uns auf die Suche nach den entsprechenden Materialien auf einem verlassenen Bahngelände nicht weit von Grinchs Wohnung. Wir streiften die Gleise entlang und um leere Güterwagen herum und suchten nach etwas, was ein interessantes Geräusch machen könnte. Meist war der Metallschrott aber zu dick oder zu flach und gab nur ein blechernes Klonk von sich, wenn man ihn gegen ein anderes Metallstück schlug. Dann stolperten wir über den metallenen Schornstein eines Personalwaggons, der ungefähr drei Meter lang war und an den Enden verbogen, scharf und gefährlich. Als wir mit einem Kupplungsbügel darauf schlugen, gab es einen phantastischen, krachenden Ton, der weiter trug als jedes normale Schlagzeug. Wir wuchteten ihn auf die Schultern, trugen ihn in Grinchs Wohnung und stellten ihn dort in eine Ecke.

Noch bevor unsere Instrumente eintrafen, arrangierten wir unser Debüt in einem Club. Erste Juniwoche, O'Cayz Corral, der einzige Laden der Stadt, der uns haben wollte. Während die meisten Bands für einen Gig Demobänder bringen oder vorspielen mussten, kriegten wir ihn allein durch die schier dämonische Kraft von Grinchs Charisma.

Als die Instrumente von Sears eintrafen, konnte es losgehen. Grinch hatte schon alles ausgepackt, als ich nach der Arbeit zu ihm kam. Auf dem Fußboden ein Chaos von Drähten, Kabeln, billiger Elektronik und zerfetzter Pappe. Mittendrin hockte er und steckte diverse Stecker in alle möglichen Ausgänge, um zu sehen, was passierte.

»Ich glaube, das läuft jetzt«, sagte er, als er das Kabel der billigen braunen Gitarre in den Verstärker stöpselte. Er schlug die Saiten an und starrte auf den Verstärker. Nichts.

Ich machte mir ein Bier auf. »Grinch, hängt denn der Verstärker irgendwo dran?«

Er sah mich groß an, nahm die Gitarre von der Schulter, legte sie auf einen Pappkarton, entdeckte das Stromkabel hinten am Verstärker, zog es über den Boden und steckte es in eine Dose. Am Verstärker leuchtete ein rotes Licht auf, und eine knackende Rückkoppelung verhallte.

Er schnallte sich die Gitarre wieder um und schlug sie erneut an. Diesmal drang ein verzerrter, knatternder Lärm aus dem Verstärker. Es ging los.

Während der nächsten Stunden versuchten wir, alles an den Verstärker anzuschließen. Wir drehten an Knöpfen und Reglern, erzeugten einen möglichst hässlichen Sound.

»Bei den alten Moogs war es noch so«, sagte Grinch, während ich an den Dutzenden von Reglern des Casio herumspielte, »dass man schon richtig Talent haben musste, damit sie gut klangen. Bei den Dingern da«, er zeigte auf das Keyboard, das die dämlichsten Rhythmen von ganz allein spielte, »brauchst du ein Riesentalent, damit sie schlecht klingen.«

Um zehn waren wir so weit, einen Song auszuprobieren.

In der Post vom Vortag war ein New-Age-Buchkatalog gewesen. Die New-Age-Philosophie dahinter aber war beinhart, hässlich und pervers. Die Leute, die sie zusammenbastelten, waren weniger an Heilkristallen, Regression ins vergangene Leben oder Aromatherapie interessiert als vielmehr an UFOS, dem Fabelwesen Bigfoot und Christusvisionen auf Waffeln und Scheunentoren. Aus dem Katalog klauten wir die Texte für ein Dutzend Songs.

Ich stand am Mikrophon und blätterte wahllos die Seiten durch, bis ich auf eine Anzeige für ein Buch über Monster stieß. Ich machte Grinch ein Zeichen, dass wir anfangen konnten, und es ging los. Während er auf die Gitarre eindrosch und ich mittels Tastendruck dem Keyboard ein langsames, mahlendes Tschugga-tschugga entlockte, las ich:

Near the Elizabeth, New Jersey, entrance
To the New Jersey Turnpike,
Several youths reported encountering
»The biggest man we ever saw«.
He was about seven feet tall, dark-complexioned,
and had little round eyes
Set far apart.
At first he had his back to the boys.
But as they approached
He pivoted around
Stared right at the boys,
And then he grinned.

Diesen ersten Pain-Amplifiers-Song nannten wir »The Grinning Man«.

Während der nächsten drei Monate verschwand die NAP in der Versenkung und wurde durch die Pain Amplifiers ersetzt. Wir hatten Auftritte in Sälen in ganz Madison, wo wir erwartet wurden, und im Freien, wo wir nicht erwartet wurden. Wir fuhren mit dem Greyhound nach Chicago und spielten ein kurzes Impromptu auf dem Flughafen O'Hare, dann ging's weiter in den Hyde Park, wo wir eingeladen waren und unser Publikum aus zwei Leuten bestand.

Nach unserem dritten Song kamen die beiden Punketten zur Bühne. »Wann spielt ihr denn mal was, worauf wir tanzen können?«, fragte die eine.

»Ich glaube, das lässt sich machen«, meinte Grinch und warf ihr ein diabolisches Lächeln zu. »Wenn ihr so nett fragt.«

Dafür brauchten wir bei unserem Casio nur ein paar Tasten zu drücken, und das Ding spielte einen perfekten Discosong. Ich tat es, worauf Grinch und ich uns was zu trinken holen gingen.

Wir hatten große Pläne. In der Mansardenwohnung eines Freundes nahmen wir ein Demoband mit vier Stücken auf und schickten Kopien davon an die großen Plattenfirmen. Von keiner einzigen hörten wir etwas. Eine Kopie des Bandes brachten wir zu einem Radiosender; ein DJ legte es auf und nahm es gleich nach einer Minute wieder runter. Wir ließen Kopien auf Kommissionsbasis in Plattenläden und verkauften insgesamt zwei, an Freunde. Ein Freund, der bei einer Radiotalkshow arbeitete, machte Werbung für uns. Er nannte unsere Musik »ontopraxiologischen Rock 'n' Roll mit einem Di-bungi-wompa-

wompa-Beat«. Wir hatten keinen Schimmer, was er damit meinte, aber wir übernahmen es gern als Beschreibung unseres Sounds und verwendeten es, sooft es ging.

Grinch und ich beendeten unsere wenigen Auftritte damit, dass wir den Schornstein ins Publikum schmissen. Das trug uns immerhin einen solchen Ruf ein, dass man uns anbot, als Vorgruppe unserer musikalischen Helden, der Mentors, aufzutreten, als die mal nach Madison kamen.

Die Mentors, drei fette Biker-Typen aus L. A., die in Henkerkapuzen auftraten, waren über die härtesten Punk-Zirkel hinaus praktisch unbekannt geblieben, obwohl sie schon einige Platten gemacht hatten. Aber im Zuge der Anhörungen des Parents Music Resource Center Mitte der achtziger Jahre verschaffte ihnen Tipper Gore sofortige Berühmtheit, indem sie ihre Texte immer wieder als typische Beispiele jenes Mülls zitierte, vor dem Kinder geschützt werden müssten. *»Bend up and smell my anal vapors«*, las sie zögernd den Mitgliedern eines Senatsausschusses vor. *»Your face is my toilet paper.«*

Sogar wir mussten bei den Mentors gelegentlich schlucken. Als Vorgruppe bei ihnen aufzutreten war eine ungeheure Ehre.

Der Gründer, Schlagzeuger und Songschreiber der Mentors war El Duce, eine hässliche, aufgedunsene Kröte mit einem beachtlichen Sinn für Poesie. Er war genial darin, nahe liegenden Schwachsinn, an den sich niemand gewagt hätte, in Reime zu bringen. Nach Tausenden von Jahren Zivilisation brachte El Duce es fertig, *»woman from Sodom«* mit *»takes it up the bottom«* zu reimen.

Am Tag des Konzerts trafen wir schon früh im Club ein, um unseren Kram aufzubauen. Eine Stunde bevor wir loslegen sollten, hörten wir, dass die Mentors noch immer in Chicago waren und keine Ahnung hatten, wie sie nach Madison kommen sollten, vom Club nicht zu reden. Das war das erste Problem.

Das zweite Problem war T.

T war ein ehemaliger Green Beret, der anscheinend die Armee verlassen hatte, um Nazi-Skinhead zu werden. Das hundertzwanzig Kilo schwere Muskelpaket mit seinen bedrohlichen Tattoos war in der ganzen Stadt wegen seines aufbrausenden Temperaments und diverser grausamer Gewalttaten berüchtigt. Er hatte mehr als einem Verbindungsschnösel einen Krankenhausaufenthalt beschert, als eine Schar von ihnen versucht hatte, ihre Freundinnen zu beeindrucken, indem sie sich mit ihm anlegten.

T war auch der totale Mentors-Fan, aber er konnte sich den Eintritt nicht leisten. Als Tom, der Besitzer des Clubs, sich weigerte, ihn kostenlos hereinzulassen oder indem er den Eintritt an der Tür abarbeitete, kam T auf eine Idee.

»Könnt ihr mich heute Abend nicht einen eurer Songs singen lassen?«, fragte er Grinch und mich, während wir an der Bar saßen. »Dann könnt ich sagen, ich gehör zu euch, und kam rein.«

Normalerweise wäre das in Ordnung gewesen, aber heute war eben unser großer Auftritt.

»Ich weiß nicht recht, T«, sagte Grinch so nett wie möglich. »Dieser Auftritt ist echt wichtig für uns und so ...«

»Willst du damit sagen, ich würde ihn kaputtmachen?« T fixierte Grinch böse.

»Nein, das nicht.«

»Was dann?«

Ich hielt den Mund und trank noch einen Schluck Bier. Ich hatte nicht die geringste Absicht, mich da einzumischen.

»Wir sehen mal, wie's läuft. Sag Tom, du gehörst zu uns, du hast uns geholfen, das Equipment reinzutragen oder so, und dann sehen wir mal, ob wir dich was singen lassen.«

»Möcht ich dir auch geraten haben.« T knallte seinen leeren Krug auf die Theke und marschierte zur Eingangstür raus.

»Was kommt da jetzt bloß auf uns zu?«

»Wird schon«, versicherte Grinch mir.

»Der bringt uns um, stimmt's?«

»Wahrscheinlich.«

Wir konzentrierten uns wieder auf den Auftritt. Wenn wir mittendrin von einem Nazi-Skinhead umgebracht wurden, kamen wir wenigstens in die Nachrichten.

Als wir anfangen sollten, war der Club gerammelt voll. Das waren wir nicht gewöhnt. Zudem war es ein aggressives Volk aus Punks, Bikern und Skinheads. Fröhliche, glückliche, angepasste Menschen gingen nicht zu den Mentors; solche Leute blieben zu Hause und verrammelten die Türen, wenn die Mentors da waren. Während wir aufbauten, schwängerten Wut und Hass handgreiflich die abgestandene Clubluft. Es musste Ärger geben.

Als wir auf die Bühne kamen, wurde die Menge still. Grinch langte in die Tasche, die er dabei hatte, und warf zwei Hand voll der Päckchen ins Publikum, die wir uns am Tag davor aus einem großen Goldfischglas mit Gratiskondomen bei Planned Parenthood gegriffen hatten.

»Da, nehmt das mit nach Hause, ihr Arschlöcher«, brüllte er ins Mikrophon. »Ob ihr Aids kriegt, ist uns scheißegal.«

Nun beugte ich mich ans Mikro. »Ja, wir wollen bloß nicht, dass ihr euch vermehrt.«

Ein Hagel Kondome, Zigaretten und Bier flog zu uns zurück. Wir schalteten die Anlage an und dengelten los. Inzwischen hatten wir eine ganze Reihe Songs drauf, Songs wie »Superbowl Sunday«, »Blood-Sucking Freaks« und »Thuggery and Buggery« – alle zu lang, alle unerträglich, die meisten auf »gefundenen« Texten basierend. Sogar einen Coversong hatten wir eingeübt, den Ed-Ames-Klassiker »My Cup Runneth Over«, den wir auf einem Easy-Listening-Sender gehört hatten.

Nach einer Dreiviertelstunde solcher Hässlichkeiten waren wir bei den letzten Songs angelangt. Ich fing gerade mit »Nowhere, Nothin' Fuckup« an, als mir jemand die Beine wegzog und ich unsanft auf dem Boden landete. Gleich darauf saß ein Berg über mir.

Es war T. Unser Auftritt war beinahe zu Ende, und wir hatten ihn nicht zum Singen eingeladen. Daran hatte ich gar nicht mehr gedacht. Ich wusste jetzt nur, dass etwas auf meinem Rücken hockte, mich an den Haaren gepackt hielt und meinen Kopf immer wieder auf den Bühnenboden knallte.

Ich wurde von einem gewaltigen Gewicht niedergedrückt, das noch dazu bei den Special Forces trainiert worden war. Das Einzige, was mich rettete, war, dass Grinch seinen blöden Kupplungsbügel in der Hand hatte. Damit bearbeitete er nun Ts Kopf, während der meinen bearbeitete. Die Menge schrie nach Blut. Egal wessen. Das Casio dudelte lustig vor sich hin, während mein Schädel immer wieder auf den verdreckten Bühnenboden donnerte.

Endlich traf Grinch T, und er ließ los. Ich drehte mich um und sah ihn über mir stehen, die Arme in Siegerpose zu der tobenden Meute hingereckt. Ich stand auf, zitternd, zerschlagen, blutend, aber erstaunlicherweise in besserer Verfassung, als wenn das Bigfoot-Monster Sasquatch mich angefallen hätte.

Wir beendeten den Auftritt so, wie wir ihn begonnen hatten, mit einer langen Version von »The Grinning Man«, die das Publikum endgültig auf die Straße trieb. Dann hörten wir auf. Wir bauten unser Zeug ab und trugen es in den Hinterraum, während alle auf El Duce und seine Band warteten.

Die Mentors kamen schließlich doch noch, verkatert, erschöpft, zugedröhnt. Je mehr Duce die Menge beschimpfte, desto mehr liebte sie ihn. Trotz seiner grotesken Erscheinung war er viel zu schlau, um die Sache ernst zu nehmen. Tief im Innern, tief in seiner mächtigen Wampe, war er doch ein Schatz. Selbst wenn er uns »New-Wave-Schwuchteln« und »Tuntenaffen« nannte.

Als es dann um drei Uhr morgens schließlich vorbei war, saß ich im Club an einem Tisch und wartete, dass Grinch mit einem Laster ankam, damit wir den Scheiß nicht wieder zu Fuß nach Hause schleppen mussten.

»He, Blindfisch.« Der Clubbesitzer tippte mir auf die Schulter. »Du musst euer Zeug rausschaffen. Ich schließ jetzt ab.«

»Alles klar.« Ich betastete die schwellenden Wunden um meine Augen und auf der Stirn. Dann stand ich auf und zerrte den Schornstein zum Eingang.

»Weißt du«, sagte der Besitzer, als ich wiederkam, um eine neue Ladung zu holen, »die Leute sind heute Abend gekommen, um ein richtig fieses, ekliges, widerliches Konzert zu sehen – und ihr habt ihnen gegeben, was sie wollten.«

»Ach, danke, Tom«, sagte ich. »Das ist aber sehr nett von dir.« Wir schüttelten uns die Hand.

Ich wartete noch immer auf Grinch, als El Duce aus dem Club trat.

»War toll, für euch den Aufwärmer zu machen, Duce«, sagte ich zu ihm.

Er hielt in seinem Geschlurfe inne und wandte sich mir zu, die weiten Hawaii-Shorts auf halb Acht, der gewaltige Bierbauch in Richtung Gehweg durchsackend. Er hielt mir seine schwielige Hand hin und packte die meine.

»Du bist ein echter Amerikaner, Blindfisch«, bellte er. »Immer schön weiter rocken!«

»Mach ich, Duce.« Er war eben doch der Beste. Wenn Duce so was wie »Immer schön weiter rocken« sagte, dann meinte er es auch.

Doch was ich ihm in jener Nacht zur Antwort gab, sollte sich als falsch erweisen. Ich rockte nicht weiter. Das war der letzte Auftritt der Pain Amplifiers. Es wurde Zeit für was anderes.

Dan Rather

Ungefähr eine Stunde lang hatte ich meine Sachen – Bücher, Kleider, den üblichen Kleinkram – vom Laster in meine neue Wohnung geschleppt, als die Tür der Nachbarwohnung aufgerissen wurde.

In der Tür stand etwas, was einmal ein Mensch gewesen sein musste. Der offene Mund entblößte zwei schartige Zähne in einem dunklen Rachen, in den Mundwinkeln hingen Kügelchen getrockneten weißen Speichels. Die Haut im Gesicht war straff, rissig und trocken; schwarze Augen saßen in tiefen Höhlen. Die wenigen Haare hingen in wirren, verfilzten Strähnen herab. Das Wesen trug einen zerschlissenen Morgenmantel, der vor langer Zeit einmal rosa gewesen sein mochte. Die Füße waren nackt. Mit der linken Hand hielt es mir einen Umschlag entgegen.

»Können Sie das für mich in den Briefkasten werfen?«, krächzte es.

»Gern.« Müde und kaputt wischte ich mir den Schweiß von der Stirn und nahm den Umschlag. Ich wollte den Umzug schnell hinter mich bringen. Ich hasste umziehen.

»Ich heiße Ruth«, krächzte die Gestalt wieder, »und ich bin *hundertfünfunddreißig Jahre alt*.« Die heisere Stimme war verbraucht und brüchig. Wie die Haut in ihrem Gesicht. Allein schon ihre Stimme überzeugte mich davon, dass sie die Wahrheit sagte.

»Tja, also ...«, sagte ich; mehr fiel mir zu einer solchen Vorstellung nicht ein. »Ich heiße Jim und, ähm, ich ziehe hier nebenan ein.« Ich zeigte auf die offene

Tür ein paar Schritte den Gang entlang. Ich wollte nicht, dass sie das als Einladung verstand.

»Können Sie das für mich einwerfen?«, fragte sie erneut und stach mit einem dürren krummen Finger auf den Umschlag, den ich schon entgegengenommen hatte.

»Gern«, wiederholte ich und nickte geistesabwesend. Ich sah auf den Umschlag und drehte ihn um. »Moment mal«, sagte ich zu meiner neuen Freundin. »Das geht aber so nicht. Da ist ja noch gar keine Marke drauf.«

Ruth starrte mich an.

»Ich brauch keine Marke«, sagte sie stolz und entschlossen. »Das geht an Dan Rather.«

Ich beäugte die Adresse. Auf dem vergilbten Umschlag stand mit Bleistift gekritzelt:

Dan Rather
CBS News
New York

Keine Postleitzahl, keine Straße. Offenbar hatte Ruth Mr. Rathers allabendliche Schlussformel in den Nachrichten als Angabe seiner Postadresse für Fans und Freunde interpretiert.

Verwirrt und erschöpft stand ich da und starrte auf die Adresse, als ihre Tür zuknallte und das Schloss einschnappte. Ich steckte den Umschlag in meine Gesäßtasche und machte weiter.

Am Nachmittag dann, der Mietlaster war leer, die neue Wohnung mit Kisten voll gestellt, durchstöberte ich mehrere Kartons, bis ich eine jungfräuliche Flasche Scotch und eine Schachtel Phillies Titans fand.

Ich machte die Flasche auf, goss mir einen Schwung in einen Plastikbecher, steckte mir eine dicke Zigarre an und schob eine Residents-Kassette in mein altersschwaches Gerät. *Walter Westinghouse went to town and found a friend today* ... Ich stieg zwischen ein paar Kisten hindurch und sah zum Fenster hinaus. Wieder eine Gasse, wieder starrte mir aus fünf Metern Entfernung eine kahle Backsteinwand entgegen. Wie bei jeder Wohnung, die ich bisher gehabt hatte. Ich prostete alldem zu.

Ich hatte eine Einladung von der University of Minnesota in Minneapolis zu einem Graduiertenstudium angenommen. Was blieb einem jungen Mann mit einem Vorexamen in Philosophie anderes übrig als ein Graduiertenstudium? Die geisteswissenschaftliche Fakultät der Universität richtete ein neues Programm ein, Vergleichende Studien in Diskurs und Gesellschaft, und im ersten Jahr war ich einer von sechs Studenten. Der Lehrkörper bestand aus Leuten von den Seminaren Englisch, Deutsch, Philosophie, Geschichte, Frauenstudien, vergleichende Literaturwissenschaft, von einfach überallher. Das Programm schien ein verwirrendes Durcheinander von unausgegorenen Ideen, aber das traf auch auf mich zu, wir passten also zusammen.

Ich war aus einer scheußlichen Wohnung in Madison in eine Wohnung mitten in eine Gegend gezogen, die in Minneapolis als Slum galt. Ich hatte schon Schlimmeres gesehen und schon schlechter gewohnt, aber das war so ungefähr das Mieseste, was Minneapolis zu bieten hatte.

Während der nächsten paar Wochen, in denen ich mich einlebte, blickte ich jedes Mal, wenn ich beim

Weggehen die Tür abschloss, auf den Fußboden vor Ruths Wohnung. An vier oder fünf Tagen die Woche lag ein unfrankierter Umschlag im Gang vor ihrer Tür. Immer an Dan Rather adressiert, an die gleiche aussichtslose Adresse. Und immer hob ich ihn im Vorbeigehen auf und warf ihn für sie ein.

Einmal, in grantiger Stimmung, wurde ich neugierig und warf ihn nicht pflichtgemäß ein. Stattdessen trug ich ihn den ganzen Tag mit mir herum, nahm ihn am Abend mit in meine Wohnung und öffnete ihn. Was mochte eine hundertfünfunddreißig Jahre alte Frau Tag für Tag und Woche für Woche Dan Rather mitzuteilen haben?

In dem Umschlag waren vier Blätter, steifes, vergilbtes Papier, vorn und hinten mit dem gleichen Bleistiftgekrakel wie auf dem Umschlag überzogen. Das Papier roch leicht nach Kot. Mein Lohn für die kleine böse Tat, der alten Frau die Post zu stehlen, war ein ausführlicher Bericht von Ruths erster lesbischer Begegnung, in einem Klohäuschen, als sie sieben war, die damit endete, dass ihr Vater plötzlich hereinplatzte.

Ich legte den Brief beiseite und freute mich auf den nächsten.

Die meisten waren nicht so gut. »Heute eine Maus gesehen«, schrieb sie etwa. »Sie ist mitten ins Zimmer gelaufen und hat an ein paar Krümeln geknabbert. Dann lief sie wieder weg.« Immer mal wieder legte sie ein wenig Geld bei. Das war eine hübsche Überraschung. Angesichts dessen, wie ich lebte, nahm ich es gern an.

Je mehr Briefe ich von ihr las, desto besser konnte ich mir ihre Geschichte zusammenreimen. Ihr Sohn hatte sie vor einiger Zeit in der Wohnung untergebracht; jetzt kam er nur noch einmal im Monat vorbei, um ihr Lebensmittel zu bringen. Er erwartete, dass Ruth mit ihrer Sozialhilfe selbst die Miete bezahlte, wenn sie nicht in ein Heim wollte. Der Fernseher und damit auch Dan Rather waren das Einzige, was sie hatte.

Ruth setzte ihre Korrespondenz fort, ich begann mein Graduiertenstudium. Pro Quartal musste ich einen Kurs »Einführung in die Geisteswissenschaften« geben. Ich hatte zehn Wochen, in denen ich hundertfünfzig Studenten alles beibringen sollte, was in Literatur, Musik, Naturwissenschaft und Kunst zwischen 1700 und der Gegenwart geschehen war. Ich bemühte mich sehr, meine Vorlesungen interessant und witzig zu gestalten, aber nichts macht einem den Enthusiasmus schneller kaputt als der Versuch, einem Auditorium voller seelenloser Augen Voltaire, Marx und *Das Herz der Finsternis* zu erklären. Gelegentlich gab es ein paar Fünkchen Hoffnung, in jedem Kurs eine Hand voll Leute, aber im Großen und Ganzen sah es ziemlich düster aus.

Am meisten störte mich am Unterrichten, dass ich vor diesen Studenten stand, ihnen Informationen lieferte, sie dann aufforderte, über das, was ich ihnen erzählt hatte, eine Arbeit zu schreiben, nur um schließlich meine eigenen Worte wiedergekäut zu bekommen. Nicht nur wiedergekäut, sondern leicht verzerrt:

»Marx fand, dass die Geschichte in der Vergangenheit war.«

»Nietzsches Schwester heiratete einen Antisemantiker« (wahlweise auch einen »Antisemiotiker«).

»In *Das Herz der Finsternis* vermittelt Conrad dem Leser Marlowes Entdeckung, wie gefährlich Freiheit und Nacht für den Menschen sein können.«

»Das 19. Jahrhundert war von einem Wiederaufleben neuer Ideen charakterisiert.«

»›In Memoriam‹ ist ein Gedicht, aus dem man leicht einen hippen Song machen könnte, und wenn man sich nicht auf den Text konzentrieren würde, könnte man sich dabei sehr glücklich fühlen.«

»Das Gedicht plädiert für Carpe diem – das heißt: ›Schütze den Tag‹.«

Diesen Informatiosquell nannte ich meine »Pein der Weisen«.

Vor dem Graduiertenstudium, noch bevor ich 1984 die University of Chicago verließ, um nach Madison zu ziehen, hatte ich mich öfters mit einer Frau namens Laura unterhalten. Das war an sich schon einiges, da wir beide sonst kaum sonderlich redselig waren. Laura war intelligent und rätselhaft, hatte lange braune Haare und ein schönes, weiches Gesicht. Nur ihre Augen, die waren hart, mit die härtesten, die ich je gesehen hatte.

Obwohl sie eine gewisse Wut und Verbitterung ausstrahlte, konnte ich sie gleich bei unserer ersten Unterhaltung zum Lachen bringen. Und als ich ihr kehliges Lachen hörte, war es um mich geschehen. Nach meinem Umzug nach Madison überschüttete ich sie mit Briefen, und sie schrieb mir ein paarmal zurück. Das genügte mir. Hin und wieder rief ich sie an, aber meistens war es einfach nur ein freundlicher Briefwechsel.

Als ich mich in Minneapolis eingelebt hatte, lud

ich sie auf ein Wochenende ein, um sie für ein paar Tage aus Chicago herauszuholen. Sie hatte es dort nicht leicht, und ich meinte, sie könne ein paar Tage Ferien gut brauchen. Ich hatte als billigen Köder zwei Karten für Tom Waits gekauft. Zu meiner Überraschung biss sie an.

»Ich hätte nicht gedacht, dass du kommst«, sagte ich zu ihr, als sie an einem Freitagabend vor der Tür stand.

»Ich auch nicht«, antwortete sie, »aber die Leute im Büro meinten, es würde mir gut tun.«

»Cool.«

Wir bestellten eine Pizza, und ich machte eine Flasche Scotch auf.

Ich hatte große Hoffnungen in dieses Wochenende gesetzt, doch dann wurde es ziemlich schnell ziemlich seltsam. Es war kurz vor Halloween, und ich hatte für die herumziehenden Kinder ein Körbchen mit Leckereien vorbereitet. Kleine Bündel Zigaretten, schön mit schwarz-orangen Bändern umwickelt.

Laura fand das überhaupt nicht komisch.

»Ach, ein bisschen komisch ist es schon«, protestierte ich.

»Nein.«

Wir verwickelten uns in eine Debatte über individuelle Moral und ethische Grundsätze, die das ganze Wochenende andauerte. Wir spazierten in der Stadt umher, ich ging mit ihr in Kunstmuseen und einen Park. Im Park fütterten wir die Enten mit Popcorn, wobei wir uns unablässig stritten und das Popcorn schließlich einander an den Kopf warfen. Ich erinnere mich an lange, angespannte und bedrückte Schweigeperioden.

Es war schon Liebe, aber keiner traute sich, es zuzugeben.

Erst in letzter Minute sagte sie mir am Sonntagabend, dass ihr Flug noch vor dem Konzert ging. Als sie ins Taxi zum Flughafen stieg, sahen wir einander an. Die Dämme brachen, die Wut verflog, und wir schlossen einander in die Arme.

Zwei Wochen nachdem Laura fort war, kehrten die Dämonen in meinen Kopf zurück, diesmal unerwartet. Ich hatte nicht gemerkt, wie sich der Druck aufgebaut hatte. Eines Morgens wachte ich auf, zog den Mantel an, ging hinaus und durchstreifte die Innenstadt von Minneapolis, betrat jede Drogerie, an der ich vorbeikam, und ließ so viele Schachteln frei verkäufliche Schlaftabletten mitgehen, wie in meine Manteltaschen passten. Als die Taschen voll waren, kehrte ich kurz in meine Wohnung zurück, um sie zu leeren, und ging noch mehr holen.

Als ich zu mir kam, saß ich auf dem Bett, zerrte an den Gurten, die mich festhielten, und brüllte auf Deutsch.

Ich bin im Krankenhaus. Ich bin im Krankenhaus festgeschnallt, und ich brülle auf Deutsch. Da muss ich doch wahnsinnig sein! Jetzt brauche ich mein Leben lang nichts mehr zu tun! Ich brauche nur immer dummes Zeug zu reden, dann bekomme ich zu essen, man kümmert sich um mich, und ich kann lesen und schreiben! Das ist toll!

Dann holte mich die Ratio ein.

Wenn ich das denken kann, kann ich nicht verrückt sein.

Verdammt.

Ich schlug die Augen auf und sah meine Eltern am Fußende des Bettes sitzen, wo sie drei Tage lang gewartet und gehofft hatten, dass ich aus meinem Delirium aufwachte. Ich lag auf der Intensivstation der Hennepin-County-Klinik.

Meine Mutter weinte leise, und selbst mein Vater, der sich vor nichts auf der Welt fürchtete, sah erschrocken aus.

»Hi, ihr beiden«, sagte ich.

Alle möglichen Schläuche steckten in meinem Körper. In jedem Arm waren zwei, in meinen Penis war ein Katheter geschoben, und weitere Schläuche führten Gott weiß wohin unter die Decke. Nachdem ich erfahren hatte, dass die Überdosis Schlaftabletten und Scotch meine Nieren lahm gelegt hatte und nachdem ich mich einen Tag lang mit meinen Eltern unterhalten und versucht hatte, mich mit der Nische, in der ich festgeschnallt lag, vertraut zu machen, merkte ich, dass ich meine Kontaktlinsen noch trug. Fast eine Woche waren die dann wohl drin gewesen. Blieben sie zu lange drin, würden sie sich auf meinen missgebildeten Augäpfeln auflösen.

Ich bat um ein Linsendöschen und etwas Lösung; beides wurde mir von einer schroffen, kraushaarigen Krankenschwester gebracht.

Während ich mir das Plastik von den Augen schälte, sah ich einen weißen Klumpen am Fußende meines Bettes.

»Jim?«

»Ja.«

»Hi, Jim. Ich bin Dr. Tomlinson. Ich kümmere mich um Sie, seit Sie hier sind.«

»Wie schön für Sie, Doc.«

»Wir haben eine Weile geglaubt, Sie wären uns verloren gegangen.«

»Nun ja. Das war auch wohl der Sinn der Sache.«

»Tja, also, ich habe eine Gruppe Studenten hier bei mir, und wir dachten, vielleicht könnten wir Ihnen ein paar Fragen stellen.«

Ich hatte nichts anderes zu tun. Nach den typischen Aufforderungen »Zählen Sie rückwärts« und »Wie heißt der Präsident?« fragte schließlich jemand: »Warum haben Sie das gemacht?«

Ich zappelte auf dem Bett herum, doch die Kabel, Schläuche, Kanülen und Gurte hielten mich fest.

»Gute Frage«, sagte ich und blickte in die ungefähre Richtung der Stimme. »Und überhaupt nicht zu beantworten. Ich könnte Ihnen jetzt was vorlügen, irgendwas Banales wie: ›Meine Eltern haben mich in den Geschirrspüler gesperrt, bis ich sechzehn war‹, aber ich bin ganz schlecht im Lügen.«

»Schön, dann versuchen Sie eben, so gut Sie können, die Wahrheit zu sagen.« Wieder Tomlinsons Stimme.

Ich überlegte.

»Nennen wir's einen genetischen Imperativ. Nennen wir's *Langeweile*. So ungefähr jedes Jahr einmal oder alle achtzehn Monate baut sich das auf. Ich verstehe nicht, was oder warum, aber so ist es. Und dann versuche ich, mich alle zu machen. Es ist eine Katharsis. Hinterher geht's mir immer viel besser. Das Problem ist bloß, jedes Mal wenn ich's versuche, komme ich der Sache näher. Diesmal bin ich ihr wohl verflucht nahe gekommen.«

»Was meinen Sie damit? Was baut sich da auf?«

»Herrgott, was weiß ich. Lebensmittel besorgen.

Telefonrechnungen bezahlen. Den Boden fegen. Deo kaufen. Vom Bus nach Hause laufen. Einfach nur zu leben ist manchmal so nervig, verstehen Sie? Der ganze Kram, den man so macht, ohne nachzudenken? Manchmal kann ich gar nicht aufhören, darüber nachzudenken. Dann steht's vor mir wie eine Wand. Und keine Chance zu fliehen. Dann mach ich solche Sachen, das ist wie ein Zwang, ich kann ihm nicht entrinnen, und dann mache ich sie eben. Aber ich würd sie lieber nicht machen.« Ich hielt inne, um mir zu überlegen, was ich gerade gesagt hatte. »Irgendwie hat das mit einer Geisteskrankheit nichts zu tun. Ich bin geistig völlig gesund. Das macht mir Angst. Selbstmord scheint mir eine vollkommen gesunde Reaktion auf eine banale Welt zu sein.« Ich weiß nicht, ob sie kapierten, was ich da sagte, oder ob sie glaubten, es sei das Gebrabbel eines Irren. Ich plauderte noch eine halbe Stunde mit den Medizinstudenten, aber nur noch über Belanglosigkeiten.

Zehn Tage später, nachdem sie mir die Schläuche ohne weitere Umstände herausgerissen hatten, half mir eine Schwester in einen Rollstuhl und schob mich in die geschlossene Abteilung der Psychiatrie, wo ich die nächsten Wochen verbrachte.

Als ich diesmal aus dem Irrenhaus entlassen wurde, fuhren mich meine Eltern, die in Minneapolis geblieben waren und mich jeden zweiten Tag besuchten, in meine Wohnung.

Ich stieg aus, dankte ihnen fürs Herbringen, ging rein und ließ sie einfach am Straßenrand stehen. Drinnen dachte ich dann nach. Mehr als seit langer Zeit.

Als ich nach Chicago gezogen war, hatte ich meine

Familie zurückgelassen und kaum noch einmal mit ihnen geredet, außer wenn ich mir Geld von ihnen leihen wollte, was nicht oft vorkam. Wenn ich alle paar Monate mal übers Wochenende zu ihnen fuhr, unterhielt ich mich auch kaum mit ihnen, obwohl sie sichtlich aus dem Häuschen waren, dass ihr Sohn sie besuchte; die meiste Zeit hetzte ich nur in Green Bay herum. Ich steckte so tief in dem äußeren Wahnsinn und inneren Irrsinn, der mir in Chicago und Madison zu schaffen machte, in diesem neuen Leben, das ich da schmiedete, dass ich die Verbindungen zu meinem alten Leben unbemerkt gekappt hatte. Ich hatte sie vergessen. Ich hatte meine Familie vergessen. Aber sie mich nicht.

Diese Leute waren, nachdem das Krankenhaus sie angerufen hatte, mitten in der Nacht fünf Stunden gefahren, nur um bei mir am Bett zu sitzen. Sie hatten sich nie länger als drei Tage von dort entfernt. Und jetzt schoss ich sie wieder in den Wind? Immer wieder hatte mir mein Vater, als ich aufwuchs, gesagt: »Alles andere wird bröckeln. Deine Freunde werden fortgehen, deine Lebensumstände werden sich ändern. Aber deine Familie wird immer da sein.« Während dieser letzten Wochen hatte er bewiesen, dass er Recht hatte.

Sie wohnten bei Dorthea, der Schwester meines Vaters, am Stadtrand. Ich suchte ihre Nummer heraus, rief bei ihr an und bat sie, ihnen bei ihrer Ankunft zu sagen, sie sollten umkehren und wieder zu mir kommen. Mehr sagte ich ihr nicht.

Anderthalb Stunden später klopfte es an der Tür. Ihren angstvollen Mienen entnahm ich, dass sie glaubten, ich verlöre erneut den Verstand.

Ich ließ sie herein. Wir setzten uns aufs Sofa, und ich sagte ihnen, es tue mir Leid. Ich sei ein schlechtes Kind gewesen. Jahrelang sei ich ein schlechtes Kind gewesen und hätte ihnen wehgetan. Das wisse ich nun. Ich wolle es nicht wieder tun, dafür liebte ich sie zu sehr.

Was ich ihnen da sagte, war wahr, und von dem Augenblick an blieben wir in engem Kontakt. Wir wurden wieder gute Freunde. Meine Entschuldigung erstreckte sich jedoch nicht auf den Rest der Welt.

Einige Tage später wurde ich wieder in das Graduiertenprogramm aufgenommen und konnte meine Studien fortsetzen. Keiner verlor ein Wort darüber, was geschehen war. Das Einzige, was sich verändert hatte, war eigentlich meine Einstellung zu dieser Ausbildung, die sich durch die geschlossene Abteilung eher noch verhärtet hatte und zu Verbitterung geronnen war. Ich hatte es satt, Papers über Papers zu bearbeiten, die andere über Bücher geschrieben hatten, die wieder andere über irgendeine Kulturikone oder irgendein Kunstwerk geschrieben hatten. Ich hatte ernste Zweifel an meiner Zukunft in der akademischen Welt. Diese Welt war einfach verdammt viel zu eng.

Meine Bedenken bezüglich der Uni beeinflussten auch mein Urteilsvermögen außerhalb der Uni, wo ich auf Draht sein musste. Die Anstalt hatte mich geschwächt; mein Körper hatte sich noch nicht ganz von der Überdosis erholt, und es kam oft vor, dass ich mit den Gedanken nicht bei der Sache war. Ich musste meine außeruniversitären Aktivitäten erst wieder trainieren.

Was in Madison noch kleine Ladendiebstähle nur so aus Spaß gewesen waren, hatte sich nach meinem Umzug in den Norden zu einer Lebenshaltung ausgeweitet. Wenn man sich auf Diebereien, Schwindeleien und Betrügereien jeglicher Art einlässt, merkt man bald, dass die Amerikaner zu den vertrauensseligsten Menschen der Welt gehören. Sie lassen sich Alarmanlagen, Videoüberwachungssysteme, doppelte Schlösser und Scanner in ihre Häuser oder Geschäfte einbauen, aber wenn sie das Zeug erst mal drin haben, vergessen sie es. Die Leute liefern sich der Technik aus, sie glauben, Schaltkreise würden sie bewachen und schützen.

In St. Paul gab es eine Buchhandlung, ein netter Laden, der im Untergeschoss eines ausgestorbenen Einkaufszentrums in der Innenstadt versteckt war. Dort hatte ich ein paarmal herumgestöbert und Sachen gesehen, die ich liebend gern gehabt hätte, mir aber nie im Leben leisten konnte. Einmal kaufte ich dort tatsächlich ein Buch, um zu sehen, ob die Verkäuferin einen Magnetstreifen darin deaktivierte, bevor sie es mir gab. Aber ich bekam es nicht deutlich mit.

Nach diesem Erkundungsbesuch wartete ich ein paar Tage, schrieb mir einen kurzen Text und rief dann in dem Laden an. Schon beim ersten Klingeln nahm jemand ab.

»Odeon Books, guten Morgen.«

»Hallo, ich würde gern den Geschäftsführer sprechen.«

»Das bin ich.«

»Oh, sehr schön. Wie heißen Sie, Sir?«

»Warner. Don Warner.«

»Mr. Warner, mein Name ist Andrew Belis, ich vertrete Pattern Security Systems. Wir statten Geschäfte mit elektronischen Diebstahlsicherungen aus. Sagen Sie, ist Ihr Geschäft momentan mit derlei Dingen ausgerüstet? Videokameras, Alarmanlagen, Scanner oder Ähnliches?«

»Nein, nein. Ich halte meine Angestellten nur dazu an, ein Auge auf Ladendiebe zu haben.«

»Nun, wie Sie vielleicht wissen, sind Buchhandlungen ein beliebtes Arbeitsfeld für Ladendiebe. Jährlich werden Waren im Wert von vielen Millionen Dollar aus Buchhandlungen im ganzen Land gestohlen. Dazu zählen auch Buchhandlungen hier in St. Paul, vielleicht sogar die Ihre. Mit einem System von Pattern können wir Ihre Verluste jedoch praktisch auf Null reduzieren. Hätten Sie Interesse, dass ich einmal bei Ihnen vorbeikomme und Ihnen einen gebührenfreien Kostenvoranschlag für eine erstklassige Diebstahlsicherung für Ihr Geschäft mache?«

»Nein, danke. Ich glaube, ich komme auch so ganz gut zurecht. Aber wenn Sie mir Prospekte schicken wollen, würde ich sie mir gern mal ansehen, vielleicht für später.«

»Wunderbar, Mr. Warner. Sie werden bestimmt feststellen, dass ein System von Pattern das Beste ist, was Sie sich anschaffen können. Mal schauen, ob ich Ihre korrekte Adresse habe ...«

Nachdem wir unser Gespräch beendet hatten, warf ich mich in Mantel und Hut und ging in die Buchhandlung. Beim Eintreten nickte ich Mr. Warner zu, der gerade mit einem Angestellten hinter dem Ladentisch sprach (vermutlich darüber, dass er ein Auge auf Ladendiebe haben solle). Ich spazierte von der Literatur zur Philosophie und weiter zur Architektur, dann zur Tür hinaus. Nichts klingelte, nichts pfiff.

Draußen knöpfte ich dann meinen Mantel auf, leerte die Innentaschen und verstaute die sechs Bücher, die ich mir gegriffen hatte. Meine Lektüre für den nächsten Monat.

Minneapolis-St. Paul war und ist eine saubere weiße Großstadt im Mittleren Westen. Als ich dort lebte, drängte sich alles, was den schönen blonden Menschen dort nicht gefiel, auf einem einzigen Block zusammen. Auf dem Block H der Hennepin Avenue zwischen 8th und 9th Street. Dort waren die Penner, Dealer, Junkies, Huren, Pornoläden und Absturzkneipen. Dort verbrachte ich den Großteil meiner freien Zeit. Da sich alles Schlechte in diesem Block ballte, war der Rest der Stadt ungeschützt und leichte Beute. Ich nahm mir einfach, was ich brauchte.

Nachdem ich meine erste Tagung für Vergleichende Studien in Diskurs und Gesellschaft hinter mich gebracht hatte, beschloss ich, mich endgültig von der akademischen Welt zu verabschieden. So eine Tagung erhöht das Renommee eines Programms und macht öffentlich, worum es dabei geht. Um in der Welt der poststrukturalistischen Kritik Furore zu machen, sponsorten die VSDG eine mit dem Titel »Die Ökonomie der Berühmtheit«, und dazu kamen Leute aus dem ganzen Land. Da dies für die geisteswissenschaftliche Fakultät eine Gelegenheit darstellte, die Klugheit ihrer Graduierten zu demonstrieren, wurden wir am Abend vor Beginn der Tagung zu einer Party für die Tagungsteilnehmer im Haus eines Professors eingeladen. Die Selbstdarstellung auf Cocktailpartys ist ja ein wesentlicher Bestandteil des Graduiertenlebens.

Einer der anderen Graduierten, Lefty, bot mir an, mich hinzufahren. Lefty und ich kamen gut miteinander aus. Er war witzig und klaute auch gern. Als wir, schon halb betrunken, dort einliefen, war das Haus gerammelt voll; smarte Menschen redeten über smarte Dinge und bliesen die Backen mit Fachjargon auf, der mir noch immer zu hoch war. Nachdem wir eine Stunde lang die Runde gemacht hatten, wurden wir von den Stars der Tagung, einem Ehemann-Ehefrau-Team, mit Beschlag belegt. Wir fragten sie, wovon ihre Präsentationen handelten, und sie erzählten es uns. Sie fragten uns, was unsere Spezialgebiete seien, und wir erzählten es ihnen. Dann entstand ein langes, peinliches Schweigen. Wir hatten uns nichts mehr zu sagen.

In der Woche darauf ging ich zu Richard, dem amtierenden Fakultätsleiter.

»Schön, dass Sie heute gekommen sind«, sagte er, bevor ich Gelegenheit fand, ihm zu sagen, was ich auf dem Herzen hatte. »Wir – das heißt die übrigen Fakultätsmitglieder und ich – haben über Sie gesprochen.«

»Aha.«

»Im Grunde genommen sind alle zufrieden mit Ihrer Arbeit hier. John hat Ihr Eraserhead-Papier sehr gefallen, und alles, was Sie bei mir abgegeben haben, ist wirklich erstklassig.«

»Jaaaa ...?« Das »Aber was?« danach konnte ich mir sparen. Das beantwortete er schon von selbst.

»Aber wir fanden, dass Ihr ... Lebensstil ... einem Akademiker einfach nicht angemessen ist.«

Ich fragte ihn gar nicht erst, was er damit meinte. Er brauchte es mir nicht zu erklären. Ich wusste es schon. Und er wusste, dass ich es wusste. Er hatte mir die Mühe erspart, ihm selbst mitzuteilen, dass ich ging, ihm mehr oder weniger deutlich zu sagen: »Danke für Ihre Hilfe und Unterstützung während der vergangenen zwei Semester, Richard. Ficken Sie sich ins Knie.«

Diese letzte, bewusste Entscheidung, die Welt der Akademiker zu verlassen, brachte mich dazu, das Leben eines Kleinkriminellen – das in Madison in aller Stille begonnen hatte – ernster ins Auge zu fassen. Die Kleinkriminalität wurde mein neuer Karriereplan. Ich war einundzwanzig, im Grunde noch ein Junge, doch in meinem benebelten Hirn war ich ein harter Bursche, ein ganz schlimmer Finger. Grinch wäre stolz auf mich gewesen. Ich trieb mich mit Dealern herum, mit anderen Dieben, mit Huren und Zuhältern, sogar mit einigen Männern, die behaupteten, Mörder zu sein. Wir trafen uns in der fiesesten Bar der Stadt, dem Moby Dick's, im Block H, dem einzigen Ort der Stadt, wo eine solche Bar überleben konnte. Einmal im Monat machte die Polizei eine Razzia und schloss die Kneipe, ein paar Tage später war sie immer wieder auf.

Als ich begann, den Schlagring mit mir herumzutragen, den ich auf eine Anzeige hinten im *Soldier of Fortune* bestellt hatte, verlieh er mir vollends die Klasse, die die Dealer und Luden zu respektieren schienen. Der Schlagring war ein Männerding, ein Zeichen dafür, dass ich keine Schusswaffe brauchte, um meine Angelegenheiten zu regeln. Die Wahrheit aber war: Hätte ich eine Schusswaffe in die Finger gekriegt, hätte ich sie mir in den Mund gesteckt und Schluss gemacht.

Ich umwickelte den Schlagring mit Klebeband, sodass er auf meine Finger passte. Ich fürchtete nichts und niemanden, nicht, wenn ein gutes Pfund Messing sicher auf dem Grund meiner Manteltasche ruhte.

Ein paarmal die Woche, je nach Wetter und je nachdem, wie viel Arbeit ich für das Studium zu erledigen hatte, machte ich mich zu einem Nachtspaziergang auf. Vielleicht um im Moby Dick's vorbeizuschauen, vielleicht auch nicht. Meine Augen waren damals noch leidlich zu gebrauchen, daher bedeutete es für mich nicht – wie es später der Fall sein sollte – den sicheren Tod (oder mindestens große Schmerzen), in so ein Lokal zu gehen.

An einem dieser Abende – es war Ende Mai, bewölkt, windstill, aber immer noch so kühl, dass ich meinen schmuddeligen Trenchcoat brauchte – ging ich hinaus. Die Szenerie war ideal für einen wie mich, der sich noch immer für einen Bogart oder Sterling Hayden hielt und Ärger suchte und fand. Wie üblich ging ich die 19th entlang zur Nicollett und querte dann auf der Nicollett den Highway Richtung Innenstadt. Um diese Tageszeit lag das Zentrum von Minneapolis weitgehend verlassen da. Die Gebäude waren dunkel, die Geschäfte geschlossen, doch die Straßen waren hell erleuchtet und die Gehwege breit genug, dass man unliebsame Überraschungen vermeiden konnte.

Ich spazierte die 7th Street hinunter und wechselte auf die linke Seite, um ein paar Blocks weiter unten in die Hennepin einzubiegen. Ich nahm eine billige Zigarre aus meiner Brusttasche, zog das Plastik ab und zündete sie an. Ich war ein wandelndes Klischee. Bei einer schnellen Runde um den Block H waren keine vertrauten Gesichter zu sehen, darum beschloss ich, mich auf den Heimweg zu machen.

Statt direkt wieder in Richtung Nicollett zu gehen, folgte ich der Hennepin ein paar Blocks, vorbei an der bröckelnden Pracht des Orpheum-Kinos und dem »Gebraucht-Erotika«-Laden gegenüber. Ohne besonderen Grund stieg ich in einen Bus und fuhr eine Weile herum. Gott weiß, wie lange. Ich stieg in einer Gegend aus, die ich nicht kannte und in der ich mir unsicher war, und ging los. Als ich in eine schmale, dunkle Seitenstraße einbog, hörte ich Stimmen. Die Innenstadt war nahezu still gewesen, wenige Autos, noch weniger Menschen. Dass hier Stimmen die Stille unterbrachen, war überraschend.

Zunächst konnte ich nur erkennen, dass ein Mann und eine Frau sich stritten. Ich versuchte zu bestimmen, woher genau die Stimmen kamen, vielleicht aus dem Parkhaus vor mir. Je länger ich zuhörte, desto heftiger wurden die Stimmen. Ich ging weiter, bis ich zu einer Gasse kam. Dort standen die beiden.

»Lass mich in Ruhe, verdammt!«

»Komm schon, Baby, ich hab das Geld –«

»Hau ab!«

Wenn sie keine Nutte war, war sie jedenfalls wie eine angezogen: die Stiefel, das Handtäschchen, die Hotpants. Eigentlich sah sie mehr nach einer Nutte aus als die meisten Nutten in Minneapolis. Ich dachte unwillkürlich, dass es doch für so einen Aufzug viel zu kühl sei.

Er war unverkennbar. Fortgeschrittene Glatze und fett, gelöste Krawatte, hässlicher, schlecht sitzender

Anzug, von dessen linkem Revers eine Plastikmarke baumelte. Ein Tagungsteilnehmer. In der Stadt wimmelte es immer davon. Und wie so viele andere wollte er sich amüsieren, ohne zu wissen, wie oder warum. Es war auch deutlich, dass der Kerl nicht eben viel Alkohol vertrug.

Ich beging den Fehler, zu sehr auf meine Talente als schlimmer Finger zu vertrauen, und trat in die Gasse.

»Lassen Sie sie los.«

Er hielt sie an einem Arm fest und versperrte ihr mit seinem Riesenbauch den Weg. Er wandte mir über die Schultern den Kopf zu.

»Kümmer dich um deinen eignen Scheiß. Wir spielen bloß.«

»Stimmt das, Ma'am?«, fragte ich.

»Halt ihn mir vom Leibe, verdammt.«

Jetzt hing ich drin.

»Okay, Sir, kommen Sie.« Ich ging ein paar weitere Schritte auf sie zu. Ich versuchte ruhig zu bleiben, doch mir zitterten Hände und Knie. »Lassen Sie sie los.«

»'piss dich«, nuschelte er.

Ich trat noch ein paar Schritte heran, nahe genug, um ihm mit der linken Hand auf die Schulter zu klopfen. »Kommen Sie, Sir.«

Er ließ das Handgelenk der Frau los und holte unbeholfen nach mir aus. Ich duckte mich, er schlug mir den Hut vom Kopf. Da ich nicht wusste, was ich tun sollte, nachdem die Frau davongerannt war, schmiss ich ihm meinen Zigarrenstumpen ins Gesicht. Wieder schlug er ungeschickt auf mich ein, wieder traf er nicht.

Meine Finger glitten geschmeidig in den Schlagring in meiner rechten Tasche. Ich zog die Hand heraus und versenkte den Schlagring tief in seiner weichen Wampe.

»*Scheiße.*« Er ächzte, während er zunächst auf die Knie, dann auf die Seite und schließlich auf den Rücken fiel. Das dauerte ziemlich lange.

Da hätte ich aufhören sollen. Leider hatte mein Großhirn noch nicht wieder die Kontrolle übernommen. Ich trat einen Schritt zurück und versetzte ihm einen Tritt in die Rippen. Er stöhnte.

Etwas in meiner Kehle stand in Flammen. In meinem Mund war ein Geschmack von Blut und Rost. Ich trat um ihn herum, ging vor seinem hochgereckten rechten Bein auf die Knie und holte mit meiner messingschweren Rechten aus.

Sein Bein brach mit einem Geräusch wie ein Schuss, als ihn der Schlagring ungefähr dreißig Zentimeter unterhalb der Kniescheibe traf. Dieses Geräusch werde ich nie vergessen. Er jaulte auf wie ein abgestochenes Schwein, worauf ich losrannte. Ich rannte blindlings weg, versuchte den Weg nach Hause zu finden, und dachte dabei unablässig *O Gott, o Gott*. Als ich in meine Wohnung kam, lief ich direkt ins Bad, wo ich erst mal ausgiebig kotzte. Dann goss ich mir einen Scotch ein und legte mich ins Bett. Ich hatte mich auch schon früher geprügelt, dabei aber nie gewonnen. Zum ersten Mal fürchtete ich mich vor dem, was aus mir geworden war.

Die nächsten Tage flöhte ich die Zeitungen vor lauter Angst, ich hätte ihn versehentlich umgebracht, statt ihm nur das Bein zu brechen. Nichts. Um auf Nummer Sicher zu gehen, ließ ich mich eine Woche lang nirgendwo blicken.

Obwohl ich ein paar Wochen zuvor verkündet hatte, ich wolle das Graduiertenstudium aufgeben, hatte ich an der Universität noch diverse Pflichten zu erfüllen. Kursarbeiten waren abzuschließen und Seminare zu unterrichten. So war ich eben. Sobald ich damit fertig war, wollte ich irgendwohin weit weg. Doch diesmal wollte ich nicht allein umziehen.

Seit meiner Entlassung aus dem Krankenhaus im Herbst davor waren die Telefongespräche mit Laura häufiger geworden. Ich war ein paarmal nach Chicago gefahren, um sie zu besuchen. Trotz des katastrophalen Wochenendes im Oktober lief es gut zwischen uns.

Bei einem meiner Besuche gingen wir ein Geburtstagsgeschenk für ihren Vater kaufen. Wir waren in einem riesigen Kaufhaus im Zentrum und suchten in den diversen Abteilungen nach etwas Passendem. Als Laura sich für etwas entschieden hatte, bot ich ihr – aus reiner Gewohnheit – an, es für sie zu stehlen, damit sie das Geld sparte. Sie sah mich kalt und schockiert an.

»Ich schicke meinem Vater kein Diebesgut«, flüsterte sie.

Als wir wieder bei ihr zu Hause waren, setzte Laura sich mit mir auf den Fußboden.

»James«, sagte sie, »ich liebe dich. Aber was du tust, finde ich schlimm.«

Das war das erste Mal, dass Laura gesagt hatte, dass sie mich liebte. Es war auch der erste Hinweis darauf, dass mein Lebensstil in Gefahr sein könnte, wenn wir unsere Pläne in die Tat umsetzten.

Da wir offenbar beide an einem Scheideweg standen, ich am Ende meiner akademischen Laufbahn und Laura vor dem Anfang ihres Graduiertenstudiums, lag Zusammenziehen einfach sehr nahe. So war die Miete billiger.

»Okay«, sagte ich nach einer Weile. »Ich hör auf mit dem Klauen, sobald wir irgendwo gelandet sind.« Wo das sein würde, wussten wir noch nicht.

Wenig später hing plötzlich ein Räumungsbefehl an der Tür meiner Nachbarin Ruth, den sie nicht sah, weil sie ja nie vor die Tür ging. Der Zettel hatte schon zehn Tage da gehangen, als ich mitten an einem Samstagnachmittag hörte, wie an ihre Tür gehämmert wurde. Das Hämmern wurde lauter, und ich trat an meine Tür und horchte. Mindestens drei Stimmen waren im Flur zu vernehmen. Als ein mechanisches *Krrrach* durch den Flur hallte, machte ich dann doch auf, um zu sehen, was da los war.

Im Flur standen Ruths Sohn, seine Frau, der Hausmeister, der Makler, der mir meine Wohnung vermietet hatte, und ein Schlosser, der gerade Ruths Tür aufbrach. Während sich alle in ihre Wohnung drängten, sah der Makler zu mir her und sagte: »Tja, die alte Dame zieht jetzt aus.«

Gleich darauf trugen sie sie zu viert heraus, der Schlosser hinterher. Ich ging in meine Wohnung zurück und reckte den Hals aus dem Fenster. Sie trugen Ruth aus dem Haus, die Treppe hinab und in einen wartenden Transporter, der losfuhr, kaum dass die Hecktüren zugeknallt waren.

Dan Rather hat diesen Transporter bestimmt nicht geschickt, dachte ich, als ich ihr nachsah, wie sie zum Sterben weggefahren wurde.

Willkommen, Nachbarin

»Ich habe starke Schmerzen in der Brust. Ich kann nicht atmen«, sagte Laura.

»Es sind bloß noch ein paar Stunden«, beruhigte ich sie. »Da musst du jetzt durch. Bei der nächsten Gelegenheit halten wir und holen uns noch einen Kaffee, was meinst du?«

Es war fünf Uhr morgens, und Laura saß schon achtzehn Stunden ununterbrochen am Steuer eines klapprigen, sieben Meter langen Miettransporters, dessen Klimaanlage hinüber war, aus dessen Radio nicht mal Rauschen kam und dessen Außenspiegel im Wind rappelten. Wir fuhren von Minneapolis nach Chicago und weiter ostwärts in Richtung Philadelphia, eine Stadt, in der wir beide höchstens mal für ein, zwei Tage gewesen waren. Die Wohnung, in die wir einziehen wollten, hatten wir beide noch nicht gesehen.

Einen Monat zuvor hatten wir beschlossen, zusammen dahin zu gehen, wo sie ihr Graduiertenstudium aufnehmen würde. Andere Pläne hatte ich nicht. Wenn wir erst mal dort waren, wo sie den Platz bekam, würde ich schon weitersehen. Ich sprang aus einer Leere in die nächste.

Als Laura erfuhr, dass es die Penn war, fuhr ich nach Philadelphia, um uns eine Wohnung zu besorgen. Ich war gerade im Begriff, eine Kaution für eine in West Philly zu leisten, als meinem potenziellen neuen Vermieter noch etwas einfiel.

»Ich hoffe, ihr habt Katzen.«

»Noch nicht«, sagte ich zu ihm. »Aber wahrscheinlich bald.«

»Das ist gut. Wegen der Ratten.«

Ich steckte mein Scheckheft wieder ein, kaufte einen *Philadelphia Inquirer* und fuhr zurück nach Minneapolis. In zehn Tagen sollten wir umziehen. Nach einer Reihe flehentlicher Telefonate und Eilbriefe unterschrieb ich einen Mietvertrag und schickte ihn zusammen mit einem Scheck zwei Tage vor unserem Umzug an einen neuen Vermieter, in der Hoffnung, dass das Ganze ein grausamer Scherz war.

Nun saßen wir im Auto, und wegen meiner Nachtblindheit und meines rapide abnehmenden räumlichen und peripheren Sehens musste Laura die ganze Zeit fahren. Erst jetzt begann ich mich zu fragen, worauf ich mich da eingelassen hatte. Ich hatte noch nie mit jemandem zusammengewohnt. Nicht richtig jedenfalls, nicht so.

Dazu kam noch, dass ich sie beim Fahren nicht auch mal ablösen konnte. Obwohl ich versucht hatte, ihr meinen Zustand zu erklären, war ich mir nicht sicher, ob sie die Umstände auch tatsächlich begriff. Wäre ich gefahren – auch nur ein paar Minuten –, hätte es das sichere Verhängnis bedeutet. Ich blieb also schön auf meiner Seite sitzen, starrte aus dem Fenster und hielt nach dem nächsten Rasthaus Ausschau, wo wir Kaffee bekämen.

Nachdem wir in Philadelphia angekommen waren und den Transporter ausgeladen hatten, flog Laura nach Chicago zurück. Sie musste noch einen Monat arbeiten, bis zum ersten August. Sie überließ es mir, diese feindliche, fremde Stadt zu erkunden und mit etwas Glück einen vernünftigen Job zu finden.

Wir wohnten in der Innenstadt, ich erreichte also

alles Wichtige zu Fuß. Viel Wichtiges gab es nicht. Philly machte eine schlimme Zeit durch. Es war eine Stadt, in der, wie ich dem Lokalfernsehen entnahm, die Leute am helllichten Tag auf der Straße umgebracht wurden. Gleich an meinem zweiten Tag wurden an der Ecke vor dem Haus in West Philly, in dem ich beinahe die Wohnung gemietet hätte, drei Achtjährige angeschossen. An meinem dritten Tag brach auf der Straße vor unserer neuen Wohnung ein Müllwagen auseinander, und eine ganze Woche lang kam niemand, um den vor sich hin rottenden Müllberg wegzuräumen. Die Stadt war wie eine riesige Hennepin, Block H, nur nicht so lustig.

Außerdem gingen sämtliche Fenster unserer Wohnung, egal in welcher Richtung, auf eine Backsteinwand.

Endlich war ich zu Hause angekommen.

In Philadelphia Arbeit zu finden war nicht so leicht wie über Penner zu stolpern, die im Vollrausch in unserem Hauseingang lagen. Ich kaufte mir zwei Wochenzeitungen, das *City Paper* und den *Welcomat,* wegen der Stellenanzeigen. In Chicago hatte ich auch schon alternative Wochenzeitungen gelesen; darin waren die Stellenanzeigen besser als in den Tageszeitungen. Doch noch bevor ich mich den Jobangeboten im hinteren Teil der Philly-Blätter zuwandte, las ich die Artikel und Features, und dabei fiel mir ein:

Das kann ich besser.

Ich hatte schon das eine oder andere Manifest für die NAP geschrieben und Papiere für die Uni produziert, aber so einen miesen Journalismus? Bitte nicht. Ich hatte nie vorgehabt zu schreiben. Aber wenn ich mir mal ansah, was ich *überhaupt* so vorgehabt hatte ...

Ich durchkämmte die Stellenanzeigen nach etwas, was ich länger als eine Woche aushalten konnte. Als ich nichts fand, schob ich das Blatt beiseite, ging in die Küche und riss mir ein Bier auf. Dann überlegte ich eine Weile.

Zwei Stunden später tippte ich den letzten Satz einer vier Seiten langen Geschichte. Es war eine Plattenkritik, angereichert mit Geschichten über einige der schizophrenen Vögel, denen ich während der letzten Jahre begegnet war. Ich schickte sie an beide Zeitungen, wobei ich mir vornahm, eine oder anderthalb Wochen zu warten, bevor ich mich selber meldete, um zu hören, was sie davon hielten.

Dennoch war bald die Miete fällig, und ich hatte keine Einkommensquelle, keine Ersparnisse, auf die ich zurückgreifen konnte, gar nichts. Etwas musste passieren, und zwar bald. An einem schwülen Sommernachmittag meldete ich mich auf eine Anzeige, in der ein Antiquariat im Reading Terminal Market eine Aushilfe suchte.

Dabei handelte es sich um einen heruntergekommenen Bauernmarkt auf Beton, der in der größten jemals gebauten Bahnhofshalle untergebracht war. Ein überwältigender Gestank von vergammeltem Gemüse, altem Fett und Urin hing in der Luft. Es war eine konzentrierte Form des Dufts, der das ganze Jahr hindurch über der Stadt lag. Inzwischen ist beides deutlich sauberer geworden.

Dennys »Buchladen« lag ein paar Meter im Markt drin: drei Tische, ein paar Bücherregale, dazu ein erhöhter Ladentisch, wo er Zeitschriften und Zeitungen feilbot. Links davon war ein Stand, an dem Weine aus der Gegend verkauft wurden; gegenüber ein Keks-und-Muffin-Laden. Denny war ein braun gebrannter, drahtiger Mann mit Bart; als ich hinkam, trug er eine Baseballkappe und ein rotes T-Shirt, und er schwitzte. Wenigstens gibt's keine Bekleidungsvorschriften, dachte ich, als ich ihn sah.

Wir gaben uns die Hand, und er begann, mich mit Fragen zu bombardieren, während um uns herum Kunden stöberten. Noch verschwitzt von dem Gang fünfzehn Blocks hierher, war mir unbehaglich zumute. Erst kamen die typischen Fragen – Erfahrung, Referenzen –, dann aber wurden sie speziell.

»Wo stehen Sie politisch?«, fragte er mit einem kicherigen, quengeligen Näseln.

»Wie bitte?«

»Politisch. Ich bin politisch sehr aktiv – ich bin ein Revolutionär –, und ich kann mir kaum vorstellen, dass ich jemanden einstelle, der zu rechts ist.«

Was sollte ich da sagen? Ich kramte ein paar alte Geschichten aus Madison hervor, die anscheinend ihren Zweck erfüllten. Als die Fragen sich schließlich Büchern zuwandten, bewegte ich mich auf sicherem Grund. Wir schüttelten uns erneut die Hand, dann ging ich nach Hause, doch ich kam ins Grübeln. Wie dringend brauchte ich diesen Job eigentlich? Vielleicht brachte ich ein paar Wochen ja noch so rum und fand etwas, was weniger, nun ja, stank.

Als er dann abends anrief und mir den Job anbot, akzeptierte ich. Man nimmt eben, was man kriegen kann. Am nächsten Tag fing ich an.

An meinem ersten freien Tag setzte ich mich mit den Wochenblättern in Verbindung, um zu erfahren, ob ihnen meine Geschichte gefallen hatte. Als Erstes rief ich beim *City Paper* an. Es war das edlere Blatt: Vierfarbdruck mit allem Drum und Dran. Ich sprach mit einer der Redakteurinnen, die, wie mir auffiel, überwiegend lächerliche Namen hatten, Namen wie Hoke, Edwina oder Winnie.

»Hi, mein Name ist Jim Knipfel, vor ungefähr einer Woche habe ich ...«

»Ich weiß sehr gut, wer Sie sind.«

»Ach ja? Nun, äh ... danke.«

»Warum, glauben Sie, sollten wir uns wohl für diese Geschichte interessieren?«

Ich hatte nur meinen Namen gesagt, und schon bebte diese Frau vor Zorn. Eine solche Reaktion hatte ich eigentlich eher nicht erhofft. Aber ich war ja auch neu in dem Gewerbe.

»Tja, hm, ich hatte sie eigentlich, ähm, witzig gefunden.«

»Das ist sie mitnichten. Es tut mir Leid, aber unsere Leser würden Ihre Haltung gegenüber Schizophrenen bestimmt nicht billigen.«

»Oh ... aber ... ich sage doch schon im ersten Absatz, dass ich lieber mit Schizophrenen als mit normalen Leuten zusammen bin ...«

»Mr. Nipfel ...«

»K, Knipfel. Das K wird mitgesprochen.«

»Schön, Mr. K-nipfel, ich habe zufällig eine lange Reihe Schizophrener in meiner Familie, und ich fand ihre Geschichte grausam.«

Ich hatte nichts mehr zu verlieren.

»Na, trotzdem danke, dass Sie sie gelesen haben.

Ach, und sagen Sie mir doch mal, hat einer dieser Irren Ihnen vielleicht Ihren Namen gegeben?«

Ich legte auf, steckte mir eine an und überlegte mir ein paar gute Beschimpfungen, bevor ich bei der anderen Zeitschrift anrief. Wenn deren Redakteur mir ebenfalls sagte, was für ein schrecklicher Mensch ich sei, wollte ich ihm wenigstens eine reinwürgen.

Bevor ich anrief, blätterte ich den *Welcomat* noch einmal durch. Er war schäbig und wirkte irgendwie amateurhaft zusammengebastelt.

Ich überlegte, ob sich das überhaupt lohnte.

Ich rief trotzdem an. Zumindest konnte ich dort jemanden anbrüllen.

Wieder wurde ich zum Redakteur durchgestellt.

»Hallo, Mr. Davis?«

»Ja.«

»Hi, hier ist Jim Knipfel...«

»Ah, schön. Freut mich, dass Sie anrufen. Sie haben gar nicht Ihre Telefonnummer auf die Geschichte geschrieben.«

»Ach, wollten Sie mich etwa anrufen, um mich zu beschimpfen?«

»Nein, warum?«

»Ist heute so ein Tag.«

»Nein. Ich habe nicht vor, Sie zu beschimpfen. Ihre Geschichte hat mir gefallen.«

Am Nachmittag ging ich dann in die Redaktion, die in einem schmalen, bröckelnden dreistöckigen Gebäude in einer schmalen, bröckelnden Gasse versteckt lag, die früher mal als Straße durchgegangen sein mochte.

Am Telefon hatte Davis' Stimme jung geklungen.

In Anbetracht des Gewerbes, in dem er arbeitete, erwartete ich einen coolen Typen mit glatt zurückgekämmten Haaren und einem kleinen Pferdeschwanz, Sportjacke überm T-Shirt und italienischen Schuhen ohne Socken. Ich war aufs Schlimmste gefasst. Es war wieder ein sengend heißer Tag, und ich schwitzte ordentlich unter meinem Hut, als ich das Gebäude betrat und hinaufging.

Als ich oben auf dem Treppenabsatz um die Ecke bog, sah ich Derek Davis unter einem gesprungenen, verdreckten Oberlicht hinter seinem Schreibtisch sitzen. Kein Pferdeschwanz. Keine Sportjacke. Keine italienischen Schuhe. Eigentlich überhaupt keine Schuhe. Nur Socken.

Er stand auf und schlurfte zu mir her. Ein winziger Mann mit einem langen weißen Bart, einem Haken als Nase zwischen scharfen Augen und einem Bierbauch. Er sah aus wie ein alter Troll. Wir schüttelten uns die Hand und redeten über Städte, Musik und das, was ich bisher getrieben hatte. Eine Woche darauf brachte er meinen ersten Artikel. Allmählich sah ich Land. Es schien ganz so, als fände ich allmählich einen Halt in dieser meiner neuen Leere. Noch besser war, dass Laura bald einzog. Wenigstens hoffte ich, dass es gut war. Aber mit den beiden Quasi-Jobs konnte ich immerhin meine Hälfte der Miete bezahlen.

Mein Tagesjob in Dennys Buchladen verschaffte mir Kontakt mit einem ausgesuchten Menschenschlag. Der Reading Terminal Market lag am heruntergekommenen Ende eines der übleren Stadtteile, und etliche derer, die hindurchtorkelten, waren Junkies,

Kriminelle und Spinner. Die Privatcops, die darin patrouillierten, sollten in erster Linie Prügeleien schlichten und Drogendeals stören. Eine Seite des Bahnhofsmarktes wurde vom Amish-Mob beherrscht, ein anderer großer Bereich vom italienischen. In meiner Ecke regierten Außenseiter und asoziale Fuzzis, die lächerliche Mieten dafür bezahlten, dass sie überhaupt hier sein durften.

Der Kerl mit dem Weinladen war ebenso nett wie unterbelichtet. Ständig brach er Korken ab und bat mich dann, sie ihm aus der Flasche zu holen. Schon bald machten wir einen Deal: Wenn ich einen Korken aus einer Flasche bekam, kriegte ich dafür zwei Flaschen. Gut acht Monate lang brauchte ich so keinen Wein zu kaufen. Die Keksleute gaben mir, kaum war ihr Boss mal weg, einen Sack Cookies mit, nur weil sie mich lieber als Denny mochten. Denny jagte ihnen eine Heidenangst ein. Ich hatte also immer einen netten Vorrat an Wein und Plätzchen, genug, um meinen Elfstundentag zu überstehen.

Unsere Stammkunden verwandelten die Ecke in eine schlechte Sitcom. Da war Aberdeen, ein sanfter, rundlicher Schwarzer Mitte sechzig, der mit einem weichen Oxforder Akzent sprach, mir ständig Geschenke machte, mich immer einen Schurken nannte, was mir ganz gut gefiel, und stets eine Geschichte über seine Begegnungen mit den Mächtigen der modernen Geschichte auf Lager hatte.

»Mr. Rockefeller hat mich mal beiseite genommen und mir erzählt ...«

Dann ein Freund von Denny, ein Satanist, der gern große Reden schwang und dabei die hässlichsten rassistischen Sprüche absonderte, die ich je gehört hatte. Ich hatte schon mit Mitgliedern des Ku-Klux-Klan zu tun gehabt, auch mit Neonazis und Mitgliedern der Posse Comitatus, aber keinen von denen hatte ich je von »Ausrottung« reden hören.

Jeden Tag präsentierte sich mir eine Parade des Schlimmsten, was die Menschheit zu bieten hatte. Das war guter Stoff für die Sachen, die ich für fünfunddreißig Dollar die Woche schrieb. Ich gab einen Artikel bei Derek ab und wartete einfach ein paar Tage ab, um zu sehen, ob er ihn nahm oder nicht. Bald druckte er alles, was ich ihm hinlegte, und machte eine wöchentliche Kolumne daraus, die ich »Blindfisch« nannte.

In den ersten Monaten schrieb ich vor allem Musikkritiken und Tiraden, in denen ich mich nach Kräften bemühte, allen, einschließlich der Schizophrenen, vors Schienbein zu treten. Später schrieb ich auch über Bücher, Kunstausstellungen und Restaurants, aber zunehmend schrieb ich mehr über mich als über die Dinge, die ich eigentlich besprechen sollte. Das fand ich dann unfair, also schrieb ich gar nicht mehr über andere Menschen und Dinge, sondern erzählte nur noch von den Abenteuern, die ich im Lauf der Woche erlebt hatte.

Diese frühen Geschichten sind peinlich, ein zusammengestoppelter Mischmasch aus offensichtlichem Stilklau und billiger Effekthascherei.

EIN AUFRUF ZU GEWALT UND TOD

Hey, ich bin nicht anders als die andern. In den vergangenen Monaten sind mir einige böse Gedanken durchs Hirn geschwappt. Ich merke, und das geht sicher uns allen hin und wieder so, wenn wir durch die Stadt bummeln, dass ich Sachen vor mich hin murmele wie »Ich bring euch alle um, bis auf den letzten von euch Schweinefickern. Ich bring euch um, ficke eure Leichen, kipp euch in die Kanalisation und stecke eure ekligen, stinkenden Körper in Brand, umwickle euch aufgedunsenen, fauligen Abschaum mit Stacheldraht ...« Na, Sie verstehen schon, was ich meine. Kein hübscher Anblick ...

Fürwahr. Vielleicht noch peinlicher als diese Geschichten selbst war, dass sie die Leute tatsächlich gegen mich aufbrachten, und zwar regelmäßig. Die erste Post, die ich auf meine erste veröffentlichte Geschichte hin erhielt, war eine hingekrakelte Morddrohung von einem Mann, der mich mit seinem Hund und seiner Knarre aufspüren und mir meinen »Scheißschädel« wegpusten wollte. Ferner nannte mich mein Möchtegernmörder ein »unfladiges Schwein« – was ich auf die Speisekarte zu setzen schwor, sollte ich jemals ein eigenes Restaurant besitzen.

Nachdem ich in einer Kolumne Heavy-Metal-Gewalt befürwortet hatte, erhielt ich eine blöde, erbärmlich getippte Morddrohung an meine Wohnadresse. Das war eine Besorgnis erregende Entwicklung. Die ganze andere Hasspost wurde an die Zeitung geschickt. Der Schreiber schilderte in aller Ausführlichkeit, was im Zusammenhang mit dem angekündigten Mord geschehen werde, weniger den Mord selbst. »Setz dir eine ungeöffnete Flasche Bier an die Lippen«, schrieb er, »da kannst du schon mal ausprobieren, wie es ist, wenn ich dir den Lauf in den Mund schiebe.« Er wies mich darauf hin, dass ich, indem ich willkürliche Morde guthieß, vergaß, dass ich ihnen zum Opfer fallen konnte wie jeder andere auch. Das war absolut einleuchtend. In der letzten Zeile teilte er mir mit, dass er mir noch zwei Wochen zu leben gebe. Das war ein cleverer Zug von ihm. Hätte er einen normalen Menschen bedroht, dann hätte er ihm zwei Wochen Panik und Dünnschiss beschert. Ich dagegen war frustriert, weil er mich so lange warten ließ.

Mein einziges Problem dabei war Laura. Sie sollte davon erfahren, für den Fall, dass mir etwas zustieß; wichtiger aber war, dass sie sich selbst in Acht nahm. Was mit mir passierte, war mir egal, aber ich wollte nicht, dass ihr etwas zustieß. Laura las meine Geschichten und mochte sie nicht besonders. Sie wusste, dass sie mir irgendwann einmal Ärger einbringen würden. Wenn ich ihr den Brief zeigte, würde sie ausflippen. Ich wusste, sie würde ausflippen. Das brächte gar nichts. Ich beschloss, die zwei Wochen verstreichen zu lassen und ihr den Brief erst dann zu zeigen.

Ich lebte weiter wie sonst auch und vergaß die Morddrohung beinahe. Es hatte auch schon vorher Morddrohungen gegeben. Nur die Heftigkeit dieses Briefs hatte mich ein wenig beunruhigt – vielleicht meinte es diesmal einer wirklich ernst.

An dem Abend, der das Ende meiner zwei Wochen bezeichnete und an dem ich durch die Hand eines cleveren Psychopathen, der nicht besonders gut tippen konnte, den Tod finden sollte, zeigte ich Laura den Brief. Sie drehte nicht gerade durch, aber sonderlich froh war sie auch nicht. Schließlich überzeugte ich sie bei zwei Flaschen Wein davon, dass die Gefahr vorbei war, dass es sich nur um einen Scherz handelte, um irgendjemands Vorstellung von, na ja ... was auch immer.

Genau in dem Augenblick trat jemand die Haustür ein.

Um richtig ins Haus zu gelangen, musste man durch zwei Türen mit unterschiedlichen Schlössern. Durch die erste Tür zu kommen war keine große Sache. Ich hatte sie selbst schon öfters eingetreten, nur um mir meine Männlichkeit zu beweisen. Dann zog ich die Schlüssel heraus und öffnete die zweite Tür.

Wer immer aber gerade die erste Tür eingetreten hatte, hatte keinen Schlüssel für die zweite, denn dagegen hämmerte er nun. Und zwar mit aller Macht – an dieser Bitte um Einlass war nichts Höfliches. In unserer Gegend gab es jede Menge Irre, und meistens mussten wir morgens über den einen oder anderen drübersteigen, um aus dem Haus zu kommen; das hier war aber nun etwas beziehungsweise jemand anderes. Jemand, der etwas im Schilde führte, wahrscheinlich meine Ermordung, und nur ein morsches Stück Holz, knapp zehn Meter von unserer Wohnungstür entfernt, hielt ihn noch auf.

Laura war schon nach unserem Gespräch aus dem Häuschen gewesen, und so stellte sich nun gar nicht mehr die Frage, wer da gegen die Tür hämmerte und was er wollte.

»James, was hast du dir da bloß eingebrockt?«

»Schon gut. Es dauert 'ne Weile, bis er durch die Tür ist, falls keiner ihn reinlässt. Wir brauchen jetzt einen Plan.«

Wir suchten die Wohnung nach allen verfügbaren Waffen ab, häuften sie auf einen Stuhl neben der Wohnungstür und kauerten uns daneben. Wir redeten nur im Flüsterton. Jeder hatte einen Schlagring und ein großes Schlachtermesser. Wir hatten ein Beil. Wir hatten einen Fischknüppel (eine Art Mini-Baseballschläger, vermutlich um die Viecher zu betäuben). Wir hatten einen Hammer. Und auch wenn ich nicht recht weiß, warum, hatten wir eine Drucklufthupe und ein Tütchen mit extrascharfem Chilipulver.

Während das Hämmern im Flur anhielt, stellte ich den Plan auf. »Wir machen das Licht aus. Ich weiß nicht, wie er bewaffnet sein wird. Wenn er zur Wohnung kommt, reißen wir die Tür auf, dann trötest du mit der Hupe, um ihn zu erschrecken, und ich schütte ihm das Chilipulver in die Augen. Ich haue ihm den Knüppel über den Schädel, du rammst ihm den Schlagring in die Fresse. Wir müssten ihn in die Wohnung ziehen können. Dann knallen wir die Tür zu und bringen ihn um. Erstechen ihn einfach.«

Wir fanden den Plan beide gut, aber wir waren auch ein bisschen betrunken. Das Hämmern im Flur wurde immer wilder. Wir zwei blieben neben der Tür hocken, ein schlagkräftiges Team rachsüchtiger Säufer, bereit, Gerechtigkeit zu üben, so wie es sich gehörte. Wie der Attentäter von George Wallace, Arthur Bremer, so treffend bemerkte: »Mit jeder Menge Ironie.«

Nach einer Dreiviertelstunde Hämmern, Wummern und Rappeln an der Tür im Flur gab schließlich etwas nach. Ob nun das Schloss oder die Tür selbst, wussten wir nicht. Noch ein, zwei Schläge, dann löste sich etwas und fiel scheppernd zu Boden. Jetzt ging's los.

Laura packte die Drucklufthupe fester, ich hielt das Tütchen mit dem Chilipulver bereit. Wir konnten nicht sehen, was vor der Wohnung geschah; wir wussten nur, dass in wenigen Minuten jemand tot sein würde. Die Frage war bloß, wer.

Wir hörten die Tür aufgehen und hielten beide die Luft an. Schritte näherten sich auf der Treppe, begleitet von nichts als leisem Gemurmel. Das Licht bei uns war aus, die Anlage ebenfalls, die Katzen waren im hinteren Zimmer eingesperrt. Jetzt hieß es er gegen uns. Ich packte den Türknauf, wagte aber nicht, ihn zu drehen.

Wir hörten jemanden langsam die drei Stufen zu unserer Tür hochgehen. Wir schwitzten, lauernde Pumas, bereit zur tödlichen Attacke ohne Furcht und Gnade. Man roch den Blutdurst, den unsere Körper ausdünsteten.

Ich versuchte mir einen dramatischen Spruch auszudenken, einen, der das Ganze noch mehr zu einem drittklassigen Rächerfilm machen würde, aber mir fiel nichts ein.

Dann hörten wir, wie die Schritte sich nach oben entfernten.

Einen Stock, zwei. Schließlich ein höfliches Klopfen. Eine Tür ging auf, man begrüßte sich freundlich, die Tür ging zu, und alles war still. Es war der Klavierlehrer von oben. Er hatte wohl seinen Schlüssel vergessen.

Ich blickte auf Drucklufthupe und Chilipulver, dann auf Laura, bis ich schließlich sagte: »Was haben wir uns da bloß für einen Scheiß ausgedacht?«

Ich muss ich sein

Der Ärger klebte mir an den Hacken.

Es war 1988. Wir lebten nun seit über einem Jahr in Philadelphia, und irgendwas ging furchtbar schief. Der Hass und die Wut, die ich Woche für Woche in meiner Kolumne auf dem Papier abreagiert hatte, kamen nun auch aus mir heraus, wenn ich allein mit Laura zu Hause war.

Alles konnte diese Gefühle auslösen, egal wie geringfügig es war – eine banale Zurückweisung; schlechte Einfälle; das Geräusch eines Messers, das in die Spüle schepperte; dass ich mir den Kopf am Badeschränkchen stieß. Es endete immer gleich: mit zitternden, sich zur Faust ballenden Händen, mit wackelndem Kopf, sich verengenden Augen, mahlendem Kiefer und Zisch- und Knurrgeräuschen, die mir aus der Kehle drangen.

Laura bekam Angst. Ich erhob nie die Hand gegen sie, doch es gab Augenblicke, da war ich kurz davor. Obwohl ich in jedem Fall die Ursache der Wut ausmachen konnte, waren die Gründe doch so diffus, dass sie sich nur zu der Erkenntnis zusammenfügten, dass irgendetwas schief ging.

Anfangs passierte es ein paarmal die Woche, bald aber schon ein paarmal am Tag, wobei jeder Anfall eine halbe Stunde oder länger dauerte.

Ich ließ mir einen Termin bei einer Ärztin geben, und nach mehreren Besuchen überwies sie mich an Spezialisten. »Wenn die nichts finden«, sagte sie, »müssten Sie vielleicht auch zu einem Psychiater gehen.«

»Und wenn ich vom Teufel besessen bin?«, fragte ich. Das schien mir die einzige logische Erklärung. Sogar Laura glaubte schon daran. »Wäre das eine Möglichkeit?«

»Nein, sicher nicht.«

Die anderen Ärzte hatten ihre eigenen Theorien, was die Wut auslösen mochte. Einer meinte, es sei Hyperventilation und ich solle in eine Papiertüte atmen, wenn ein Anfall nahte. Ein anderer meinte, es sei niedriger Blutzucker, und riet mir, immer etwas zu essen dabei zu haben.

Als die Anfälle nach wochenlangen Tests noch immer vier-, fünf-, sechsmal täglich kamen, meinte ein Neurologe – meine letzte Hoffnung, bevor ich mich an einen Psychiater oder Exorzisten wandte –, das Problem niste tief in den leeren Nischen meines Gehirns. Er gab mir einen Termin für ein EEG, einen einfachen Test, den ich, wie zu erwarten, vermasselte.

Die wichtigste Vorgabe war, dass ich am Tag des Tests um drei Uhr morgens aufwachen musste. Nicht wie ich zuvor geglaubt hatte, weil mir der Arzt die komischen Schlafrhythmen aus dem Hirn schütteln wollte, sondern vielmehr, um sicherzustellen, dass die komischen Schlafrhythmen noch da waren. Dem Neurologen zufolge sagten sie Genaueres darüber aus, was im Gehirn abläuft.

Ich stand um drei auf, machte mir ein Omelett und sah mir *Vertigo* im Fernsehen an. Nach dem Film war es noch immer früh, also legte ich eine Platte von Steve Lawrence auf. Ich traf sehr zeitig im Krankenhaus ein, fuhr mit diversen Fahrstühlen und irrte durch Stockwerke, bis ich schließlich das angegebene Zimmer fand, wo ich Formulare ausfüllte und wartete. Als meine Nummer drankam, führte mich eine junge Schwester zu einem Zimmer mit einem Schreibtisch, einem Stuhl, einem Klinikbett und einer Wand voll Hightech-Kram.

Sie setzte mich auf den Stuhl, zückte einen roten Wachsmalstift und ein Maßband aus Plastik und machte sich daran, mir auf fünfundzwanzig ausgesuchte Stellen meines Schädels, auf Ohrläppchen, Stirn, Schläfen und in den Tiefen meines wirren Schopfes Xe zu malen. Dann schob sie mich zum Bett, auf das ich mich legen musste, nahm einen stumpfen Schmirgelstift und kratzte jedes einzelne der fünfundzwanzig Xe sauber. Dann zog sie eine Klebstoffspritze und ein Speichelsaugröhrchen wie beim Zahnarzt hervor, nur dass es umgekehrt funktionierte. Sie tupfte auf jeden X-Punkt ein Klebstoffkügelchen, befestigte einen elektrischen Kontakt daran und trocknete den Klebstoff mit einer Mischung aus Luft und Äther, die mit lautem Zischen aus dem Röhrchen schoss. Durch jeden Kontakt schob sie eine Elektrode, sodass die Oberfläche des Fleisches gerade eben angeritzt wurde.

Nun lag ich also da, fünfundzwanzig Kabel schlängelten sich von meinem Kopf weg, und noch immer war sie nicht fertig. Sie nahm zwei längere Elektroden und schob mir die erste ins linke Nasenloch.

»Wissen Sie, ich hab das erst einmal vorher gemacht. Seit einem Monat sind wir mit dem Personal ziemlich knapp, und heute Morgen, als ich herkam, haben sie mir kurzfristig aufgetragen, das zu übernehmen.«

»Ach ja?« Meine Augen weiteten sich und begannen zu tränen.

»Na, das ist aber wirklich ein *enger* Nasengang!« Achzend bugsierte sie das Kabel bis knapp unter mein Gehirn hinein. »Die andere Seite dürfte nicht so unangenehm werden. Wenn ein Nasengang richtig eng ist, ist der andere meist viel weiter.«

So war es dann auch. Doch das erzeugte ebenfalls Probleme.

Da beide Kabel mich am Gehirn kitzelten, bewirkte jedes Schlucken, dass das lockere im rechten Nasenloch zuckte und hüpfte und an Wände stieß, wo es nicht hin sollte, weil das die Messungen, die sie durchführen wollte, verfälscht hätte. Aber wenigstens hatte sie mich fertig verkabelt.

Sie trat ans Fußende des elektrischen Betts, zog es von der Wand, langte hinunter und stöpselte es aus. »Diese Dinger geben so viel Elektrizität ab. Sie glauben ja gar nicht, wie viele Leute jedes Jahr von Krankenhausbetten einen Schlag bekommen.«

»Tatsächlich.«

Sie setzte sich vor die Wand mit den Apparaturen und betätigte einen Schalter.

Bsssssssggggggrrrrmmmmbsss...

»Und nun schlafen Sie«, befahl sie.

Na toll. Ein Nest aus fremd- und bösartigen Stromkreisläufen lag um meinen Kopf, ich hatte zwei Kabel in der Nase stecken, und keinen Meter von mir entfernt zischte und brummte eine Maschine. Und zu all dem sang schon den ganzen Morgen Steve Lawrence »I've Gotta Be Me« in meinem Kopf und machte auch jetzt keine Anstalten, sich zu entfernen.

Ich versuchte einzuschlafen und schaffte es sogar

auch ein paarmal, nur dass sie sich jedes Mal, wenn ich gerade einnickte, über mich beugte und fragte: »Schlafen Sie schon?«

»Jetzt nicht mehr.«

»Also, ich überwache hier die Rhythmen, und Sie nicken ständig ein, aber dann wachen Sie immer wieder auf.«

»Weil Sie mich ständig was fragen.«

Sie kam auf eine bessere Idee. Sie brachte eine Lampe vor mir in Stellung und ließ in der Annahme, es könnte mich hypnotisieren, ein Stroboskop in meine Augen blitzen. Das tat es zwar nicht, aber dafür löste es quälende Kopfschmerzen aus.

Ich hatte also Kabel in der Nase, Kopfschmerzen, Steve Lawrence setzte zur hundertsechzehnten Zugabe an, und meine Technikerfreundin war sauer, dass ich nicht einschlief.

»Sind Sie denn gar nicht müde?«

»Das war ich, bevor ich hierher kam.«

Nach einer Dreiviertelstunde gab sie es auf. Mit säuerlicher Miene riss sie mir die Drähte vom Kopf und aus der Nase und rieb mir den Klebstoff mit einer übel riechenden Substanz, die noch dicker und klebriger war, aus den Haaren.

Ich hievte mich vom Bett und rammte mir den Hut auf den Kopf. Mit dem Zeug in den Haaren würde ich ihn wahrscheinlich nie wieder runterkriegen, aber das war in Ordnung. Ich nahm ihn ohnehin kaum ab.

Ich ging. Wieder versagt.

Der Arzt, der mir diesen Scherz verordnet hatte, rief einige Tage später an, um mir die Ergebnisse mitzuteilen.

»Da ist so eine komische Welle in dem Teil des Gehirns, der bestimmte komische Emotionen wie Wut auslöst.«

»Freut mich, dass Sie das alles so komisch finden.«

»Aber das könnte der Schlüssel zu Ihren Problemen sein.«

»Ich glaube, ich kann Ihnen sagen, wo diese komischen Wellen herkommen«, meinte ich. »Kennen Sie Steve Lawrence?«

Zwei Wochen, eine CT und eine MRI später war derselbe Neurologe in der Lage, mir etwas auf einem Bild zu zeigen.

»Da ist es«, sagte er stolz.

Und tatsächlich, da war ein schwarzer Klecks auf dem linken Temporallappen meines Gehirns.

»Das ist Narbengewebe«, sagte er, »direkt da, wo so komische Emotionen wie Wut sind. Sie haben eine Form der Epilepsie, die sich in Wutanfällen äußert.«

»Und nun? Lobotomie?« Das erschien mir ganz vernünftig.

»O nein. Nein, nein, nein ...« Er klang ganz so, als habe er es sich plötzlich überlegt und sei zu dem Schluss gekommen, dass eine Lobotomie eigentlich gar nicht so schlecht wäre.

»Was dann?«, fragte ich nach einer Pause.

»Wir können es mit Medikamenten versuchen, mit denen wir es wahrscheinlich in den Griff bekommen.« Er schien sich immer mehr mit der Lobotomie anzufreunden.

Er gab mir ein Rezept für ein Antikonvulsivum namens Tegretol und schickte mich fort. Es dauerte ein paar Wochen, bis das Medikament anschlug, aber dann ließen die Krämpfe auch nach. Nicht vollständig, aber ich konnte wieder ein halbwegs normales Leben führen.

Es liegt in der Natur von Antiquariaten, dass sie Kunden anziehen, die einmal die Woche oder einmal im Monat einen Karton voller Bücher zum Verkaufen vorbeibringen. So lassen sich schnell ein paar Kröten verdienen. Nicht viel natürlich, aber für ein Bier und ein Sandwich reicht es schon. Bei Dennys Laden waren das überwiegend normale Leute, die entweder ihre Bibliothek ausmisteten oder das wegräumten, was andere, die sich das Lesen abgewöhnt hatten, an die Straße gestellt hatten. Bücher ohne Deckel, Bücher voller Schimmel, Italien-Reiseführer aus dem Jahr 1956, alte Pfadfinderhandbücher. Haufenweise Sachen, die wir nie verkaufen konnten. Sie störte das nicht: Fröhlich kamen sie eine Woche oder einen Monat später wieder, ob wir ihnen nun etwas abgekauft hatten oder nicht, erneut eine Kiste voll Müll unterm Arm.

Aber es gab auch andere.

Es war ein Dienstag, ich arbeitete, wie immer lief nichts – niemand interessiert sich dienstags für Bücher –, als ein alter Mann am Ladentisch auftauchte.

»Ich hab gehört, ihr kauft Bücher«, sagte er.

»Da haben Sie richtig gehört. Wenn es sich für uns lohnt.«

Er stellte seine Tüte ab, langte langsam hinein – alt, wie er war – und zog drei Ausgaben von Albert Goldmans John-Lennon-Biographie hervor, die damals ziemlich Furore machte. Er ließ sie auf den Ladentisch plumpsen.

»Wie viel krieg ich dafür?«

Sie waren nagelneu, makellos – wie sollte es auch anders sein? Das Buch war ja erst ein paar Wochen auf dem Markt.

Ich betrachtete die Bücher, dann wieder den alten Mann. Er erinnerte mich an Grady aus der Fernsehshow *Sanford and Son* – vielleicht auch an Dick Gregory –, ein Skelett in einem schäbigen Regenmantel, darunter ein zerlumptes graues Hemd, fleckige braune Hose, weißer Bart, zerknautschter Hut über einer breiten Stirn. Er sah nicht gerade nach einer Leseratte aus – aber okay, das war nur eine Vermutung. Jedenfalls nicht wie einer, der die Lennon-Biographie gleich dreimal zum Geburtstag geschenkt bekommen hatte.

Aber die Sache war cool, da würde ich zugreifen. Wir machten auch regelmäßig mit Bücherdieben Geschäfte. Die tauchten meist einmal auf, waren enttäuscht von dem, was sie bekamen, und ließen sich nie mehr blicken; aber sie brachten oft gute Sachen.

»Sechs Dollar«, sagte ich zu dem Alten.

»Je sechs.«

»Nein, zusammen sechs.«

Er schlug auf das oberste Buch, knallte Lennon die flache Hand ins Gesicht. »Aber das sind nagelneue Bücher!«

»Aber sicher sind die nagelneu«, sagte ich. »Niemand hat drei Ausgaben von ... na ja, jedenfalls nicht zufällig.«

Wir beäugten einander. Er war ein verzweifelter alter Mann.

»Hören Sie«, sagte ich schließlich. »Ich will gar

nicht wissen, wo Sie die herhaben. Ich geb Ihnen zehn Dollar – das ist verdammt viel mehr, als sie bei jedem anderen in der Stadt kriegen würden –, und damit hat sich's. Mehr ist nicht drin, klar?«

»Ja ... gut.« Er hielt mir die flache Hand hin. Ich zählte zehn Einer ab und legte sie hinein. Ich stellte die Bücher ins Regal hinter mir und drehte mich wieder um, um ihm zu danken, doch er war schon weg.

Ich zeichnete das erste Buch aus und legte es auf den Tisch. Die beiden anderen ließ ich hinten im Regal. Es hatte keinen Sinn, Verdacht zu erregen. Abends waren alle drei verkauft.

Am nächsten Vormittag gegen elf erschien er wieder, eine andere Tüte in der Hand.

»Ich hab noch mehr Bücher für dich«, sagte er fröhlich.

Scheiße. Ich begriff, dass ich mich da auf etwas eingelassen hatte, was nicht gut war. Egal, was passierte, es würde böse enden.

Er langte in die Tüte und förderte einen weiteren kleinen Stapel zutage. Zwei *Satanische Verse* und drei andere Titel von der Bestsellerliste.

Schrott, aber Hochglanz. Das kauften die Leute.

Ich kratzte mich am Hinterkopf und stöhnte.

»Die sind ja ganz schön«, sagte ich, »aber ich weiß nicht ...«

»Und ob die ganz schön sind. Bestseller! Sieh doch nur!«

»Hören Sie, Sir – wie heißen Sie überhaupt?«

»Mein Junge, du kannst Mr. Shakeybones zu mir sagen.«

Großer Gott. Das wurde ja immer idiotischer.

Blindfisch trifft Mr. Klapperknochen. Wie so ein Marvel Comics Super Team-Up Special.

Ich hielt ihm die Hand hin. »Schön, Mr. Shakeybones, ich heiße Jim.« Wir gaben uns die Hand. Seine war dunkel und rau, aber schlaff.

»Jetzt will ich Ihnen doch gern mal was sagen. Ich habe keine Probleme damit, dass Sie diese Bücher mitgehen lassen, von wo auch immer. Aber wenn ich sie hier im Laden habe, werde ich zum Mitschuldigen, verstehen Sie? Wenn Sie erwischt werden, bin auch ich dran, ja? Dazu habe ich keine Lust.«

Er lächelte stolz. »Mich hat noch keiner geschnappt – und ich bin ein alter Mann.«

»Mhm.« Ich betrachtete wieder die Bücher. »Herrgott. Na gut. Wir machen es, aber nur noch dies eine Mal. Dann nicht mehr. Von nun an habe ich keine Ahnung mehr, wer Sie sind.« Er nickte und hielt mir die Hand hin. Ich gab ihm zwölf Dollar, dann verschwand er wieder.

Später schaute Denny herein. Wie üblich sah er kurz den Bestand durch. Als er an die neue Ausgabe der *Satanischen Verse* geriet, zögerte er. Er zog sie aus dem Regal und kam damit zu mir.

»Wo kommt denn das her?«

Ich tat so, als sei ich beschäftigt, und warf nur einen flüchtigen Blick auf das Buch. »Och, das hat einer heute hier verkauft.«

»Und? Wer?«

»Ich hab ihn nicht gefragt, wie er heißt. Hab ihn vorher noch nie gesehen.« Was sollte ich denn sagen? Och, bloß so ein Bücherdieb, heißt Mr. Shakeybones?

Denny schlug das Buch auf und blätterte es durch.

»Das ist ein neues Buch.«

»Sieht so aus.«

»Wie viel hast du ihm dafür gegeben?«

»Bloß zwei Dollar. Er hat sie genommen und ist glücklich damit abgezogen.«

Jetzt konnte ich mich auf was gefasst machen. Einen Vortrag über den Erwerb von Diebesgut, irgendeinen Quatsch über den Ehrenkodex des Buchhändlers. Doch stattdessen trat ein seltsamer Ausdruck auf Dennys Gesicht.

»Was meinst du, sind die von einem Laster gefallen?«

Ich sah Anzeichen einer Verbindung von Dennys erklärten kommunistischen Neigungen und dem gierigen Zug, den es brauchte, wenn man ein Geschäft hatte. Seine kommunistische Seite fand es gut, bei B. Dalton und bei Barnes & Noble zu klauen; seine gierige Seite wusste, dass er diese Bücher teurer verkaufen konnte als den meisten anderen Müll, den wir auf den Tischen und in den Regalen hatten. Außerdem würden, wenn wir regelmäßigen Zugang zu Neuerscheinungen, zu dicken neuen Bestsellern hätten, mehr Leute an unseren Stand kommen.

»Ich habe keine Ahnung«, schwindelte ich weiter. »Er hat das Ding angeschleppt, dann ist er wieder abgezogen.«

Denny sah mich komisch an, sagte aber nichts.

Ich war in einer seltsamen Lage. In Madison und Minneapolis war ich aktiver Bücherdieb gewesen. Ich wusste, wie einfach das war. Ungefähr die Hälfte meiner Bibliothek bestand aus geklauten Büchern. Aber ich hatte die Bücher immer nur gestohlen, um sie zu lesen, nicht um sie zu verkaufen. Und nun war mir ganz unwohl dabei, für einen Bruder im Geiste den Hehler zu spielen. Ich wurde wohl alt.

Obwohl ich ihm am Tag davor gesagt hatte, er solle nicht mehr kommen, war Mr. Skakeybones am Donnerstagmorgen mit einer noch größeren Tüte wieder da. Ich schaute mir die Bücher an. Offenbar wusste er gar nicht, was er da hatte – er griff sich wohl blind Sachen von den vorderen Auslagetischen der nächstbesten Buchhandlung.

Ich zählte ihm die Scheine in die Hand. »Also gut«, sagte ich, »wenn wir eine Abmachung treffen, müssen Sie aber auch für eine bestimmte Qualität sorgen. Sie können mir nicht Schrott anbringen und erwarten, Geld dafür zu kriegen.« ·

»Dann sagen Sie mir, was Sie wollen. Geben Sie mir eine Liste oder so.«

Ich zog einen Papierblock heran. Doch dann überlegte ich es mir. Sollte ich diesem Mann etwas in meiner Handschrift geben, das er dann in der Tasche mit sich herumtrug und zu Rate zog, während er seine Einkaufstüte füllte? Nein. Ich würde ihm kein Beweismaterial liefern, das er den Bullen überreichen konnte.

»Wie wär's, wenn ich Ihnen eine bestimmte Vorstellung davon gebe, die Sie im Kopf behalten, wenn Sie Ihre Runde machen? Wir wollen gute Sachen, solche wie Sie gestern und vorgestern gebracht haben. Was von den Bestsellertischen, aber keinen Schrott. Mit Schrott können wir nichts anfangen. Und Elvis-Bücher. Elvis-Bücher sind immer gut.« Letztere waren für mich: Ich fand, dass auch ich etwas davon haben sollte.

Und so lief es wochenlang ganz gut. Mr. Shakeybones kam ein paarmal die Woche mit seiner Tüte vorbei, wir plauderten, er sagte mir, woher er die Bücher hatte (aus einem B. Dalton vier Straßen weiter), ich gab ihm fünf Dollar pro Buch, er verschwand, und am Ende des Tages war beinahe alles, was er mitgebracht hatte, mit einem ordentlichen Aufschlag verkauft. Doch eines Tages – wie es eben so geht – änderte sich etwas. Mr. Shakeybones kam mit seiner Tüte an, und ich bezahlte ihn. Doch statt wie üblich sofort zu verschwinden, blieb er vor dem Tisch stehen, während ich den neuen Haufen, den er mitgebracht hatte, auszeichnete.

»Was gibt's?«, fragte ich.

»Ich will mehr Geld.«

Ich hätte wissen müssen, dass es so kommen würde.

»Das geht nicht. Wir bezahlen Ihnen schon mehr pro Buch als allen anderen – als wir allen anderen je bezahlt haben.«

»Tja, hm, aber ich trage das ganze Risiko. Ich bin doch derjenige, der die ganze Arbeit macht ...«

»Deshalb kriegen Sie ja auch mehr als alle anderen.« Allmählich wurde ich sauer. »Wenn Ihnen die Arbeit Angst macht, dann lassen Sie's. Wenn es Ihnen nicht genug Geld ist, dann gehen Sie mit Ihren Büchern eben woandershin.«

»Wir hatten eine Abmachung, Junge ...«

»An die halte ich mich auch.«

»Wenn ich hochgehe, geht ihr alle mit hoch«, zischte er, machte auf dem Absatz kehrt und verschwand.

Tja, das war's also. Ich ließ mich doch nicht von einem alten Junkie-Dieb einschüchtern. Ich zog das

Telefonbuch hervor und schlug die Nummer der B. Dalton-Filiale nach, in der er gewesen war. Ich hatte noch nie jemanden verpfiffen, und ich wollte auch nicht damit anfangen. Aber so was wie Ganovenehre ist ohnehin ein Mythos. Bedroht mich einer, ganz egal, wo er im Leben steht oder wie verzweifelt er ist, dann ist mein erster Impuls – und zugegeben, nicht immer der beste –, ihn zu vernichten.

Ich rief die Buchhandlung an.

Am nächsten Morgen saß ich schwitzend hinterm Ladentisch. Wieder war wenig los. Gegen eins – ich hatte gerade was gegessen und ließ müde den Blick schweifen, sah ich ihn kommen. Ganz schön schnell für einen alten Mann. Noch immer in seinem stinkenden Regenmantel und dem zerknautschten Hut, Hektik im Blick. Er war außer Atem und schwitzte schlimmer als ich.

»Was ist denn mit Ihnen los?«, fragte ich ihn, als er am Ladentisch angelangt war, obwohl ich es mir schon denken konnte.

»Fast hätten sie mich erwischt, Junge. Ich war gerade bei der Arbeit, da kommt so eine blöde Kuh um die Ecke und kreischt los. Diese blöde Kuh ...« Er rang nach Luft. »Aber gekriegt haben sie mich nicht, ich war zu schnell für sie.«

»Schön für Sie.«

»Aber ich hab heute eben nichts.«

»Nicht so schlimm. Dann eben morgen.«

»Wahrscheinlich ist meine Quelle futsch. Erwischt haben sie mich ja nicht, aber gesehen, verflucht.«

»Das schaffen Sie schon«, sagte ich. »Aber warum sind Sie überhaupt hier, wenn Sie nichts für mich haben?«

»Ich brauche Geld, Junge. Nur ein bisschen.«

»Aber Sie haben mir nichts gebracht, also schulde ich Ihnen auch nichts. Wir hatten doch eine Abmachung.«

»Ach, komm schon, Junge – bloß ein paar Kröten.« Er war ganz zappelig und trat von einem Fuß auf den anderen, vielleicht aus Angst, vielleicht musste er auch aufs Klo.

»Geht aber nicht. Leider.« Ich war nun Herr der Lage. Das war ich noch nie gewesen.

»Komm schon, Junge – bloß ein paar kleine Kröten.«

»Nein.«

»Scheiße, Junge.« Er drehte sich um und ging, doch ein paar Minuten später war er wieder da.

»Junge, bitte. Ich hab dich doch nie verscheißert, bitte, nur dies eine Mal …«

»Herrgott nochmal«, fauchte ich. Ich langte in die Tasche, zog einen Fünfer hervor und klatschte ihn ihm in die Hand. Er schaute auf den Geldschein.

»Ist das alles? He, ich brauch aber mehr …«

Das war's. Da gab man ihm einen Finger, und er wollte die ganze Hand. Nichts nervt mehr. Ich zeigte irgendwohin, nur weg von mir. »Jetzt … aber … raus hier!«

Die wenigen Kunden am Stand sahen zu uns her.

Mr. Shakeybones verschwand, und ich versuchte mir einzureden, dass er mich enttäuscht hatte, wo ich doch genau wusste, dass ich mich selbst enttäuscht hatte. Einen Augenblick lang hatte ich etwas Macht gehabt, und sofort war ich zum Schwein geworden.

Ich sah Mr. Shakeybones nie wieder.

Während der nächsten Wochen wurde zunehmend deutlicher, dass der Buchladen in Schwierigkeiten war. Post und Rechnungen stapelten sich hinterm Ladentisch, und der Bestand in den Regalen wurde immer dünner und unattraktiver. Der Vermieter des Reading Terminals teilte mir mit, dass Denny schon über ein halbes Jahr mit der Miete in Rückstand war. Denny kam immer seltener an den Stand; zwei-, dreimal die Woche rief er mich morgens an, ob ich arbeiten könne. Dann kam er schließlich überhaupt nicht mehr und ließ mich den Laden zwölf Stunden am Tag, sieben Tage die Woche führen.

»Ich kann einfach nicht kommen«, sagte er matt am Telefon, »ich krieg die totale Panik.« Um mir das zu demonstrieren, kam er eines Tages tatsächlich. Nur wenige Minuten, nachdem er hinter den Ladentisch getreten war, fing er an zu zittern und zu schwitzen, sodass ich den Typen vom Weinladen bitten musste, auf den Stand aufzupassen, während ich Denny zu seinem Transporter begleitete.

Die Haufen Papiere, die Platz wegnahmen, und die wütenden Anrufe wegen unbezahlter Rechnungen machten mich fertig. Das würde ich nicht mehr lange durchhalten, nicht sieben Tage die Woche. Eines Tages bettelte ich ihn richtig an, doch zu kommen – und wenn er nur die ganzen Papiere mitnahm und sie zu Hause abarbeitete.

Eine Woche später tauchte er mit seiner Mutter auf. Es war ein Samstag, ungefähr elf Uhr vormittags, und der Markt war gerammelt voll, wie immer am Wochenende. Seit acht war ich da gewesen. Eine halbe Stunde nach seinem Eintreffen hockte Denny, eingerollt wie ein Fötus, auf einem Klappstuhl in der Ecke und zitterte wie ein verängstigtes Hündchen. Ich raffte seine Papiere und die Post zusammen, gab ihm den Stapel und sagte seiner Mutter, sie solle ihn nach Hause bringen. Zwei Wochen später machte er den Stand dicht. Früh morgens an einem Samstag kam er hergefahren, und er und ich packten den noch verbliebenen Bestand in Kisten und verfrachteten sie in den Transporter. Denny fuhr davon, ohne sich auch nur einmal umzusehen.

Ich war wieder arbeitslos und hielt mich mühsam mit Lauras Stipendium über Wasser. Wir stritten uns wieder öfter, doch nun war der Zank nicht mehr eine Folge meiner Anfälle; er drehte sich um grundsätzliche Dinge wie Einstellungen, Geld und das Scheitern. Wir brauchten nicht noch mehr Schicksalsschläge.

Ich hätte es besser wissen und so etwas gar nicht erst denken sollen. In der Woche, in der Laura und ich – trotz allem und wider besseres Wissen – beschlossen zu heiraten, hatte ich einen Termin in der Wills-Augenklinik. Nur eine jährliche Routineuntersuchung. Der Augenarzt, der mich dort untersuchte – ein Mann, den ich nie zuvor gesehen hatte –, sagte mir, ich würde binnen weniger Jahre völlig erblinden, wahrscheinlich um mein fünfunddreißigstes Lebensjahr herum. Zum ersten Mal erklärte mir jemand, was Retinitis pigmentosa war und was sie bedeutete. Denn von allen Augenärzten, bei denen ich seit meinem dritten Lebensjahr gewesen war, hatte mir keiner gesagt, dass ich richtig *blind* werden würde. Ich hatte die Gerüchte in der

Schule gehört, und dann war da auch noch die Begegnung mit Onkel Tom gewesen, aber ich hatte alles ignoriert, es als morbide Spekulation abgetan. Jetzt hatte die Wissenschaft mir bestätigt, dass diese Gerüchte aus meiner Kindheit stimmten und dass es keinen Ausweg gab.

Einige Tage nach dieser Nachricht bekam ich einen Anruf von Grinch, der mir sagte, er werde nach Philadelphia ziehen. Damit, dass ich blind wurde, konnte ich umgehen. Das war noch einige Zeit hin, damit würde ich mich befassen, wenn es so weit war. Aber dass Grinch nach Philly zog, war etwas völlig anderes. Das Problem war ein altes. Ich glaube, sogar Aischylos hat ein Drama darüber geschrieben: Verlobte mag deine wilden Freunde nicht. Es war wie im schlimmsten Fernsehkitsch. Nachfolgend Chaos und Gelächter. Am Ende wird alles gut. Nur nicht in diesem Fall, nur nicht mit Grinch. In Fernseh-Sitcoms hatte es einen wie Grinch noch nicht gegeben.

Dem geschenkten Gaul ins Maul treten

Ein halbes Jahr, nachdem der Bücherstand dichtgemacht hatte, bekam ich Arbeit als Schuldeneintreiber in West Philly. Ich schrieb nach wie vor den »Blindfisch« für den *Welcomat,* doch das brachte nur ein Taschengeld. Mit Schuldeneintreiben verdiente ich nicht so viel wie am Bücherstand, es gab keine Kasse, bei der ich Anleihen machen konnte, und meinen Wein musste ich mir auch selber kaufen, aber es war immerhin etwas. Und Grinch war hergezogen.

Wegen seiner beinahe dämonischen Präsenz hatten Laura und ich unsere Hochzeit verschoben und die Spannungen zwischen uns einen neuen Höhepunkt erreicht. Trotz der Medikamente machten mir meine Anfälle zu schaffen und verschlimmerten alles noch. Auch meine Augen wurden immer schlechter, aber immerhin so langsam, dass ich es ignorieren konnte. Was hatte der Augenarzt gesagt? Fünf Jahre? Zehn? Zehn Jahre waren eine Ewigkeit.

Das Büro, in dem ich arbeitete, lag gegenüber einer alten Bar, dem Shamrock Pub. In dem Block gab es drei, vier Bars, aber ins Shamrock ging ich am liebsten. Es war einfach, gut beleuchtet, eine derbe alte irische Bar.

Ich ging rein, setzte mich ans Ende der Theke nahe der Tür, trank meine drei Bier und ging wieder. Nie sprach ich jemanden an. Da drin sprach überhaupt nie jemand. Es war ein älteres Publikum, zumeist Männer, die dort schon seit Jahren täglich tranken. Die Klientel bestand gleichmäßig aus

Schwarz und Weiß. Und es waren Biertrinker. Wollte man mit Gin oder Wodka weitermachen, ging man ins Cherry Tree gegenüber.

Eines Tages, als ich im Shamrock saß, fiel mir eine verlebte, verbrauchte schwarze Hure auf, die ich da noch nie gesehen hatte, obwohl sie wie ein Stammgast wirkte.

»Hey, John Denver!«, brüllte sie aus fünf Hockern Entfernung. Ich betrachtete die anderen Gesichter an der Bar, bevor ich zu dem Schluss kam, dass sie mich meinte.

»Hey, John Denver!«, brüllte sie nochmal und hob ihre Flasche. Ich hob meine, und wir tranken. Ich wandte mich wieder ab.

Ein paar Minuten später brüllte sie erneut. »Hey, John Denver!« Sie entblößte ihre krummen, schartigen gelben Zähne zu einem breiten Lächeln, und wir hoben unsere Flaschen ein weiteres Mal zu Ehren des großen John Denver.

Es nervte mich, so ins Blickfeld der Öffentlichkeit zu geraten. Vielleicht war sie auf eine Nummer aus oder hatte irgendetwas Fieses mit mir vor. In letzter Zeit war ich, was Freunde und das, was sie von mir wollen mochten, betraf, mehr als nur ein bisschen paranoid geworden. Doch nach dem fünften oder sechsten Toast begriff ich. Sie wollte einfach nur freundlich sein. Sie mochte John Denver, glaubte, ich ähnelte ihm, und trank darauf. Ich entspannte mich und akzeptierte ihre Freundlichkeit.

Mit Grinch, der in unser Viertel gezogen war, traf ich mich nun öfter hier zum Mittagessen. Entgegen Lauras Befürchtungen sahen wir einander gar nicht so häufig. Gelegentlich gingen wir mal in ein

Punkkonzert im Khyber Pass oder fuhren einen Nachmittag raus zur Rennbahn im Philadelphia Park, aber das war's auch schon. Wir schmissen keine Fenster ein und steckten auch nichts in Brand.

Als er auf seiner abgetakelten Harley-Davidson in die Stadt getuckert kam, am Lenker ein angenageltes Paar Stierhörner, hatte er noch gehofft, wir würden die Pain Amplifiers wieder auferstehen lassen. Ich wusste, dass dies nicht geschehen würde, schon weil wir unsere Instrumente weggeschmissen hatten und weil Sears, Roebuck die Lust vergangen sein würde, ihm noch einmal eine Kreditkarte anzudienen.

Schließlich saßen wir täglich ein paar Stunden im Shamrock wie alte Männer, redeten darüber, was hätte sein können, und schmiedeten große Pläne, die wir, wie wir beide wussten, nie umsetzen würden. Grinch hatte noch keinen Job, und meiner war nicht der Rede wert.

Eines Montags leerten Grinch und ich wie üblich unsere Mittags-Buds, mampften Biernüsse dazu und rauchten, bis wir in einer Giftwolke saßen, während wir die Welt verurteilten und über unsere apokalyptischen Komplotte lachten. Was ich da noch nicht wusste, war, dass er mir eigentlich sagen wollte, er werde nach vier Monaten hier wieder nach Chicago ziehen. In Philly war's nicht gut gelaufen, das heißt, mit mir war's nicht gut gelaufen. Doch bevor er dazu kam, erhoben sich am anderen Ende der Theke Stimmen und schaukelten sich zu jener Wut auf, die man erst als solche erkennt, wenn es fast schon vorbei ist.

Renee, die tagsüber die Bar machte, kreischte:

»Das halt ich nicht mehr aus!«, und stampfte hinter der Theke hervor. Bob, einer der Stammgäste, siebenundachtzig und frisch verwitwet, hatte es zu weit getrieben.

Bevor sie ging, blieb Renee bei mir stehen: »Wenn du auch nur ein Wort darüber schreibst, versohl ich dir den Hintern.«

Grinch und ich blickten sie zutiefst unschuldig an.

Nachdem sie Türen knallend abgerauscht war, kam Jeannie, ihre Zwillingsschwester und Besitzerin des Shamrock, zu uns.

»Braucht ihr Arbeit?«

Grinch und ich sahen erst einander an und dann über unsere leeren Gläser hinweg sie.

»Klar, warum nicht, verdammt?«

Wir brauchten immer Arbeit. Und nachdem wir schon so lange in so vielen Bars auf der Bezahlerseite gehockt hatten, wussten wir, dass der Seitenwechsel nicht so schwierig sein konnte. Grinch fand, dass er vielleicht doch noch eine Weile bleiben könne.

Als wir uns am folgenden Tag in meiner Mittagspause trafen, fiel der Startschuss. Jeannie suchte nicht nur Barkeeper, sie wollte auch frisches Blut, das dem Laden neues Leben und Kapital einhauchte. Sie war schon zwanzig Jahre im Geschäft und hatte es gründlich satt, Säufer zu bedienen. Sie wollte nach Florida, um in der Nähe ihrer Kinder zu sein, und war nun bereit, den Laden in andere Hände zu geben.

Es war perfekt, ideal. Kontrolle über Jukebox, Video, Renovierung, Klientel. Beim Lunch besprachen Grinch und ich, welche Bands bei der großen Eröffnungsparty spielen würden. Wir wollten das fieseste, schrägste, abgefuckteste Publikum ranholen, das man in Philadelphia seit langem an einem Ort gesehen hatte, dazu abgefahrene Themenabende, Armdrücken, Spezialgetränke für Geisteskranke und eine Jukebox voller schlechter Musik.

»So ein Laden braucht heutzutage einfach einen Gimmick«, drängte Jeannie uns.

»Verdammt« – Grinch schlug mir mit seiner fleischigen Pranke auf die Schulter –, »wir sind doch die Gimmicks in Person!«

Am nächsten Tag nahm ich mir frei, und Grinch und ich fielen mit Tüten voller Dekokram in der Bar ein, um mit der Umgestaltung anzufangen. Als Erstes kam eine dreiteilige mexikanische Holzmaske an die Wand. Eine grinsende Fratze mit ausgestreckter Zunge, ein zorniger Ziegenkopf und ein überladenes Katzenmonster starrten nun herab; beim Hereinkommen sah man das als Erstes. Dann hängten wir Horror- und Sexfilmplakate auf, gut hundert der abgedrehtesten Postkarten, jede Menge Elvis, die Hörner von Grinchs Harley und ein seltsames religiöses Dokument aus Deutschland, das Grinch irgendwo aufgetrieben hatte. Das alles ergab keinen besonderen Sinn. Semantische Überlagerungen funktionieren am besten in einem apolitischen Kontext. Und besonders gut bei Saufbrüdern.

Jeannie hätte nicht glücklicher sein können. Wir hatten befürchtet, dass sie am einen oder anderen unserer Pläne Anstoß nehmen könnte, doch anscheinend fand sie alles großartig. Alles war toll. Alles *war perfekt*.

Insgeheim fragte ich mich doch ein wenig bang, worauf wir uns da eingelassen hatten. Jeannie wusste einen Dreck von uns, keiner von uns hatte Barerfahrung – und dennoch bot sie uns das Shamrock auf dem Silbertablett. Auch wir wussten nicht das Geringste über sie, und wir griffen zu.

Im weiteren Verlauf unserer Umgestaltungen und Planungen stellte ich das Grübeln ein und machte einfach mit. Laura erzählte ich gar nicht, dass ich eine Kneipe übernommen hatte. Das hatte noch Zeit. Grinch und ich besorgten für die Jukebox »Black Betty«, »If I Can Dream« und Sachen von Metallica und Conway Twitty, um die Sammlung von Scheußlichkeiten, die wir über die Jahre angelegt hatten, zu komplettieren, und entwarfen Anzeigen und Flugblätter.

Am ersten Tag unserer offiziellen Premiere als Barkeeper rief Jeannie uns zur Hintertür und flüsterte nervös: »Nur 'ne kleine Warnung. Ihr habt es hier mit einer ziemlich harten Opposition zu tun. Die mochten Renee nämlich. Habt ihr gehört, was sie vorhin über Kulte gesagt haben? Sie glauben, ihr seid Teufelsanbeter oder so was. Aber wenn wir uns Mühe geben, kriegen wir sie schon rum.« Sie drückte uns mütterlich die Arme, um uns zu verstehen zu geben, dass sie hinter uns stand. Wir vertrauten ihr.

Grinch und ich kannten uns mit harter Opposition aus, doch die trübe Beleuchtung des Shamrock konnte die lodernden Blicke, die man uns zuwarf, als wir hinter die Bar traten, nicht verbergen.

Zwei Tage und Abende überstanden wir, entschlossen, diese armen, besoffenen arbeitslosen Rüpel um jeden Preis rumzukriegen. Am Samstag kam Eddie, der die Bar am Wochenende machte, wir hatten also Zeit, für die kommende Woche die engültige Übernahme zu planen. Früh am Sonntagmorgen erhielt Grinch jedoch eine hektische Nachricht von Jeannie, er solle sie umgehend zurückrufen.

Am Samstagabend war es im Shamrock noch schlimmer als üblich gewesen. Sogar schlimmer, als wir geplant hatten. Die ohnehin nicht sehr zahlreichen Stammgäste hatten von komischen Schnitzereien, Ansichtskarten mit deformierten Händen und Schusswunden sowie der Bedrohung ihrer Anita Baker und Dire Straits in der Jukebox die Nase voll gehabt und beschlossen, dem Ganzen ein Ende zu machen.

Diese braven, anständigen Saufnasen, die immer ordentlich in die Kirche gingen, mit ihren pockennarbigen, geschwollenen Gesichtern erhoben sich wie ein Mann, ein einziger, heißer Kriegsschrei entrang sich ihren verwurmten Gedärmen, dann machten sie sich daran, das Shamrock zu Kleinholz zu verarbeiten. Sie zerschlugen die Maske, rissen Plakate und Ansichtskarten von den Wänden und johlten vor Zerstörungsfreude. Dann steckten sie den Laden in Brand und rannten grölend in die Nacht hinaus.

Jeannie war sich nun nicht mehr so sicher, ob wir ihre Kneipe übernehmen sollten. Oder das, was davon übrig war.

Der Traum zweier machtgeiler, perverser junger Säufer hatte eine knappe Woche gehalten. Es war nicht das Schlimmste, dass er in Rauch aufging, und es ergab sogar einen gewissen Sinn. Ich konnte es den alten Suffköppen nicht verdenken, dass sie den Laden abgefackelt hatten, wenn das sein musste, um Teufelsanbeter daran zu hindern, das Ding zu übernehmen. Eigentlich war ich sogar ziemlich erleichtert. Nachdem ich eingewilligt hatte, mich daran zu beteiligen, hatte ich Angst gehabt, jemandem zu sagen, dass ich hinter der Bar nicht das Geringste sah. So hell sie auch sein mochte, sie war nicht hell genug, dass ich dort arbeiten konnte.

Eine Woche später stieg Grinch auf sein Motorrad und fuhr zurück nach Chicago.

Ich hätte wissen müssen, dass es mit Grinch im Feuer enden würde.

Nach seiner Abreise nahmen Laura und ich unsere Hochzeitspläne wieder auf. Wir setzen Tag und Ort fest. Laura, die Linguistik und Spracherkennung studierte und jede freie Minute damit verbrachte, elegante, schöne Gedichte und kantige Avantgardestücke zu schreiben, beschäftigte sich auch ein wenig mit Architekturgeschichte, daher wollten wir nach Chicago fliegen, um uns in Frank Lloyd Wrights Unity Temple trauen zu lassen.

Danach wollten wir nach New York ziehen.

Ich hatte mir geschworen, nie nach New York zu ziehen. Niemals. Das tat doch jeder Idiot. Jeder zog nach New York. Doch die Fakultät der City University of New York meinte, Laura solle dort ihre Doktorarbeit fertig schreiben. Und das wollte sie gern.

Als sie mir von diesen Plänen erzählte, grinste ich nur bemüht. Sie hatte ja keine Ahnung, dass ich das nicht konnte, dass ich nicht da hinkonnte. Wo ich doch immer schlechter sah. Ich hatte Angst vor New York, vor der allmählichen Erblindung und vor beidem zusammen. Aber ich war auch zu stolz. Ich konnte und wollte niemandem meine Angst eingestehen. Nicht einmal mir selbst.

Am 1. Juni 1991 heirateten wir in Chicago. Im Juli zogen wir nach Brooklyn.

Eckige Typen im runden Museum

Die Idee klang nicht schlecht, als wir betrunken waren.

Laura und ich beschlossen, an Silvester zum Times Square zu fahren. Wir wohnten erst ein paar Monate in New York und glichen noch mehr Touristen, die ihren Radius erweiterten, als Ansässigen. Wir wollten kostenlose Unterhaltung. Wir wollten uns davon ablenken, dass ich wieder arbeitslos war und wir kaum die Miete für unsere enge Brooklyner Wohnung mit den zwei Katzen und zu vielen Büchern aufbringen konnten.

Um neun stiegen wir in Brooklyn in eine Bahn der Linie F Richtung 42nd Street in Manhattan. Am anderen Ende des Wagens schwangen sich einige betrunkene High-School-Jungen um die Haltestangen und tanzten auf den orangenen Plastiksitzen. Sonst war niemand im Wagen. Laura und ich waren ein nahe liegendes Ziel.

Einer der Jungs, ein dürrer Kerl mit Lederjacke und Papphut, kam herangewankt und beugte sich zu uns herunter: »Ich geb euch zwanzig Dollar, wenn ihr ein Stones-Album dabei habt.« Er lachte über seinen komischen Witz.

Ich musterte weiter seine schicken Turnschuhe, wobei mein Hut meine Augen verdeckte.

»Und? Habt ihr eins?«

Ich glotzte zurück. »Hau bloß ab, sonst setz ich dir ein Messer zwischen die Rippen.« Ich sah wohl so aus, als hätte ich eins dabei. Der Junge ging zu seinen Kumpels zurück und flüsterte mit ihnen.

Als der Zug am Stop of Doom hielt, stiegen Laura und ich aus. Oben angekommen, war die Ecke 42nd Street und Sixth Avenue ein Tollhaus. Es sah so aus, als finde ein Aufruhr statt, allerdings ein gedrosselter. Weder wurden Fenster eingeschlagen noch Autos umgekippt und in Brand gesteckt. Es waren nur zu viele Leute unterwegs, die von Cops in Schutzausrüstung weitergeschoben wurden.

Die Sixth Avenue war abgesperrt, also ließen wir uns mit der langsam vorandrängenden Menge, in der auch die Idioten mit ihren Lärminstrumenten steckten, den Broadway entlang Richtung Seventh treiben. Die Bullen hielten wahllos Feiernde an und klopften sie ab. Jeder zweite hatte eine Flasche dabei – Sekt, Whiskey, Wodka. Alkoholika waren auf der Straße verboten, Silvester hin oder her. Unter entsetzten Blicken öffneten die Cops die Flaschen und leerten sie in den Rinnstein.

Als wir an die Seventh Avenue kamen, war auch diese mit Absperrgittern und einem Kordon Polizisten abgeriegelt. Mit gezücktem Knüppel stupsten sie die Leute weiter zur Eighth.

Trotz der hellen Lichter konnte ich nicht gut sehen. Ich hatte keine Ahnung, wohin wir gingen, wohin wir getrieben wurden. Es erschien mir völlig plausibel, dass die Polizei uns in ein Lagerhaus in der Tenth lotste, hinter uns abschloss und das Ganze anzündete. Doch mittlerweile war an Umkehren nicht mehr zu denken. Es wäre dumm gewesen zu versuchen, sich gegen den Strom zu stemmen. Ich klammerte mich an Lauras Arm und ließ mich von ihr mitziehen.

Die Menge bog nach Norden auf die Eighth. Die

Querstraßen waren abgesperrt, also mussten wir auf der Avenue bleiben. Weitere blaue Polizeisperren, weitere Cops, die Ärger suchten. Alle paar Blocks zog ein Cop die Absperrung beiseite und ließ fünf, sechs Leute durchschlüpfen. Laura und ich waren Zeuge einer genialen und ziemlich simplen Massenkontrolle.

Irgendwo auf Höhe der Sechziger standen wir zufällig richtig, als die Absperrung geöffnet wurde, und wir konnten durchhuschen. Man sagte uns, wir sollten weitergehen und nicht stehen bleiben oder uns auch nur umsehen, bis wir an den Broadway kamen. Da wir nicht hinterrücks erschossen werden wollten, folgten wir den Anweisungen.

Im Fernsehen wirkt Silvester am Times Square wie eine ausgelassene, endlose Party, eine fließende Masse wahllos umherhüpfender Leute. Nichts dergleichen. Jeder Block war zu einem Viehpferch geworden. Laura und ich standen, zusammen mit weiteren zweihundert Partygängern, ausgekühlt und zitternd in einem Behelfsknast zwischen der 62nd und der 63rd. Es war fast Viertel vor elf, und ich konnte nicht mal die verdammte Kugel zwanzig Blocks weiter südlich sehen.

Natürlich hatten Laura und ich inzwischen jedes Interesse an der Sache verloren. Wir hatten die Nase voll von der gemeinschaftlichen Feier eines willkürlichen Datums.

Gehen hätte eigentlich einfach sein müssen. Wir waren nicht mehr in dem Menschenstrom; wir brauchten nur noch unter der Absperrung hindurchzuschlüpfen und zur U-Bahn zurückzulaufen. Man sollte meinen, die Cops hätten sich gefreut, dass wir gingen: zwei Leute weniger, auf die sie aufzupassen hatten. Doch kaum hatte ich mich gebückt, um drunter durchzukriechen, waren sie da.

»Gehen Sie wieder rein!«

»Ich will doch nur nach Hause.«

»Das geht jetzt nicht.«

»Das ... *geht* nicht?«

Laura half mir hoch und machte nun ihrerseits einen Vorstoß. Sie glaubte, da sie eine Frau war, würden die Cops netter zu ihr sein. Manchmal waren wir doch ziemlich blöd.

Als sie durchwollte, kam eine kleine Polizistin angerannt, setzte Laura ihren Knüppel auf die Brust und drückte sie zurück, gegen mich.

»Rühren Sie mich bloß nicht an«, knurrte Laura. Bei solchen Sätzen hat sie einen Blick – die totale Härte, man erstarrt sofort davon.

Die Polizistin zeigte auf einen anderen, größeren Cop ein paar Meter weiter. »Das da ist mein Vorgesetzter. Der hat gesagt, ich soll niemanden durchlassen.«

»Dann sagen Sie doch jetzt Ihrem Vorgesetzten, dass wir einfach nur nach Hause wollen. Meinem Mann ist übel, ich muss ihn hier rausschaffen.« Mir war auch tatsächlich übel, und zwar von der Menschheit, also entsprach das, was Laura sagte, durchaus der Wahrheit.

Unter den Polizisten an unserer Kreuzung entstand Unruhe. Walkie-Talkies quäkten, Cops, die nur herumgestanden hatten, gerieten in Bewegung. Die Polizistin kam wieder zu uns.

»Okay, Sie können jetzt gehen.«

»Verbindlichsten Dank«, sagte Laura.

»Aber wir brauchen noch ein paar Minuten, bis wir alles vorbereitet haben.«
»Was?«
»Wir müssen einen Korridor für Sie schaffen.«
»Was?«
»Um Sie rauszukriegen, müssen wir einen Gang frei machen.«
Laura und ich sahen einander an, dann die Polizistin. »Okay.«
»Also«, fuhr sie fort, »wenn ich Ihnen ein Zeichen gebe, rennen Sie los. Und zwar zu der Gruppe Polizisten an der nächsten Ecke. Dort sagt man Ihnen dann, wo Sie weiterkommen.«
Das Ganze wirkte wie ein ausgeklügelter Streich, den das NYPD den Leuten spielte, die nicht mitmachen wollten. So wie die falschen Cops in Disneyland, die einen verhaften, wenn man sich nicht amüsiert. Dennoch ließen wir es uns gefallen, verwirrt, weil wir nicht genau wussten, was wir erwarten oder sonst tun sollten. Vielleicht wartete dort ja ein ganz spezieller Pferch nur für uns allein. Unsere Polizistin brabbelte etwas in ihr Sprechfunkgerät, und jemand brabbelte zurück.
»Okay«, sagte sie zu uns, »los!«
Wir rannten. Wir trugen beide einen langen Mantel, die Straßen waren glatt von Eis und verschüttetem Sekt, doch wir rannten immer weiter. Ich warf einen kurzen Blick zurück, um zu sehen, ob jemand auf uns anlegte oder ob sie ihre Hunde losgelassen hatten. Nichts. Laura zerrte mich durch die leere, frostige Neujahrsnacht auf etwas zu: eine Gruppe von zehn Polizisten, die uns am Ende des Blocks erwartete.

Sie schleusten uns durch eine weitere Absperrung, keiner sagte ein Wort, und plötzlich waren wir allein. Wir hasteten durch die seltsam leeren, seltsam hell erleuchteten Straßen zum nächsten U-Bahn-Eingang, wo wir einen leeren Zug nach Brooklyn erwischten.

Gegen Viertel vor zwölf waren wir wieder in unserer Wohnung, im Warmen, bei den Katzen, da, wo wir etwas trinken durften. Wir zogen Mantel, Handschuhe und Stiefel aus, öffneten eine Flasche billigen Sekt und warteten, dass unsere Füße und Hände auftauten. Ich schaltete den Fernseher an. Da war der Times Square, ein Brei aus Tausenden winziger Gesichter, die sich alle großartig amüsierten. Laura und ich kuschelten uns auf dem Fußboden aneinander und sahen es uns an. Wir hatten es bequem, wir saßen, und wir waren allein. Um Mitternacht hörten wir eine gedämpfte Detonation. Wir sahen aus dem Fenster, wo im nahe gelegenen Prospect Park Raketen abgefeuert wurden. Heute Abend jedenfalls war endlich alles gut, besonders weil Laura die Sache für mich in die Hand genommen hatte.

Manches schaffte aber auch sie nicht. Bei manchen Dingen half auch noch so viel Logik nicht. Während des folgenden halben Jahrs blieb ich arbeitslos. Ich schickte meinen Lebenslauf herum; er verschwand im Äther. »New York ist ein hartes Pflaster«, sagte ich. »Da ist die Konkurrenz ganz schön heftig.« Aber das kann man nicht endlos sagen; irgendwann wird der mitfühlende Blick auf der anderen Seite des Tisches gereizt.

Als das Guggenheim Museum im Sommer 1992 nach Fertigstellung seines siebenstöckigen Anbaus wieder aufmachte, hatte der Museumsdirektor Thomas Krens eine Idee. Statt sich wie die meisten New Yorker Museen mit Privatwärtern zufrieden zu geben, machte das Gugg es den Europäern nach und ließ darbende Künstler für die Sicherheit sorgen. Sie würden nicht nur die Picassos und das Triptychon von Francis Bacon schützen wollen, sie konnten auch jederzeit mit Besuchern über die Kunstwerke sprechen und so die überbeanspruchten Museumsführer etwas entlasten.

Ich hatte weiter meine wöchentliche Kolumne im *Welcomat,* doch in dem Jahr, seit Laura und ich nach Brooklyn gezogen waren, hatte sich für mich nie auch nur der Hauch einer Chance auf Arbeit ergeben. Ich hatte ein Dutzend Vorstellungsgespräche absolviert, allesamt eine Katastrophe. Immerhin hatte ich das Glück, mit einer Kennerin Frank Lloyd Wrights verheiratet zu sein, als die Guggenheim-Anzeige in der Zeitung war. Laura erzählte mir alles über das Gebäude und gab mir einige Bücher zu lesen, damit ich beim Vorstellungsgespräch gut aussah.

Als ich in das Zimmer der Frau, die das Gespräch führte, eingelassen wurde, war mir sofort klar, dass sie noch schlechter sah als ich. Sie nahm meinen Lebenslauf und hielt ihn sich ganz dicht vors Gesicht, so wie ich es mit Büchern getan hatte, bevor meine Eltern merkten, dass sich dahinter ein Problem verbergen mochte. Das verschaffte mir eine potenzielle Chance: Ich konnte mein eigenes nachlassendes Sehvermögen erwähnen und so eine gemeinsame Basis mit dieser Frau herstellen. Oder sollte ich mich an die Architektur halten?

Ich hielt mich an die Architektur. Die meisten Leute in New York waren nicht besonders scharf darauf, einen Blinden einzustellen. Zumal, um auf unschätzbare Kunstwerke aufzupassen. Ein paar Tage nach dem Gespräch rief die Frau mich an, um mir zu sagen, ich hätte die Stelle.

Die anderen neuen Wärter waren überwiegend Künstler: Maler, Bildhauer, Architekten, Graphiker, Musiker, Tänzer, Schauspieler. Da darbende Künstler in New York von anderem Schlag sind als darbende Künstler in Mailand oder Genf, befanden sich in der neuen Mannschaft auch ein paar Junkies und Haschnasen, eine Hand voll Säufer, ein osteuropäischer Revolutionär im Exil, der eine oder andere religiöse Fanatiker und einige – darunter ein ehemaliger Marineangehöriger –, die sich ganz unverfroren als geisteskrank outeten. Wir wurden in passende italienische Designeranzüge mit breiten wattierten Schultern und hässlichen Seidenkrawatten gesteckt. *Rumms,* fertig war die Subkultur.

Die Arbeit an sich schien sehr einfach, aber in Wirklichkeit war sie tödlich: zehn Stunden täglich, vier Tage die Woche an einer Stelle stehen – und das im Guggenheim, dessen Raum ja fast durchweg ein Gefälle hat – und dafür sorgen, dass die Besucher nicht zu nahe an die Kunstwerke herangingen oder fotografierten (was den Postkartenverkauf im Souvenirladen beeinträchtigt hätte).

Die meisten Museumsbesucher haben ja keine Ahnung, was Wärter aushalten müssen. Folgendes erlebten meine Kollegen und ich während eines typischen Zehnstundentags: Horden tobender Grundschüler auf einem Ausflug trampeln rücksichtslos über eine Skulptur von Giacometti. Touristen, die protestieren: »Aber ich komme aus *Frankreich!*«, wenn man sie bittet, die Gemälde nicht zu berühren. Amerikanische Touristen, die mit der Begründung, im Museum gebe es keine echte Kunst, ihr Eintrittsgeld zurückverlangen. Greinende Künstler, die der Ansicht sind, dass wir dazu da wären, sie zu bedienen. Und eine Museumsverwaltung, die schon bald erkannte, dass es ein Fehler war, Künstler einzustellen, und alles in ihrer Macht Stehende tat, uns loszuwerden, ohne einen Arbeitsprozess zu riskieren.

Jeden Morgen vor meiner Schicht ging ich in die Mitte des Erdgeschosses und blickte zu der Rotunde und dem Oberlicht hinauf. Das Guggenheim ist ein bemerkenswertes, ein schönes Gebäude, das an jeder Ecke etwas Besonderes, ein raffiniertes Spiel nach Frank Lloyd Wrights Entwurf bereithält. Jeden Morgen sog ich die Schönheit meiner Umgebung auf, und sie hielt mich fast den ganzen Tag bei Laune. Es war um Längen besser, als in einem kleinen Raum zu arbeiten, auch wenn ich mit Publikum zu tun hatte. Diese Mauern um mich herum halfen mir dabei, die Leute zu vergessen, wenigstens ein paar Stunden lang.

Zu meinem Job gehörte auch, darauf zu achten, dass die Touristen nicht die ausgestellten Calder-Mobiles anpusteten. Wenn die Besucher fragten, warum sie das nicht tun dürften, sollte ich ihnen erklären, dass der gesammelte Speichel von Millionen Besuchern, die darauf pusteten, sich auf dem Kunstwerk ablagern, sich durch die Farbschicht und das Metall fressen und es schließlich zu Staub werden lassen würde.

Ich stand neben den *Three Leaves and Four Petals*, sagte »Bitte nicht pusten« oder »Denken Sie gar nicht erst dran, das anzupusten«, als eine reiche alte Dame mich anmoserte, weil sie das Kunstwerk nicht in Bewegung sehen durfte.

»Benutzen Sie doch einfach Ihre Phantasie, meine Dame«, sagte ich zu ihr. »So schwer ist das gar nicht.«

Sehnsüchtig betrachtete sie das Mobile. »Haben Sie schon einmal gesehen, wie es sich bewegt?«, fragte sie.

»Ja, ich glaube schon.«

»Ach, das war bestimmt ganz aufregend!«

»Tja, wenn man leicht erregbar ist«, antwortete ich knapp.

Ihre Augen wurden schmal und grau. »Nun, wenn Sie Künstler wären, würden Sie erkennen, wie kreativ es ist, und allein das wäre schon erregend.« Sie lächelte kalt, ohne mich dabei eines Blickes zu würdigen.

Jeder Wärter reagierte anders auf derartige Erlebnisse. Manche gaben vor, kein Englisch zu können. Manche wurden drakonisch, hielten die Ordnung mit kaum verhohlenen Gewaltandrohungen aufrecht. Ich wiederum griff auf semantische Interferenzen zurück. Ich streute in meine echten Informationen Unsinn ein, um die Leute zu verwirren und zu entwaffnen und sie schnell loszuwerden.

Eines Abends, es war bei einer großen Ausstellung von Lothar Baumgarten, einem bescheuerten Deutschen, dem man einen absurden Betrag bezahlte, damit seine Mannschaft von Azubis die Namen der Indianerstämme der Neuen Welt auf die Innenseite der Spirale malten, sprach mich eine Gruppe japanischer Touristen an.

»Entschuldigen Sie«, sagte ihre Dolmetscherin in zögerlichem Englisch, »können Sie uns sagen, was das hier sein soll?« Dabei zeigte sie auf die Namen, die an die Wand gemalt waren.

»Aber selbstverständlich«, sagte ich und verwandelte mich in den hilfreichen, bewanderten Aufseher. »Alle diese Namen, die Sie hier sehen, sind die Namen beliebter amerikanischer Snackgerichte. Jeder Amerikaner versucht, täglich einen oder mehrere dieser Snacks zu essen, und auf diese Weise feiern eben das Guggenheim und Mr. Baumgarten einen zentralen Bestandteil unserer Kultur.«

Sie nickte und lächelte dankbar, drehte sich zu ihrer Gruppe um und übersetzte. Als sie zu Ende war, lächelten sie alle, nickten, dankten mir und zogen weiter. Kurze Zeit später zirkulierte ein Memo, in dem uns Wärtern mitgeteilt wurde, wir sollten die Kunstwerke nicht mehr mit den Besuchern erörtern; uns war nur noch gestattet, ihnen mitzuteilen, wann die nächste offizielle Führung stattfand.

Die meisten Leute behalten ihre Scheißjobs ungefähr ein halbes Jahr länger, als ihnen gut tut. Ich ertappte mich bei dem Gedanken: Mein Gott, jetzt mache ich das schon ein Jahr – ein Jahr ist zu lang für alles. Es wurde langsam wieder Zeit, ins Ungewisse zu springen. Die Verwaltung nahm uns immer mehr Freiheiten. Anfangs Kleinigkeiten: Gratisexemplare von Ausstellungskatalogen, Kaffee im Pausenraum, den Wasserkühler. Bald schon wurden die Beiträge für die Krankenversicherung reduziert, dann schrumpfte das ohnehin nicht sehr üppige Gehalt.

Das Gebäude allein genügte nun nicht mehr, mich den ganzen Tag aufrecht zu halten. Abends schleppte ich mich mehr oder weniger kaputt nach Hause und trank mich dann in den Schlaf. Von meinen drei freien Tagen nach den vier Tagen Arbeit brauchte ich zwei, bis ich wieder halbwegs menschenähnlich geworden war, und am dritten musste ich mich für die nächsten vier stählen. Das war kein Leben.

Nachdem ich die Einjahresmarke erreicht hatte, begann ich auf meinem Posten zu halluzinieren. Nach sechs oder acht Stunden auf den Beinen blickte ich quer über die Rotunde und sah nur noch riesige Haarbüschel, die sich langsam die Steigung hinaufschoben. Gestalten auf Gemälden bewegten sich plötzlich und winkten mir zu. Ich verstand kaum mehr meine eigene Sprache. Ich fing an, während der Arbeit zu trinken, schluckte heimlich aus dem Flachmann, den ich in der Tasche hatte. Am erschreckendsten war, dass mir böse Gedanken durch den Kopf gingen und ich die ersten Pläne machte.

Bevor noch Blut floss, kündigte ich.

Laura verbrachte zwei, drei Tage die Woche in einem Sprachlabor in New Haven, daher waren meine Tage allein zu Hause leer und still. Ich hockte auf dem Boden und starrte auf meine Füße. Ich trudelte in eine gefährliche Depression. Ich wechselte von Wein zu Whiskey.

Dann und wann zwang mich etwas, die Wohnung zu verlassen. Das war immer gut. Deshalb hatte ich auch gern Arzttermine. Ein Neurologe begleitete das Fortschreiten meines Hirnschadens und versuchte, meine Anfälle unter Kontrolle zu halten; ein Augenarzt verfolgte den Niedergang meiner Augen; Internisten überwachten meine Nieren und die Leber – ich hatte also mindestens einen Arzttermin im Monat.

Ich bemühte mich, immer eine Stunde, manchmal auch länger, vor meinem Termin in der Praxis zu sein. Das befreite mich nicht nur aus der Enge der Wohnung, sondern verschaffte mir auch noch einen skurrilen Blick auf so manches hässliche Porträt der Conditio humana. Das Wartezimmer eines Neurologen ist viel lustiger als eine Notaufnahme oder eine Psychologenpraxis. In letzterer ziehen sich die Leute im Wartezimmer in sich zurück, starren auf den Boden, blättern schlaff in nutzlosen, uralten Zeitschriften. In der Notaufnahme geht's dramatisch und blutig zu, samt Gekreische und Schusswunden, aber es gibt da nichts Subtiles – die Tragödie spielt sich an der Oberfläche des Fleisches ab. Das Wartezimmer eines Neurologen hingegen bedarf detektivischer Arbeit. Es zwingt einen dazu, sein, ähm, Hirn zu benutzen und anhand von Hinweisen zu entschlüsseln, was mit den Leuten, die um einen herumsitzen, schief gelaufen ist.

Üblicherweise bestehen diese Hinweise nur aus stillem Zittern und Zucken, aus Geknurr, Gesabber und Gebrabbel. Manchmal muss man aber gar nicht lange raten. Bei einem meiner ersten Besuche im Wartezimmer der Neurologie des New York Hospital saß ich zwei angespannt wirkenden Frauen gegenüber. Es dauerte nicht lange, und ein knackiger junger Arzt schritt herein und setzte sich neben sie, ohne sich weiter zu bemühen, die Stimme zu senken.

»Mrs. Martin, der Tumor im Kopf Ihres Sohnes ist leider völlig inoperabel. Schon der Versuch hätte überhaupt keinen Sinn.«

Eine der Frauen stand langsam auf, griff sich in die Haare und fing an zu heulen.

Der Arzt, der offenbar geschwänzt hatte, als im Medizinstudium Sensibilität dran war, bemühte sich, so gut er konnte.

»Bitte beruhigen Sie sich, Mrs. Martin. Es besteht kein Grund ... *Bitte* setzen Sie sich, Mrs. Martin, Ihr Sohn hat noch gut zwei oder drei Wochen zu leben ...«

Bei diesem Neurologentermin war ich anderthalb Stunden zu früh dran. Ich saß im Wartezimmer, versuchte Henry Miller zu lesen, und wartete darauf, dass etwas Witziges passierte. Abgesehen von dem extrovertierten – will heißen, nervigen – alten Mann links von mir, der versuchte, die Italienerin rechts von mir davon zu überzeugen, dass er Rom besser kannte als sie, sprach kaum jemand. Dann machte ich eine neue Stimme an der Rezeption aus.

»Ich ... ich bin ein *Notfall!*«, sagte eine Frau. »Ich muss *sofort* zu Dr. McKimmon!«

Das war ausbaufähig.

Die Schwester rief kurz beim Arzt durch und sagte der Frau, sie solle sich setzen. Zum Glück setzte sie sich genau mir gegenüber, was mir die Mühe ersparte, mir den Hals zu verrenken. Sie war älter, vielleicht Mitte fünfzig, ein wenig übergewichtig. Was mich aber an ihr interessierte, war ihr Kopf, der verformt war: Er sah aus wie eine Erdnuss, die auf ihren Schultern balancierte. Und ihr Gesicht – ihr Gesicht bewegte sich in ungefähr vierzig Richtungen auf einmal. In ihren Augen stand die nackte Panik, und ihr Mund spie grunzende, schmerzvolle Geräusche aus. Möglicherweise trieb jemand ein Scanners-Spiel mit ihr, dann hätte ich mich allerdings wegsetzen sollen, damit mir nicht noch ihr Gehirn auf dem Schoß landete. Doch da kam auch schon der Arzt und nahm sie mit, bevor ihr Kopf explodierte, wonach ich mich wieder meiner Lektüre widmete.

Einige Zeit später meldete sich wieder der alte Mann. »Entschuldigen Sie, sind Sie ein Rockstar?«

Ich schaute mich um, ob einer der Ramones hereingekommen war, nur um festzustellen, dass der Mann mich ansah.

»Wie bitte?«
»Sind Sie ein Rockstar?«
»Ich glaube nicht.«
»Sie sind kein Rockmusiker?«
»Nein, Sir, nein.«
»Aber Sie sehen aus wie einer.«
»Nein.«
»Na, wenn Sie kein Rockmusiker sind, was machen Sie dann?«
»Also, ich schreibe komische Geschichten.«
»Sie schreiben komische Geschichten?«

Das Problem war nicht sein Gehör, nur sein Schädel war dreifach vernagelt.

»Ja, obwohl die meisten sie wohl nicht so schrecklich komisch finden.«

»Die finden sie nicht komisch? Sie wissen ja bestimmt, dass Komik und Tragik sehr eng verwandt sind.«

»Das war auch immer eine Lieblingstheorie von mir«, sagte ich.

Ich versuchte weiterzulesen. Ich wollte die Leute nur betrachten, nicht mich mit ihnen austauschen.

»Sagen Sie, junger Mann. Woher sind Sie?«

Mensch, wie ich diese Frage hasse.

»Ich bin eigentlich mehr oder weniger von überallher.«

»Sie klingen so, als kämen Sie vom Land.«

»Mhm.« Ich schlug ostentativ mein Buch auf und starrte auf eine Seite, auch wenn ich kein einziges Wort erkennen konnte. Mein Gehirn brüllte LassmichinRuheverdammt.

»Ich bin aus Brooklyn. Dort geboren und aufgewachsen.« Er tat so, als führte ich ein ganz normales Gespräch mit ihm.

»Hm.«

»Bestimmt fragen Sie sich, warum ich so einen seltsamen Akzent habe.«

Es klang wie Brooklisch – eine Mischung aus normalem Brooklyner und einem britischen Akzent.

»Eigentlich nicht.«

Endlich begriff er, aber noch immer gierte er nach einem Opfer. Er humpelte zur Rezeption und schnappte sich die Terminliste des Tages.

»Marjorie DeBonet? Ich kenne eine Marjorie DeBonet. Ob das wohl dieselbe Frau ist?«

Die Schwester an der Aufnahme machte ein unbeteiligtes Mhm.

»Ist das korrekt? Heißt diese Frau Marjorie DeBonet?«

»Eigentlich wird es ›De-bo-nat‹ ausgesprochen«, stellte die Schwester klar.

»Tatsächlich? Nicht eher De-bo-nei?«

»Nein, bestimmt nicht. Es wird auch nicht N-E-T, sondern N-U-T geschrieben.«

»Vielleicht ist es ja nur falsch geschrieben.«

»Es ist richtig geschrieben. Sie kommt alle zwei Wochen.«

»Ich glaube trotzdem, dass es ›De-bo-nei‹ ausgesprochen wird. Ist sie aus Frankreich?«

»Nein, von den Bahamas.«

Ich begriff nicht, wie diese Schwester so ruhig bleiben konnte. Ich war kurz davor zu platzen, und dabei redete der Mann nicht einmal mit mir.

»Den Bahamas? Spricht sie denn Französisch?«

»Sie spricht sechs oder sieben Sprachen.«

»Tatsächlich? Ist sie ungefähr in meinem Alter?«

»Nein, sie ist eher Mitte dreißig.«

»Eine kräftige Frau? Starkknochig?«

»Nein … sie ist sogar ziemlich schlank.«

Ich hielt es nicht mehr aus. Etwas in meinem Gehirn – wahrscheinlich nahe an meiner Läsion – flippte völlig aus.

»Wann kriegen Sie es endlich in Ihren blöden Schädel!«, brüllte ich. »Sie ist nicht dieselbe Frau!«

Plötzlich starrten mich alle im Wartezimmer an.

»Was ist?« Ich starrte zurück.

Sie wandten sich wieder von mir ab, und der alte Mann hielt beinahe eine ganze Minute den Mund, um dann weiter auf die Schwester an der Rezeption einzureden.

»Sprechen die Patienten Sie öfters darauf an, dass sie alt werden?«

»If I Can Make It There ...«

Im Juli, ein Jahr nach meinem Abgang aus dem Guggenheim, kam eine gute Nachricht. Eine Manhattaner Wochenzeitschrift, die *New York Press,* übernahm den »Blindfisch«. Seit meinem Umzug nach New York hatte ich mit den Redakteuren der Zeitschrift in Kontakt gestanden; sie kannten die Kolumne und fanden sie auch nicht schlecht, aber sie wollten sie nicht bringen, solange sie parallel noch in Philadelphia erschien. Ich war noch nicht bereit, den »Blindfisch« von Philly abzuziehen; Derek vom *Welcomat* verdankte ich alles. Ich wollte ihn wegen einer Sache, die ich vielleicht in New York machen konnte, nicht hängen lassen.

Gelegentlich schrieb ich ein kleines Stück für die *Press,* hier und da eine Musikkritik, einen kurzen Text über eine Bowlingbahn in Staten Island, nichts Großes. Als beim *Welcomat* ein neuer Herausgeber anfing, ein geistloser Mann mit kleinen Schweinsäuglein, wusste Derek, dass es Zeit war zu gehen. Mit seinem Abgang stand außer Frage: Auch der »Blindfisch« musste gehen. Das war Ehrensache.

Die *New York Press* war ein abgedrehtes, schillerndes, wütendes, witziges Alternativblatt, angefüllt mit irrem Zeug und in Ich-Form gehaltenen Geschichten über schreckliche Erlebnisse. Nach beinahe sechs Jahren, in denen der »Blindfisch« Woche für Woche in Philadelphia erschienen war, siedelte er nach New York über, ohne eine Woche auszulassen.

Wieder hatte ich ein kleines Einkommen, besser

als das in Philly, aber auch das reichte nicht für meinen Mietanteil. Ich musste noch etwas anderes tun.

Dann fielen mir meine Augen ein.

Der Gedanke, beim Staat zu schmarotzen, kollidierte frontal mit meinen persönlichen Moralvorstellungen und meinem Stolz. Dennoch dachte ich darüber nach und kam zu dem Entschluss, wenigstens mal einen Sozialarbeiter aufzusuchen, um zu erfahren, was für mich drin lag. Meine Augenärztin hatte mir bestätigt, dass ich Retinitis pigmentosa hatte, dass man nichts dagegen tun könne, dass ich über kurz oder lang erblinden würde und dass ich, medizinisch kurz gefasst, schon jetzt rechtlich gesehen blind sei.

Ich konnte zwar noch ganz gut lesen und kam bei hellem Tageslicht auch ordentlich auf der Straße zurecht, aber ich verlor zunehmend meine Tiefensicht, und mein Blickfeld war so eingeschränkt, dass ich beim Gehen den Kopf nach rechts und links drehen musste, um erkennen zu können, was vor mir lag. Ich erkannte entgegenkommende Menschen, aber selbst bei bestem Licht stolperte ich über Dinge, die dicht am Boden waren, etwa Bordsteine oder Baumwurzeln. Mit jedem Tag wurde es schwieriger.

Ärzte, Psychologen und Laura hatten mir in den Ohren gelegen, es mit einem Behindertenausgleich zu versuchen, da ich blind würde und offensichtlich nicht in der Lage sei, mir auf normale, einigermaßen menschliche Art und Weise meinen Lebensunterhalt zu verdienen. Mein Onkel Tom hatte über dreißig Jahre lang von Behindertenschecks gelebt. Aber der hatte auch in einer Wohnwagensiedlung in Nordwisconsin gehaust. Ich hatte mich immer davor gescheut, aber ich wusste nicht mehr, was ich sonst tun sollte.

Nachdem ich mich endlich mit diesem Gedanken angefreundet hatte, saß ich im Wartezimmer meiner Sozialarbeiterin. Nach den wenigen Minuten, die ich dort saß, war es aber auch schon wieder damit vorbei.

Die Sozialarbeiterin schien anfangs ganz freundlich. Sie war etwa Mitte vierzig, kurze Haare, verhärmt; sie sah älter aus, als sie am Telefon geklungen hatte. Ich wurde in ein winziges, karges Büro geführt und gebeten, Platz zu nehmen.

»Wie geht es Ihnen?«

»Im Augenblick gut.«

Besorgnis verdüsterte ihr Gesicht. »Glauben Sie, das ändert sich?«

»Es ändert sich täglich, meistens zwischen fünf und sechs. Dann bricht alles zusammen. Alles stirbt.«

Eine blöde Antwort. Ich war nicht da, um über meinen Geisteszustand zu reden, sondern über meine Augen. Und ich wusste noch nicht, dass diese Frau die Hälfte ihrer Zeit als Psychotherapeutin arbeitete. Auf dieser Schiene war sie nun, und ich konnte nichts mehr tun, um sie da runterzubringen.

Sie ließ sich kurz meine Krankengeschichte erzählen und fragte mich dann, welche Medikamente ich nähme.

»Also, ich nehme täglich ein Gramm Tegretol gegen meine Anfälle, fünf siebenunddreißig-Komma-fünf Effexors gegen meine Depressionen, aber die bringen null, und fünfzehntausend Einheiten Vitamin A für meine Augen, aber das bringt auch nicht viel.«

»Andere Drogen? Etwa Kokain?«

Meine Güte. »Nein.«

»Und was nehmen Sie noch?« Sie war offenbar überzeugt davon, dass ich von etwas abhängig war. Allmählich wurde ich sauer. Ich war bei ihr, weil ich blind wurde, nicht weil ich auf Crack war. Dennoch versuchte ich, ihr weiter zu helfen.

»Ich rauche. Trinke drei Kannen Kaffee am Tag. Und ich trinke Alkohol.«

»Wie viel Alkohol trinken Sie?«

Ich spürte, dass es mit ihrer Fragerei jetzt ausartete, trotzdem gab ich ihr eine grobe Schätzung meines täglichen Konsums.

»Hat Ihnen schon mal jemand gesagt, dass das zu viel ist?«

»Es war schon mal viel schlimmer. Ich hab mich schon seit Monaten nicht mehr übergeben. Das heißt, wegen Alkohol.«

»Hat Ihnen schon mal jemand gesagt, dass *ein* Glas schon zu viel ist?«

Ich saß in einem winzigen, fensterlosen Raum mit einer Missionarin fest.

»Nein, das nicht, Ma'am.«

»Würden Sie sich als Alkoholiker bezeichnen?«

Jedes Mal, wenn ich diese Frage höre, komme ich mit dem alten Satz von Jackie Gleason: »Nein, Ma'am, ich bin ein Säufer. Alkoholiker gehen zu Treffen.«

»So, finden Sie? Haben Sie schon einmal an die AA gedacht?«

»Die Anonymen Alkoholiker sind ein religiöser Kult.«

»Sie meinen, sie tragen Kapuzen und zünden Kerzen an?«

»O ja, das meine ich, Ma'am.«

»Möchten Sie mit dem Trinken aufhören?«

»Ganz bestimmt nicht, Ma'am.«

Ich bemühte mich, so höflich wie möglich zu sein, aber allmählich wurde ich stinksauer. Deswegen war ich nicht hier.

»Warum sind Sie dann hier?«, fragte sie, lange nachdem sie ihr Urteil über mich gefällt hatte und zu dem Schluss gelangt war, dass ich auch so ein haltloser Süchtiger war, der den schnellen Dollar machen wollte, um seine Sucht zu bedienen.

»Ich habe Retinitis pigmentosa. Bevor ich zu Ihnen kam, habe ich mit meiner Augenärztin gesprochen. Sie bestätigt, dass ich rechtlich gesehen blind bin. Es fällt mir wahnsinnig schwer, Arbeit zu finden. Es ist ziemlich schlimm, wenn ich zu einem Vorstellungsgespräch gehe, gegen den Tisch renne und mich dann an der Wand entlang zum Stuhl vortasten muss. Von dem Augenblick an geht die Sache meistens in die Hose. Deshalb wollte ich gern wissen, was für Unterstützungsmöglichkeiten es für mich gibt.«

Das mit dem Vorstellungsgespräch stimmte nicht so ganz, aber ich war ein verzweifelter Mann in verzweifelten Umständen. Ein Freund von mir, der sich über den Umgang mit Sozialarbeitern erkundigt hatte, hatte gemeint, ich solle nicht einfach sagen: »Ich hätte bitte gern viel Geld.« Ich war ganz ruhig. Deutlich, aber ruhig. Glaubte ich jedenfalls.

Es half nichts. Sie interessierte sich nicht für meine Blindheit. Als Psychotherapeutin interessierte sie sich für suizidale Depressionen, und als vermutlich geheilte Alkoholikerin interessierte sie sich für Trunksucht. Sie fragte mich nach meinem Einkommen, meinem Familienleben, meinem Hirnschaden, und dann erzählte sie mir, nachdem sie noch in irgendwelchen Papieren auf ihrem Schreibtisch geblättert hatte, als Einziges könne ich mir Hoffnungen auf Sozialhilfe, Gesundheitsfürsorge und Lebensmittelmarken machen.

Ich spürte, wie die Übelkeit in mir hochstieg. Nein. Das würde ich nicht tun, denn ich konnte es nicht. Der alte Knipfelstolz erhob sein Haupt und brüllte. Zwischen Sozialhilfe und Invalidität war ein großer Unterschied. Jedenfalls für mich. Ich erinnerte sie daran, dass ich nicht bei ihr saß, weil ich einsam, depressiv und ein Trinker war, sondern weil ich in wenigen Jahren vollkommen blind sein würde, weil es brutal für mich war, mich durch U-Bahn-Stationen zu tasten. Sie gab mir den Rat, mich bei der Metropolitan Transit Authority nach ermäßigten Fahrkarten für Sehbehinderte zu erkundigen. Dann sagte sie, ich solle meine emotionalen Schmerzen auf einer Skala von eins bis hundert einschätzen.

»Ich würde sagen, im Moment bin ich etwa bei achtundachtzig.«

»Trinken Sie deshalb?«

»Ich könnte deshalb jetzt einen Schluck vertragen.«

»Wissen Sie, diese Zwölfstufenprogramme helfen wirklich.«

»Klar, wenn man ein rückgratloser Feigling ist, der gut kriechen kann. Aber deswegen bin ich nicht hier, Ma'am.« Vielleicht gehörte Demütigung ja dazu, als erste Stufe.

Während sie die Nummer des Sozialamts heraussuchte, fragte sie, was ich denn so schriebe.

»Ach«, sagte ich abwesend, »ich schreibe lustige

kleine Geschichten über die blöden kleinen Abenteuer, die mir so passieren.«

»Na, beim Sozialamt wartet dann jede Menge Stoff auf Sie. Es ist ein *Albtraum*.« Sie grinste.

Ich kicherte matt zurück. »Und was ist mit meinen Augen? Wie läuft das mit der Invalidität?«

Sie überlegte. »Also, abgesehen von der Transit Authority und staatlicher Unterstützung kann ich Ihnen zu wenig raten. Wenn Sie tatsächlich rechtlich gesehen blind sind, wie Sie sagen, und wenn Sie über Unterlagen verfügen, die das belegen, könnten Sie es ja mit einer Therapie zur beruflichen Wiedereingliederung versuchen, aber dafür bräuchten Sie auch die Krankenfürsorge.«

Wie bitte? Sie glaubte mir nicht? Warum sollte ich wohl so etwas Blödes erfinden? Da habe ich doch eine bessere Phantasie.

»Was würde mir das bringen?«

»Da könnten Sie kochen lernen ... Vermutlich kocht meistens Ihre Frau ...?«

Es war nicht zu fassen. War das irgend so eine idiotische Gehirnwäsche-Psychotechnik?

»Ich koche verdammt gut, Ma'am. Und ich kann fegen, und manchmal mache ich sogar die Wäsche.«

Sie redete, als hätte ich kein Wort gesagt, weiter übers Trinken, über die Depressionen und schob jedes Dilemma, in dem ich mich befand, auf den Dämon Wein. Für sie war mein Hirn geschädigt, weil ich trunksüchtig war, ich war aus dem Graduiertenstudium geflogen, weil ich trunksüchtig war, ich blieb bei keinem Job, weil ich ...

»Solange Sie sich weigern zuzugeben, dass Sie ein Problem haben, kann ich nichts für Sie tun.«

»Kleine Sünden bestraft der liebe Gott sofort«, murmelte ich.

»Vielleicht überlegen Sie sich mal, ein halbes Jahr ganz damit aufzuhören, nur um zu sehen, was das für ein Unterschied ist.«

»Ma'am, ich habe die ersten zwanzig Jahre meines Lebens praktisch keinen Tropfen getrunken, und genau *deshalb* hab ich angefangen.«

Ich raffte meine Sachen zusammen und verließ ihr Büro. Während ich meinen Mantel anzog und nach der Zigarettenschachtel in der Tasche langte, um eine herauszuziehen, dachte ich: Scheiß drauf. Aufrecht oder auf Knien. Immer geht's allein darum. Aufrecht oder auf Knien.

Ich zerknüllte den Zettel mit den Telefonnummern, den sie mir gegeben hatte, warf ihn auf den Boden und steuerte die nächste Bar an.

»Drehen Sie sich um.«

Hm?

»Kommen Sie, drehen Sie sich um, wir müssen Sie röntgen.«

Das sind die ersten Worte, an die ich mich erinnere. Davor ging ich die Straße entlang, wollte mich mit Laura und einem Freund zu einer Matinee treffen. Jetzt war ich – ja, wo nur, verdammt? Ich drehte mich für wen auch immer um und wurde wieder bewusstlos.

Seltsam, was man alles hinnimmt, wenn man keine Ahnung hat, was überhaupt los ist. Ich trage eine Halskrause. Oh, das Kissen ist ja voller Blut. In den vergangenen Wochen hatte sich etwas Schlimmes zusammengebraut. Ich war immer tiefer in eine wellenartig auftretende Depression gestürzt und bezahlte für die wenigen schönen Momente mit Tagen und Wochen bitteren Elends. Das Trinken, das immer eine billige Entschuldigung gewesen war, um die Schmerzen zu betäuben, war außer Kontrolle geraten. Und jetzt hatte ich es versaut. Wieder mal.

Als ich das nächste Mal in dem Klinikbett aufwachte, zu beiden Seiten Geschrei und Geheule, wedelte ich mit dem freien Arm herum, bis das Gesicht einer Schwester auf mich herabblickte.

»Ja?«

»Entschuldigen Sie, aber könnten Sie mir sagen, was zum Teufel mit mir passiert ist?«

»Das wissen Sie nicht?« Sie ging weg, worauf ich wieder in Ohnmacht fiel. Davor war mir nur kurz bewusst geworden, dass ich im linken Arm einen Haufen Nadeln stecken hatte und dass ich dringend meine Blase erleichtern musste, aber wie ich hierher gekommen war, wusste ich noch immer nicht. Auch nicht, wo »hier« überhaupt war.

Als ich die Augen wieder aufschlug, blickte ein chinesischer Arzt auf mich herab. »Sie waren sehr betrunken«, sagte er. »Sie erinnern sich nicht, was passiert ist?«

»Kann ich nicht behaupten.«

»Sie waren sehr betrunken, sind ohnmächtig geworden und haben sich den Kopf aufgeschlagen. Danach hatten Sie einen sehr schweren Anfall.«

Nach und nach kam alles bruchstückhaft zurück. Ich hatte mich mit einem Freund zum Lunch getroffen. Ich hatte die erste Runde bestellt. Ich erinnerte mich vage daran, das Restaurant verlassen zu haben. Danach war ich irgendwo im East Village und versuchte, zu dem Kino an der 11th Ecke 3rd zu gelangen. Wo ich war, wusste ich nicht so recht. An das Weitere konnte ich mich nicht erinnern.

Ich winkte eine Schwester her, um sie zu fragen, ob jemand meine Frau benachrichtigt hatte. Sie ging wortlos wieder weg. Ich musste noch immer pissen und konnte schließlich einen Pfleger davon überzeugen, dass es mir damit ernst war. Er brachte mir einen Plastikbecher.

»Was soll ich denn damit?«, fragte ich ihn.

»Halten Sie ihn sich zwischen die Beine.«

Ich versuchte es, den Arm voller Schläuche, um mich herum Gejammer: »Ich brauche einen Arzt! Gott, hilf mir, einen Arzt!«, während Schwestern an mir vorbeigingen, mir das Nachthemd heruntergezogen und sagten: »Na, das müssen Sie aber schon zugedeckt lassen.«

Ungefähr neun Stunden nach meinem ersten Blackout rief Laura zum dritten Mal im Bellevue-Krankenhaus an – wo ich war, ohne es zu wissen –, nachdem sie verzweifelt nach mir gesucht hatte. Sie hatte bei Polizeiwachen angerufen, in Krankenhäusern, bei der Transit Authority. So lange, bis Viertel vor elf nämlich, hatte es gedauert, bis mein Name in den Computer des Krankenhauses gelangt war.

Während ich also dalag wie der letzte blöde, hoffnungslose Trottel, verhandelten Laura und zwei unserer Freunde mit der Verwaltung des Bellevue.

»Hat der Arzt Ihnen alles gesagt?«, fragte eine Schwester meine Frau.

»Also, woher sollte ich wissen, dass er mir nicht alles gesagt hat?«, antwortete sie, typisch University of Chicago-Absolventin. Der Arzt hatte sie wiederholt gefragt, ob es ihr gut gehe und ob ich schon einmal bei den AA gewesen sei.

Laura schien nicht besonders beglückt, mich zu sehen, und ich kann es ihr nicht verdenken. Gegen halb eins wurde ich entlassen, mit einer Rechnung, auf der mein Name falsch geschrieben und auch Adresse, Telefonnummer, Geburtsdatum und Sozialversicherungsnummer falsch eingetragen waren. Meine Haare waren blutverklebt, mein Hinterkopf fühlte sich weich an, und wegen der Tetanusspritze, die sie mir gegeben hatten, konnte ich die linke Schulter nicht bewegen.

Während ich meine Klamotten überwarf, zog ich Bilanz. Ich war auf der Straße ohnmächtig geworden, hatte einen Anfall gehabt und Gott weiß wie lange dort gelegen, dann hatte man mich ins Bellevue gebracht. Wer weiß, was dabei alles verschwunden war? Geldbörse und Schlüssel hatte ich noch, dazu drei Dollar Bargeld. Meine silberne Anstecknadel mit dem geflügelten Augapfel steckte noch im Revers meines Jacketts, die Kippen waren noch da. Das Feuerzeug. Die erste (und einzige) Ausgabe von *The Suicide Cult,* das erste von vielen Taschenbüchern über das Jonestown-Massaker. Die Wegbeschreibung zum Kino.

»Vermutlich haben die Ambulanztypen es nicht für nötig gehalten, meinen Hut mitzunehmen, oder?«, fragte ich ohne große Hoffnung.

Laura langte hinter mich, nahm ihn vom Bett und drückte ihn mir auf den Kopf. Beim Hinausgehen griff ich in die Jackentasche. Eine Sache fehlte noch.

»Ach, Scheiße.«

»Was ist denn?«

»Jemand hat meinen Schlagring geklaut.«

»Na, wahrscheinlich legen sie keinen gesteigerten Wert auf bewaffnete Patienten in der Notaufnahme.«

»Tja, wahrscheinlich.«

Ich hatte schon Schlimmeres erlebt, war dem großen Schlaf schon näher gewesen, aber irgendwie rüttelte mich dieser Fehltritt mehr auf als die anderen. Anscheinend wurde ich alt, und wenn ich noch älter werden wollte, wurde es wohl Zeit, mir so einiges zu überlegen. Die Krönung des Tages erwartete mich in der Post auf dem Küchentisch, als ich nach Hause kam. Irgendeine reizende anonyme Seele aus Philadelphia hatte mir eine Postkarte geschrieben, auf der in sehr ordentlichen roten Lettern stand: »ARSCHLOCH – ich bete um deinen Tod.«

Am nächsten Morgen sagte mir Laura, sie könne ein solches Verhalten nicht mehr ertragen, sie könne es einfach nicht mehr, und wenn so etwas noch einmal vorkomme, werde sie abhauen.

Ein paar Wochen später packte Laura einen Koffer und zog aus, obwohl ich weder auf der Straße ohnmächtig geworden war noch mich voll gekotzt hatte. Sie hatte die Nase voll von mir.

In der einen oder anderen Form waren Laura und ich bis zur Heirat vier Jahre zusammen gewesen und danach noch mal vier Jahre. Jetzt war alles aus. Ich legte Sinatra auf, goss mir einen Whiskey ein und legte mich auf den Fußboden.

»Was ist?«, fragte ich sie, als sie bald darauf kam, um noch ein paar Sachen abzuholen.

Sie schüttelte den Kopf über meine Frage, lächelte bitter aus dem Fenster und murmelte: »Nichts.«

»Komm mir nicht so. Was ist los?«

Schweigen.

»Weißt du, du bist auf dem besten Weg, dich umzubringen«, sagte sie schließlich.

»Na und?«

»Na und? Was willst du dagegen unternehmen?«

»Vielleicht ein bisschen härter daran arbeiten.«

Am Anfang unserer Beziehung, als ich einmal im Monat mit dem Greyhound zehn Stunden von Minneapolis nach Chicago fuhr, um sie zwei Tage zu besuchen, war Wein ein integraler Bestandteil dessen, was uns zusammenhielt. Kaum war ich bei ihr angekommen, wurde auch schon die erste Flasche aufgemacht, und so ging es weiter. Das war die gute Zeit. Wir verließen kaum mal ihre Miniwohnung, Essen ließen wir uns kommen, wir wollten *Der Nachtjäger* gucken, vergaßen es dann aber. Wenn wir tranken, waren wir glücklich; es war Liebe aus der Flasche.

Als wir nach Philadelphia zogen, bezeichnete Laura sich stolz als Saufnase. Als ich zu einem rasenden, sich selbst verstümmelnden Monster verkam, was die Folge meines damals noch unentdeckten Gehirnschadens war, nahmen wir uns noch immer Auszeiten an den Wochenenden, deckten uns mit Rotem, Weißem und Bourbon ein, zogen uns erst gar nicht an, kochten für einander und hielten uns vom Nüchternsein so fern wie nur möglich. Solange ich mein Gehirn unter Kontrolle hatte, solange wir

Philly ignorieren und draußen vor der Tür lassen konnten, war alles gut.

Noch in der ersten Zeit in Brooklyn, als ich am Gugg war und wir uns ab und zu mal ein bisschen was leisten konnten, hielt uns der Wein zusammen. Wir kauften zwei Kisten billigen französischen Weißwein und erledigten sie an einem Wochenende. War das Geld knapp, holten wir uns eine Vierliterflasche, kühlten sie, machten sie auf und stellten sie auf den Küchentisch. Immer wenn wir daran vorbeigingen, füllten wir die Gläser neu. Das reichte für ein paar Stunden.

Aber dann änderte sich etwas. In meinem Tran fand ich, dass Lauras Stehvermögen nachließ. Sie hatte immer Flasche um Flasche, Kippe um Kippe mitgehalten, doch nun wurde sie langsamer. Sie beschwerte sich, dass sie nur ein paar Schluck pro Flasche abbekam, bis sie schließlich darauf bestand, dass jeder sein eigenes Glas hatte. Dann beschwerte sie sich, dass sie nur ein Glas von einer Flasche abbekam. Oder von zwei Flaschen.

Ich musste ihr versprechen, dass eine 0,7-Flasche Wild Turkey oder Brandy wenigstens zwei Tage halten würde. Erst dachte ich, es liege am Geld; was wir pro Woche für Alkohol ausgaben, konnten wir uns eigentlich gar nicht leisten. In Kneipen gingen wir nur noch bei besonderen Anlässen. Aber im Lauf der Monate begann sie immer mehr zu drängen, bis sie mich in jener Nacht aus dem Bellevue abholen musste. Und da war's dann aus mit uns.

Manche trinken, weil Weihnachten ist und sie feiern wollen, andere trinken nur, weil Weihnachten ist.

Man kann sagen, dass ich in die zweite Kategorie gehörte.

Ich weiß nicht recht, wie das kam. Als ich klein war, war ich wie jeder Junge aus dem Mittelwesten ganz aufgeregt, wenn die Feiertage nahten. Ich stellte Plätzchen und Milch für den Nikolaus hinaus; ich fragte nicht groß, wie genau er zu jedem Haus auf der Welt kommen konnte. Solange er zu meinem kam, war alles gut. Darin schwelgte ich, erfüllt von warmer, freudiger Gier.

Aber damals ist dann irgendwas passiert. Irgendwas irgendwo zu Staub geworden. Ich erinnere mich, dass ich mit fünfzehn oder sechzehn im Wohnzimmer meiner Eltern im Dunkeln saß, auf dem Sessel neben dem Weihnachtsbaum, in der Nase den berauschenden Duft frischer Fichte, und dass ich aus dem Fenster auf die Lichter schaute, die an den anderen Häusern in der Straße blinkten, und dass ich innerlich völlig tot war. Damals schwor ich mir, das Fest fortan zu ignorieren, so gut ich konnte. Wohl kaufte ich Leuten Geschenke; ich wollte ja nicht gehasst, sondern nur in Ruhe gelassen werden.

Nach Lauras Abgang fiel es mir viel leichter, mich zu verkriechen und nicht zur Kenntnis zu nehmen, dass der Rest der Bevölkerung herumlief und vorgab, von Festtagsfreude erfüllt zu sein. Sie hatte immer einen kleinen Baum aufgestellt oder den Gummibaum geschmückt, Lichter aufgehängt und jede Menge Sachen mit Preiselbeeren drin gebacken. Am ersten Feiertag hatte sie tatsächlich auch einen Truthahn zubereitet. Das alles hatte etwas schrecklich Traditionelles gehabt.

Mein erster Heiliger Abend allein war frostig,

aber durchaus erträglich. In dem Jahr lag nicht viel Schnee. Ich weiß nicht, was mir da durch den Kopf ging, in der Wohnung war genug zu trinken, jedenfalls setzte ich meinen Hut auf, zog den langen schwarzen Mantel an und ging raus. Zwar hatte ich außer meiner Kolumne noch immer keine Arbeit, aber da es mir in der vergangenen Woche gelungen war, ein paar Schulden einzutreiben, hatte ich Spielgeld in der Tasche. Ich nahm die Bahn nach Manhattan, stieg im East Village aus und suchte nach einer Bar, die nicht dem Weihnachtswahn verfallen war.

Ich schaute ins Milano's, eine lange, schmale Altmännerkneipe in der Houston Street. Da war ich noch nie drin gewesen. Vier Männer saßen an der Bar, und soweit ich sah, war nichts geschmückt, keine Kränze, nichts. Ich öffnete die Tür, trat in die Wärme und ließ die Tür hinter mir zufallen. Als ich mich auf einen Hocker am Ende der Theke setzte, schaute keiner auf. Die Männer waren nicht zusammen, sondern saßen im Abstand von ein, zwei Hockern da, starrten in ihre Gläser und pulten geistesabwesend das Etikett von der Flasche. Alle hatten sie einen schweren Mantel an, alle einen Hut auf, alle waren sie mindestens doppelt so alt wie ich. Die zermürbte Verlebtheit ihrer Gesichter sagte mir, dass dies nicht der erste Heilige Abend war, den sie hier verbrachten. Ich bestellte einen Wild Turkey, bezahlte, steckte mir eine Zigarette an und kauerte mich wie die anderen über mein Glas.

Ich kippte den Whiskey und bestellte noch einen. Im weiteren Verlauf des Abends stellte ich auf Bier um. Die beiden Whiskeys hatte ich gebraucht, um in Gang zu kommen.

Einer meiner Genossen ging zur Jukebox. Ich fürchtete schon, er werde »Blue Christmas«, »Merry Christmas, Baby« oder so was drücken. Wenn er das tat, würde ich gehen müssen. Aber einige Sekunden später ertönte Sinatra mit »I'm Not Afraid«. Ich habe es Sinatra nie abgenommen, wenn er das sang, aber das wurde wohl auch nicht von mir erwartet. Das Lied brachte mich zum ersten Mal seit Monaten zum Lächeln. Verdammt, wir alle, wir fünf, die wir hier saßen, hatten Angst, aber wir hätten es nie zugegeben.

Obwohl wir kein Wort miteinander wechselten – keiner sagte ein Wort, es sei denn zum Barkeeper –, gingen wir abwechselnd zur Jukebox und drückten noch einen Satz Sinatra, Tony Bennett oder wieder Sinatra. Und obwohl keiner etwas sagte, wurde jedes neue Lied mit stummer Zustimmung begrüßt, indem ein Finger gegen die Flasche tippte oder ein Kopf im Takt mitwippte.

Der Barkeeper gab uns die eine oder andere Runde aus, ohne dabei »Fröhliche Weihnachten« zu sagen. Hin und wieder ging die Tür auf, und Leute kamen herein, einige zu zweit oder dritt, aber sie blieben nie länger als auf ein Glas. Vielleicht gingen sie so schnell wieder, weil eine Party auf sie wartete; ich aber stellte mir lieber vor, dass sie von der vereinten psychischen Kraft fünf alter Männer vertrieben wurden, die an diesem freudenreichsten aller Feiertage nicht belästigt werden wollten.

Tatsächlich umgab uns jedoch eine Wärme, eine unausgesprochene Kameradschaft. Wir wussten alle, was gespielt wurde, und wir wussten alle, dass wir haushoch verloren hatten. Wir waren ausgesperrt, doch das war egal. Wir hatten unser Bier, unseren Whiskey, unseren Wodka oder Gin, unsere Kippen. Und während der Rest der Welt behaglich im Kreis der Familie oder von Freunden aufgehoben war und in einem billigen Versuch, in die menschliche Seele vorzudringen, in Festtagslaune Geschenke austauschte, hatten wir fünf gefunden, was wir brauchten.

Kurz nach Mitternacht rutschte ich, mehr als nur ein bisschen wackelig auf den Beinen, das Gesichtsfeld zittrig und verschwommen, von meinem Hocker und tastete mich zur Toilette. Dort hörte ich, dass jemand auf der Jukebox »Cycles« gedrückt hatte, wohl zum sechsten Mal am Abend. *So I'm down, and so I'm out, but so are many others ...* Ich zog den Reißverschluß hoch, trat wieder in die Bar hinaus und blieb an die Jukebox gelehnt, bis das Stück aus war. *But I'll keep my head up high, although I'm kinda tired, my gal just up and left last week, Friday I got fired ...* Dann knöpfte ich den Mantel zu, stolperte hinaus in den Horror, Heiligabend in New York, und ließ die vier Männer an der Bar zurück. Ich hatte soeben einen der bewegendsten, ehrlichsten Weihnachtsabende erlebt, so lange ich zurückdenken konnte. Doch natürlich konnte ich mich damals an nicht viel erinnern.

Ich hatte immer gesagt, und nur halb im Scherz, ich sei mit dem Körper eines Säuglings und dem Geist eines Hundertjährigen geboren. Bei mir stecke die Seele eines alten Mannes im alternden Körper eines jungen. Doch während mein Körper alterte, wurde mein Geist jünger. Bei mir lief die Zeit rückwärts.

Das hatte ich auch schon bei anderen beobachtet. Derek war Ende fünfzig gewesen, doch er hatte den Geist eines Fünfundzwanzigjährigen. Als ich ihn zu Killdozer mitnahm, einer derben Punkband aus Madison, die ein paarmal in Philly spielte, beschämte er mich. Er war ein wilder Mann, ein bärtiger Troll, der unablässig Pogo tanzte, während ich hinten an der Bar versumpfte.

Meine Schritte wurden immer langsamer und kürzer; bald beschränkte ich mich auf ein gebücktes Schlurfen. Das war nur eine Überlebenstechnik. Solange man sich langsam voranbewegt und die Arme um die Rippen schließt, ist der Schaden nicht allzu groß, wenn man gegen etwas läuft, wozu ich neigte. Bald wurde diese Überlebenstechnik zu meiner einzigen Fortbewegungsart, und meine Arme schienen für immer verknotet.

Nahe liegende Fragen stellen sich, wenn die Augen langsam den Geist aufgeben: Wie werde ich lesen? Wie schreiben? Aber auch andere Dinge, die grundlegenden, trivialen, aus denen das Leben besteht, bereiten einem Sorgen, wenn das Dunkel von den Rändern herankriecht. Etwa Geldabheben. Automaten kommen nicht in Frage. In meiner Bank befindet sich am unteren Rand der Touchscreen-Apparate eine Zeile Braille. Ich kann Braille nicht lesen und werde es wohl auch nie können, aber ich habe den Verdacht, dass da ungefähr Folgendes steht: »Gib's auf, du Trottel, das ist ein Touchscreen-Apparat. Pech gehabt.«

Dann meine Wohnung. Schon vor einiger Zeit habe ich gelernt, dass ich das allgemeine Diktum, demzufolge alles seinen Platz haben und sich auch tunlichst dort befinden sollte, lieber befolge, wenn ich etwas wieder finden will. Ich bemühe mich, Bücher, Töpfe und Flaschen immer am gleichen Ort aufzubewahren. Doch wie sehr ich auch darauf achte, das Chaos kann ich doch nicht immer verhindern. Eines Abends wollte ich etwa nach dem Aspirin-Fläschchen greifen, schätzte meinen Standort jedoch falsch ein und fuhr mit der Hand in den Kasten, in dem ich die großen Küchenmesser aufbewahre. Ich zog sie rasch zurück, doch schon zerschnitten und blutend. An einem anderen Abend hob ich den Aschenbecher vom Boden auf und stellte ihn, wie ich meinte, neben den Fernseher. Am nächsten Morgen entdeckte ich, dass ich ihn ins Videogerät geschoben hatte.

Ich bemühe mich, Sachen nicht auf den Fußboden zu stellen, damit ich nicht dagegen- oder drauftrete. Ich schiebe Stühle unter den Tisch und lasse Türen offen. Jedes Wochenende oder jedes zweite fege ich. Dennoch wird es immer schlimmer. Haustiere machen die Sache nicht besser. Mitten in der Nacht wache ich auf, weil Bücher von einem hohen Regalbord auf den Boden knallen. Die Scheißkatzen. Am Morgen suche ich nach dem Schaden, den heruntergefallenen Büchern, finde sie aber erst Tage später, wenn ich zufällig drauftrete.

Wie sehr ich mich auch bemühe, alles sauber zu halten, etwas entgeht mir doch immer: Auf Tischflächen, Schranktüren und in Ecken bildet sich eine dicke Dreckschicht. Auf dem Fußboden im Bad finde ich Häufchen kalter Kippen, Tage, nachdem ich sie, wie ich sicher glaubte, weggespült habe. Die unendlichen Lachen Katzenkotze entdecke ich nur, wenn ich darauf ausrutsche. Ich verlege Sachen im Kühlschrank, in Schränken und Kommoden und vergesse sie. Dabei könnte die Wohnung mit Millionen von Kakerlaken und bewaffneten Rattenbataillonen verseucht sein, es würde mich nicht stören, weil ich sie nicht sehen könnte.

Wir lesen oder hören oft von Menschen, die in völliger Verwahrlosung aufgefunden werden, und immer wird die gleiche Frage gestellt: Wie konnten sie nur so leben? Vielleicht sind sie wie Ruth, meine Nachbarin in Minneapolis, bloß müde und geschafft und wollen nur noch mit ihren Erinnerungen allein gelassen werden:

Sechzehn, siebzehn Jahre alt, die Bowlingkugel auf dem Schoß, eingezwängt zwischen Mike Butry und Dave Hansen auf der Rückbank von Robbie Reeds klapprigem '72er Buick. Robbie am Steuer, sein begriffsstutziger Bruder Tim auf dem Beifahrersitz, Ozzy im Radio, so heizen wir fünf an jenem Samstagvormittag die öde Allouez Avenue entlang, sehen die Tachonadel zwischen 150 und 160 zittern und erwarten in Todesangst, dass wir gleich sterben werden, lachen aber trotzdem laut und wild.

Öffentlicher Nahverkehr

»Dr. K., passen Sie auf, wir haben da eine Idee.« Am Telefon war mein Redakteur von der *New York Press,* John Strausbaugh.

»Ja?« Ich hatte keine Ahnung, was nun kommen würde.

»Sie können's tun oder lassen, aber wir bieten Ihnen das jetzt einfach mal so an.«

»Okay, was denn?«

»Hätten Sie Interesse, den Empfang hier zu machen?«

»Wie, in der Redaktion?«

»Ja.«

Das hatte ich schon einmal gemacht. In der Woche zwischen dem Abgang der vorigen und dem Dienstantritt der jetzigen Rezeptionistin. Am Dienstag jener Woche hatte mich das Telefon noch vor dem Wecker geweckt. Die Sonne schien, ich rollte mich aus dem Bett, tappte in die Küche und wartete, dass der Anrufbeantworter dranging.

»Jim, bist du da? Hier ist Sam.«

Sam war ebenfalls Redakteur dort, etwa in meinem Alter; er hatte viel mehr aus seinem Leben gemacht als ich. Ich nahm den Hörer ab.

»Hey, Sam«, grummelte ich und strich mir die Haare aus dem Gesicht.

»Mann, wo bleibst du denn?«

Komische Frage. »Warum? Wie spät ist es?«

»Fast elf.«

»*Verdammt.*« Blöder Wecker. »Ich komme, so schnell ich kann.«

Eine halbe Stunde später war ich in der Redaktion, nahm meinen Posten am Empfang ein und entschuldigte mich überschwänglich bei jedem, der vorbeikam. Ich beendete die Woche ohne weitere Zwischenfälle. Und nun bot man mir die Stelle ganz an, also hatte ich diesen potenziell schweren Fehler offenbar wieder ausgebügelt. Jedenfalls spielte niemand darauf an. Das würde erst später kommen, wenn sie mich öffentlich demütigen oder die Zügel anziehen wollten.

»Ja, klingt gut«, sagte ich zu Mr. Strausbaugh.

»Ihnen wird ein scharfer Wind ins Gesicht wehen. Ein paar Leute aus der Verkaufsabteilung fanden nämlich, dass Sie beim letzten Mal nicht besonders nett zu ihnen waren.«

»Ich hab nicht gewusst, dass Nettsein dazugehört.«

»Aber das ist noch nicht das Schlimmste«, sagte er. »Manche von denen haben den Eindruck, dass Sie ein Nazi sind.«

»Wie in aller Welt kommen sie denn darauf?«

»Wahrscheinlich wegen Ihrer Geschichten.«

O Gott. »Ich werde zuckersüß sein.«

»Das hört man gern.«

Strausbaugh und die anderen Redakteure waren es allmählich leid, Geschichten zu lesen, in denen ich am Verhungern war und meine Tage als Häufchen Elend auf dem Fußboden verbrachte. Sie sahen in dieser Maßnahme eine billige und einfache Methode, mich aus meiner Wohnung zu kriegen, auf die Straße und in die U-Bahn, wo ich interessanteren Stoff finden würde als Mäusejagden. Für mich würde das ein regelmäßiges Einkommen bedeuten, von dem ich leben konnte. Mitleidsjob hin oder her, ich nahm ihn gern an.

Das Erste, was man am Empfang lernt, ist die Kunst des Lügens. In jedem Büro gibt es Menschen, die durch rastlose Anstrengung in Machtpositionen gelangt sind, wo sie nicht mehr mit Leuten zu reden brauchen, mit denen sie nicht reden wollen. Sie können verzweifelte und hungrige Zeitgenossen dafür bezahlen, ihnen die Unannehmlichkeiten des Alltags abzunehmen.

Auf meinem Schreibtisch lag eine Liste derer, mit denen die Mächtigen bereit waren zu sprechen. Stand ein Anrufer nicht darauf, schaltete ich ihn in die Warteschleife, ging nach einer Weile wieder ran und sagte: »Es tut mir Leid, aber Mr. Bryson ist offenbar gerade nicht am Platz, möchten Sie eine Nachricht hinterlassen?« Und wenn ich der Ansicht war, dass diese Nachricht Mr. Brysons Aufmerksamkeit nicht wert war, oblag es mir, sie zu zerknüllen und wegzuwerfen, bevor er gezwungen war, seine Zeit mit ihrer Lektüre zu verschwenden (vorausgesetzt natürlich, dass ich sie überhaupt aufgeschrieben hatte).

Dann riefen täglich Dutzende von Leuten an, um sich zu vergewissern, dass ihr Fax auch angekommen war. »Könnten Sie bitte mal nachsehen?«, fragten sie, im Unwissen, vielleicht auch im Wissen darüber, dass bei der *Press* täglich Hunderte von Faxe eingingen, dass das Faxgerät einen halben Kilometer von meinem Schreibtisch entfernt stand oder dass ich gerade zehn Leute gleichzeitig in der Leitung hatte. In meiner ersten Vollzeitwoche versuchte ich noch, das alles zu erklären, worauf die Anrufer schroff wurden. Also sagte ich ihnen, gern, ich seh gleich mal nach, setzte sie ein paar Minuten in die Warteschleife und teilte ihnen dann mit, dass alles in Butter sei. So war jeder glücklich.

Am liebsten waren mir die, die richtig sauer auf mich wurden, wenn die Person, die sie sprechen wollten, nicht da war.

»Ich habe es in der letzten Stunde nun fünfmal versucht!«

»Ma'am, haben Sie schon überlegt, länger zu warten, bevor Sie es noch einmal versuchen? Dann steigen Ihre Chancen.«

»Könnten Sie nicht mal nach ihm sehen?«

»Nein.«

»Vielen Dank für die Hilfe, Sie Arschloch.«

»Keine Ursache, Sie Zicke.«

Lügen ist ein hässliches Wort. Die wesentliche Fertigkeit, über die jeder am Empfang, der seinen Schweiß wert ist, verfügen muss, ist die der gezielten Fehlinformation. Als ich dort arbeitete, hatte ich mit mehr als der empfohlenen Tagesdosis an Nervensägen, Psychopaten, darbenden Künstlern und panischen Ausländern zu tun. Meine Aufgabe war, Freaks am Telefon oder am Eingang so schnell wie möglich abzuwimmeln, damit es ihnen verging, sich noch einmal zu melden.

So verwandelte ich mich in den Türhüter aus Kafkas »Vor dem Gesetz«. Fast jeder, den ich als Freund betrachtete, war ein Freak, Psychopath oder darbender Künstler. Wenn ich es mir recht überlege, waren die meisten alles zusammen. Die meisten meiner Bekannten steckten voller haarsträubender Geschichten davon, wie schwierig es sei, an einem kalten, pampigen, gleichgültigen Menschen am Empfang vorbeizukommen, um mit den Mächtigen zu sprechen, die ihnen bei ihrem Werdegang möglicherweise hätten helfen können. Jetzt war ich derjenige, der ihnen den Weg versperrte.

Manchmal verriet mir die Stimme am anderen Ende der Leitung, dass ich es mit einer abgetakelten Hausfrau zu tun hatte, die nebenher Kätzchenbilder malte und sich als Künstlerin empfand. Sie wollte unbedingt mit dem »zuständigen Herrn« über eine Stelle als Illustratorin sprechen.

»Hören Sie, Ma'am, ich will ehrlich sein. Sie werden nie im Leben zu ihm durchkommen.«

»Warum denn nicht?«

»Weil er mit Leuten wie Ihnen nicht sprechen will.«

»Mit *mir* aber schon.«

»Ich weiß, wo ich dafür 'ne 25:1-Wette kriege. Ma'am, geben Sie's doch auf.«

Meistens war ich nicht so direkt. Nur dann, wenn die Stimme so richtig dumm war. Wie gesagt, die Kunst, am Empfang erfolgreich zu sein, besteht in der Kunst der überzeugenden Fehlinformation. Man muss Anrufer oder Besucher in den Glauben versetzen, die Person, mit der sie sprechen wollen – nein, *müssen* – sei gerade in einer sehr wichtigen Besprechung, anstatt sich am Schreibtisch zurückzulehnen und alberne Tricks mit einem Bleistift zu machen. Wenn sie einem nicht glauben, melden sie sich eine Stunde später wieder und nerven einen weiter.

Als ich anfing, war ich platt über das Ausmaß der Dummheit, die mir da entgegenschlug. Ich verbrachte viel zu viel Zeit damit, irgendeinem Schlauberger zu erklären, wie er eine Nummer zu wählen hatte, wenn man ihm nur Buchstaben genannt hatte. »Also, Sir«, empfahl ich ihm, »sehen Sie sich Ihr Tastenfeld einmal genau an ... Wie Sie sehen, stehen bei fast jeder Nummer drei Buchstaben.« Ein anderer junger Mann, offenbar ein darbendes Genie, war so erzürnt, als er nicht zu einem der Restaurantkritiker des Blattes erkoren wurde, dass er sechs Stunden lang alle zwei, drei Minuten anrief, nur um mich, den Mann am Empfang, der mit Personalentscheidungen nichts zu tun hatte, aufs Übelste zu beschimpfen. Vermutlich brauchte auch er einen Job.

Ich versuchte, neben der Arbeit meine Geschichten zu schreiben, was anscheinend auch so gedacht war, da ich einen Computer auf dem Schreibtisch stehen hatte, aber ich merkte schnell, dass das unmöglich war. Das Telefon klingelte unaufhörlich, und eine nicht enden wollende Prozession von Boten kam durch die Tür. Ich musste meine Arbeit aufs Wochenende verlegen.

Die lange Arbeitslosigkeit hatte mich verdorben. Ich hatte vierundzwanzig Stunden täglich zur alleinigen Verfügung gehabt und tun können, was ich wollte, selbst wenn es nur Rauchen, Trinken und Trübsal blasen war. Und, noch wichtiger, ich hatte wie meine neuen Bosse leben können. Ich hatte mich nur mit Leuten abgegeben, die mich interessierten, es sei denn, ich musste einkaufen oder zur Bank. Natürlich verdienen meine Bosse dabei jede Menge Geld.

Als meine Augen noch besser waren, fuhr ich immer folgendermaßen U-Bahn: Die Zugtüren gingen auf, ich ging rein, schaute mich kurz nach dem viel versprechendsten Freak oder Verrückten um und versuchte dann, mich so nahe es ging zu ihm zu setzen. Da mein Blickfeld inzwischen aber auf die Größe eines Zehncentstücks geschrumpft war, war ich froh, überhaupt noch einen Platz zu finden, wo ich mich hinsetzen konnte.

Eines Abends auf dem Nachhauseweg setzte ich mich auf den Platz unmittelbar rechts von der Tür, zog mein Buch heraus, hielt es mir dicht vor die Augen und begann zu lesen. Über dem oberen Rand des Buches sah ich auf dem Boden ein Paar leuchtend weiße, teuer wirkende Tennisschuhe. Ich beachtete sie nicht weiter und konzentrierte mich wieder auf mein Buch. Erst als sich die Türen schlossen und sich der Zug in Bewegung setzte, fing der Mann mit den Schuhen an zu reden.

»Ich bin der Verrückteste!«, brüllte er. »Der Allerverrückteste!«

Das war sein Spruch, den er unablässig wiederholte, wobei er immer schriller wurde. Ich blickte nicht auf. Ich war müde und gereizt und wollte lesen. Dann hörte ich eine andere Stimme.

»He, Sie, nehmen Sie mal den Schläger runter.« Nun blickte ich auf.

Der massige Mann in den weißen Schuhen, der da vor mir stand, balancierte einen Baseballschläger auf der linken Schulter.

»Ich bin der Verrückteste!«, kreischte er. »Der Allerverrückteste!«

Jetzt erst merkte ich, dass ich allein war. Alle anderen drängten sich dicht an dicht am anderen Ende des Wagens und starrten auf den Verrückten mit dem Baseballschläger. Mein Schädel war unmittelbar unter seinem Ellbogen und bettelte geradezu darum, ein Homerun zu werden.

O Mann, dachte ich, dazu hab ich jetzt keine Lust. Noch vor einiger Zeit hätte ich ihn angestachelt, ihn gebeten, mich ins Jenseits zu befördern. Doch nach den Wochen am Empfang, nach dem täglichen Umgang mit Idioten und Deppen am Telefon und in Person war ich gelangweilt, sauer und erfahren. Ich verzog mich nicht auf einen anderen Platz; ich wusste, dass ich es mit einem wilden Tier zu tun hatte und dass jegliches Anzeichen von Furcht oder Anerkennung mich zum nahe liegenden Ziel werden lassen würde. Ich blieb ruhig sitzen, versuchte, mich unsichtbar zu machen, bewegte mich nicht abrupt und las einfach mein Buch weiter, während er unablässig von seinem Zustand redete und mit dem Schläger auf seiner Schulter herumfuchtelte. Er beachtete mich nicht, und als er an einer Station in Lower Manhattan ausstieg, verteilten sich die anderen Fahrgäste wieder und setzten sich.

An einem anderen Tag, nach neun harten Stunden Arbeit, drückte ich mich in einen Wagen am hinteren Ende des Zuges, schlängelte mich durch die Stehenden, ergatterte einen Platz an einer Stange und lehnte mich daran. Ich starrte aus dem Fenster ins Dunkel und in die vorbeiflirrenden Lichter, horchte nur auf das arhythmische Ächzen und Quietschen der Räder auf den Schienen. Ich brauchte einen Drink.

Um mich herum murmelten die Leute – über den Job, die Kinder, die Gewerkschaftspolitik. Irgendwo inmitten des Gesumms hörte ich einen vertrauten Namen.

»Green Bay«, sagte jemand. »Ich war lange in Green Bay, Wisconsin.«

Na, ich bin doch in Green Bay aufgewachsen, schoss es mir ebenso reflexhaft wie banal durch den Kopf. Es war natürlich nicht so außergewöhnlich, jemandem zu begegnen, der ebenfalls dort gelebt hatte; in New York hatte ich einen Gitarristen kennen gelernt, der mal in einer Autowaschanlage gleich bei der Gogo-Bar Tropicana in Green Bay gearbeitet hatte. Trotzdem war es nicht alltäglich, dass ich den Namen in der U-Bahn hörte.

Ich blickte mich um, versuchte herauszukriegen, wer da sprach.

Da war der Typ, einen Kopf größer als ich, vielleicht Ende zwanzig, mit einer bauschigen blauen Jacke, Ledermütze, Stoppelhaaren, scharf geschnittenen Zügen, wie aus dem Ei gepellt. Sehr sportlich. Viele in Green Bay sahen so aus, und viele davon hatten mich irgendwann einmal verprügelt. Nur wenn man lange in Green Bay war, bekam man so einen seltsamen, massigen Wuchs.

Er redete mit zwei jüngeren Frauen, die mit großäugiger Bewunderung zu ihm aufsahen. Er stand im Mittelpunkt der Aufmerksamkeit, da würde noch was laufen, und deshalb fand er sich ganz toll.

»Von Wisconsin«, fuhr er fort, »bin ich dann nach Chicago gezogen.«

He, ich bin auch von Wisconsin nach Chicago gezogen!, dachte ich, genauso banal.

»... dann nach Minneapolis ...«

Und auch nach Minneapolis! So viele Zufälle, das war schon bemerkenswert.

»Und dann war ich ein paar Jahre in Philadelphia ...« Die jungen Frauen bewunderten seine offenkundige Weitläufigkeit. Ich fragte mich, ob diese ganzen Zufälle nicht ein bisschen zu auffällig waren.

»... bis ich vor ein paar Jahren schließlich nach Brooklyn gezogen bin.«

»Und da hast du dann angefangen, für diese Zeitung zu schreiben?«, fragte eine der beiden jungen Frauen.

Ich wurde am ganzen Körper taub – es war so ein Kribbeln, das einen bei einer Enthüllung oder bestürzenden Angst jählings überfällt: Dieser Mensch gab sich für mich aus.

»Nein«, entgegnete er, wobei er auf eine Weise leise kicherte, wie ich das nie tun würde. »Das fing erst später an. Vor ungefähr zwei Jahren. Davor war ich Museumswärter im Guggenheim.«

»Stimmt«, sagte die eine der beiden jungen Frauen zu ihrer Freundin. »Ich erinnere mich, das hab ich mal gelesen.«

Der gibt sich für mich aus? Was ist denn das für ein Blödmann? Warum gibt er sich nicht für einen von Pearl Jam aus oder für Robert DeNiro oder für einen der Baldwin-Brüder, für einen, bei dem es sich auch lohnt? Wer würde denn schon gern ich sein wollen? Nicht mal ich selbst will doch ich sein. Er sieht nicht so aus wie ich und redet auch nicht wie ich. Ich würde nie so eine bauschige Jacke oder Ledermütze tragen.

Dann bremste ich mich. Ganz ruhig, dachte ich. Du bist erschöpft, du bist gereizt. Das hier ist eine Wahnidee. Das ist dir schon öfter passiert. Er hat in denselben Städten wie du gewohnt, hat dasselbe gearbeitet wie du und schreibt für irgendeine Zeitung. Na und? Das bedeutet doch noch gar nichts.

Es funktionierte beinahe, und ich atmete fast schon wieder normal, als eines der Mädchen ihn fragte, woher der Name »Blindfisch« komme.

Es ist kein Traum!, dachte ich, und sogleich fiel mir die Szene in *Rosemarys Baby* ein.

»Also« – und wieder kicherte er so blöd –, »das ist ein Geheimnis, darüber möchte ich lieber nicht sprechen.«

»Arschloch!«, wollte ich brüllen. »Du willst nur nicht drüber sprechen, weil du die Antwort nicht kennst!«

Warum ich mich in dem Augenblick nicht zu ihm durchdrängte und sagte: »Sie sind ein Schwindler!«, weiß ich nicht. Vielleicht hätte ich es tun sollen, aber ich wollte auch wissen, wie weit er das Ganze treiben würde. Außerdem bedeutete es, dass wenigstens einer meine Geschichten las.

Als ich für den *Welcomat* schrieb, gab sich hin und wieder jemand für mich aus, um gratis in ein Konzert zu kommen oder in einer Bar ein kostenloses Getränk abzugreifen. Ich fand das sogar gut, weil ich glaubte, es würde bedeuten, dass niemand genau wusste, wie ich aussah.

Aber da in der U-Bahn kroch mir ein Gedanke ins Hirn, der zu monströs war, als dass ich ihn ernsthaft in Betracht hätte ziehen können. Und wenn er nun doch ich ist? Wenn das die Form der Unsterblichkeit ist und dieser Trottel drei Meter weiter meine Neuauflage? Fast erwartete ich, dass an der nächsten Station der Geist von Rod Serling aus *Twilight Zone* zusteigen und mir mein Dilemma erklären würde.

Mich überfielen Visionen, wie das falsche Ich an meiner Station ausstieg und noch vor mir meine Wohnung erreichte. Ich würde nach der Post sehen, nichts finden, nach oben gehen und meine Tür öffnen, um dann zu erkennen, dass er schon am Küchentisch saß, meine Katze Evil auf dem Schoß. Sie würde mir einen fiesen Blick zuwerfen, und tief aus ihrem Innern käme ein leises Knurren. Er würde mich grinsend anstarren. Ich behielt ihn fest im Blick, während die U-Bahn dahinrumpelte.

Wir fuhren in die Station vor meiner ein, wo das falsche Ich ausstieg, seine Groupies im Schlepptau. Dieser Bahnhof war fast genauso weit von meiner Wohnung entfernt wie der, wo ich sonst immer ausstieg, aber hier stieg ich nie aus, weil ich mich sonst auf dem Nachhauseweg durch eine ganz düstere Straße tasten musste. Dort hatten mich ein paar Jahre zuvor zwei Ganoven übel zusammengeschlagen. Das wusste das falsche Ich. Da er athletisch gebaut war und sehen konnte, hatte er nun bestimmt vor, zu meiner Wohnung zu sprinten und es sich dort gemütlich zu machen, bevor ich eintraf. Und ich musste unterwegs auch noch Milch kaufen.

Als ich schließlich vor meinem Haus stand, war ich trotz der Kühle schweißgebadet. Ich öffnete den Briefkasten. Nichts. Ich stieg langsam und lautlos die Treppe hinauf, horchte nach meiner Anlage. Weiß der Himmel, welche CD er eingelegt haben mochte. Wahrscheinlich Jazz. Er sah aus wie einer, der so tat, als gefiele ihm Jazz.

Ich schob den Schlüssel ins Schloss. Kein Problem. Er hatte noch nicht daran herumgewerkelt. Ich steckte den Kopf hinein und sah mich um. Beide

Katzen saßen auf dem Fußboden und maunzten mich an, weil ich sie den ganzen Tag allein gelassen hatte. Mein Magen beruhigte sich wieder, und ich sagte mir: Ich muss wirklich etwas gegen diese Paranoia unternehmen.

Ich war auf dem Weg zur Arbeit in der Linie 6 Richtung Manhattan, nachdem ich wieder mal bei meiner Neurologin gewesen war, ziemlich im Tran, weil die gestörte deutsche Krankenschwester mir literweise Blut aus dem linken Arm gezapft hatte. Mir gegenüber saßen zwei Penner, einer schwarz, einer weiß. Sie flüsterten miteinander, kicherten und fuchtelten Unheil drohend mit den Händen. Dann stieg eine Frau ein. Sie wirkte streng, war aber wohl mal hübsch gewesen und tat so, als sei sie es noch immer. Sie setzte sich neben sie, direkt neben sie, obwohl der Wagen halb leer war, und versuchte rauszukriegen, was sie vorhatten. Die beiden Penner waren verblüfft, aber es dauerte nicht lange, da hatten sie sie akzeptiert und unterhielten sich mit ihr, als hätte sie schon die ganze Zeit da gesessen. Ein paar Stationen weiter stieg sie aus, ebenso abrupt, wie sie eingestiegen war und sich zu ihnen gesetzt hatte.

Die beiden Penner sahen geradewegs zu mir her. Sie unterhielten sich noch immer, aber etwas an ihrem Gespräch war anders geworden. Jetzt wiederholten sie nur noch im Wechsel die Ansagen des Zugführers.

Zugführer: »Twenty-eighth Street.«
Weißer Penner: »Twenty-eighth Street.«
Zugführer: »Twenty-third Street.«
Schwarzer Penner: »Twenty-third Street.«

Und das, bis ich an meiner Station ausstieg.

Das erinnerte mich an eine U-Bahn-Fahrt einige Jahre zuvor. Ich kam gerade nach ein paar miesen Tagen in Philly nach Brooklyn zurück, und der Nachmittag war auch nicht gut gewesen. Ich war müde, erschossen, hatte kein Geld, keine Arbeit, und mit Laura lief es schlecht.

An der Penn Station stieg ich in eine Bahn der Linie A Richtung Innenstadt. Es war an einem Freitag gegen halb sieben, also alles voll, trotzdem konnte ich mich setzen. Auf der anderen Seite des Ganges saß eine alte Frau, der es anscheinend noch miserabler ging als mir. Sie trug einen schäbigen Mantel und hatte sich locker ein Tuch um ihre dünnen Haare gebunden; ihr Gesicht drückte tiefstes Elend aus.

Sie langte beiläufig in ihre Handtasche, ein kleines Ding, das mit einem Packband zusammengehalten wurde, und zog ein gigantisches Bündel Geldscheine hervor. Eine verdammte Riesenrolle Geldscheine, die sie nun zählte. Zehner, Zwanziger, Fünfziger. Vielleicht war das alles, was sie auf der Welt noch hatte, aber es war einiges mehr, als ich damals besaß. Es wäre so verflucht einfach gewesen: Ich war bewaffnet, und mit Sicherheit konnte ich schneller rennen als sie. Ich hatte noch nie jemanden überfallen, jedenfalls nicht wegen Geld, aber ich war so ziemlich am Ende, und ich war gewillt, bis zum Äußersten zu gehen.

Offenbar verkündete mein Gesicht meine Gedanken laut und deutlich. Ich fixierte die Scheine, während sie sie zählte. Ich war misstrauisch – warum zeigte sie diese Rolle so offen in der U-Bahn?

Wollte sie sterben? War sie verrückt? War sie ein Zivilbulle? Aber es war mir egal, ich hatte nichts zu verlieren. Ich konnte ihr folgen, wenn sie ausstieg, und mich dann entscheiden.

Plötzlich spürte ich einen leichten Fingerdruck auf dem Knie. Verblüfft blickte ich hoch, direkt in das grimmige Gesicht eines alten Knackers neben mir. Er kannte das alles, er war auch mal jung und forsch gewesen, er wusste, was hier lief, und er schüttelte ernst den Kopf, die Augen trauriger als der Tod.

Er hatte Recht. Es wäre falsch gewesen. Beschämt ließ ich den Kopf sinken. Dennoch war ich mir nicht sicher, ob er mich tadelte. Vielleicht warnte er mich auch vor einem Überfall. Vielleicht wollte er mich retten. Ich überlegte schon, ob ich mich bei ihm bedanken sollte, als der Zug wieder hielt. Die Frau mit der Rolle stieg aus, mein Schutzpenner einen halben Schritt hinter ihr her. Er hatte mich keineswegs getadelt oder gewarnt. Nein, er hatte mir vermittelt: »Ich hab sie zuerst gesehen.«

Ich weiß nicht recht, warum mir das einfiel, als ich in der 6 saß und die beiden Penner dabei beobachtete, wie sie etwas aushecken, außer vielleicht deshalb, weil beide Episoden mit Plänen zu tun hatten, die Penner im Zug schmieden. Nach dem Besuch bei der Neurologin funktionierte ich mit der halben Menge Blut, und ich hatte schon einen beschissenen Tag hinter mir.

Am Morgen vor dem Termin hatte mich bei der Arbeit ein Anfall nach dem anderen gepackt. Während eines dieser Krämpfe musste ich bei FedEx einen Kurier bestellen, der etwas für irgendeinen

Bonzen abholen sollte. Ich zitterte wie ein Tier, während ich versuchte, der Frau bei FedEx, die sich einen Scherz draus machte, meinen Namen zu buchstabieren.

»K-N-I-P-F ...«

»Wow, wie spricht sich das nochmal aus?«, nölte sie.

Mit zusammengebissenen Zähnen versuchte ich, es ihr zu sagen. Der Hörer klemmte an meinem Ohr, und meine Hände drückten, zu Fäusten geballt, gegen meinen Schädel.

»Das müsste man aber doch anders aussprechen.«

Ich grunzte.

»Hören Sie nicht auf mich«, zwitscherte sie. »Ich bin heute bloß ein bisschen doof im Kopf.«

Ja, sind wir das nicht alle.

Als ich am Morgen zur Arbeit gekommen war, hatte ich in meiner Wohnung ein kaputtes Telefon und einen Wannenhahn zurückgelassen, aus dem heißes Wasser schoss, obwohl ich das Wasser am Abend davor ganz abgestellt hatte. Das störte mich nicht weiter – ich konnte mir ja einreden, ich wohnte neben den Niagarafällen. Aber das mit dem Telefon war schlimm.

Während der vergangenen Monate war das Rauschen in dem Telefon immer schlimmer geworden. Ich schrieb es Sonnenflecken zu, obwohl niemand aus meiner Bekanntschaft vergleichbare Sachen hörte. Das ging so weiter, bis eines Abends etwas im Telefon implodierte und überhaupt nichts mehr zu hören war. Nichts: kein Klicken, kein Brummen, kein heiseres Summen, nichts. Nicht dass ich die Plaudereien am Telefon vermisst hätte; ich war eben nur einen Tick paranoid und überzeugt davon, dass einem Bekannten etwas Grauenhaftes widerfahren und ich das Begräbnis verpassen würde, weil mein Telefon nicht mit den Sonnenflecken klarkam.

Während ich also in der 6 saß und die beiden Penner beobachtete, dachte ich an zweierlei.

Erstens: Trotz der ganzen Scheiße, die täglich auf mich herabregnete, machte ich mir eigentlich wenig Sorgen. Alles passierte und verschwand dann wieder. Schmerzen überfielen mich und zogen wieder ab. Die blöden, lächerlichen Situationen, in die ich geriet, waren nicht so tragisch, sie passierten eben. Ja, ich klagte, aber Sorgen machte ich mir keine. Dass es in meinem Leben keine Ordnung, keine klare Richtung gab, störte mich nicht so besonders. Ich kann nicht sagen, dass ich sorgenfrei war – ich machte mir nur einfach keine Sorgen.

Zweitens: Alles, was passierte, jeder Tropfen in diesem Regen Scheiße, schwächte das Gebäude, schlug etwas davon ab. Die Dinge kommen und gehen, aber immer nehmen sie ein bisschen Substanz mit.

Diese Gedanken begleiteten mich, hämmerten von innen auf mich ein, als ich zur Arbeit kam, als ich später nach Hause fuhr, zu Bett ging, am nächsten Morgen aufstand, wieder duschte, mich anzog und kalten Kaffee trank. Als ich mich hinsetzte, um die Schuhe anzuziehen, maunzten mich die beiden Katzen an, ich solle zu Hause bleiben und mit ihnen spielen. Bei dem Radau, den sie machten, und geschlossenen Fenstern hörte ich den Krach draußen gar nicht.

Als ich mit leichter Übelkeit und auf wackeligen Beinen in die Morgensonne hinaustrat, stand ich mitten in einem Filmdreh auf dem Gehweg vor der Treppe. Eine große Produktion, überall Wohnwagen, Scheinwerfer, Kameras, Kabel und Leute, die herumwuselten wie Kakerlaken.

»Verdammt, was ist denn hier los?«, brüllte ich die Leute an, die meinen Torweg versperrten. Dutzende müder und ärgerlicher Augen sahen zu mir her. Ich starrte zurück. Ich musste zur Arbeit, und sie waren mir verflucht nochmal im Weg. Ich stapfte die Stufen hinab, stieß das Tor auf und schritt vorsichtig über die verschlungenen Kabel hinweg in Richtung der freien Fläche ein paar Meter weiter. Ich frage mich noch heute, ob sie von den dreiundzwanzig Einstellungen von meiner Treppe, die sie an dem Morgen machten, dann doch die nahmen, in der dieser komische Kerl mit dem Hut aus der Tür kommt und brüllt: »Verdammt, was ist denn hier los?«

Der Tag war schon am Abschmieren. Und was immer dahintersteckte – Karma, Aliens, Sonnenflecken –, ging nunmehr in den Overdrive.

Zwei Blocks von meiner U-Bahn-Station entfernt und einen, bevor es aus der ruhigen Wohnstraße auf die Geschäftsstraße ging, sah ich an der Ecke vor mir zwei Leute miteinander ringen. Es waren nicht einfach zwei Leute, das wäre für dieses Viertel nichts Ungewöhnliches gewesen. Es waren zwei Verkehrspolitessen, beide in Uniform, die sich eine schlimme Prügelei lieferten.

»Du musst ins Krankenhaus!«, kreischte die Frau, die oben war.

»Einen Scheißdreck muss ich!«, kreischte die andere und kratzte ihre Gegnerin im Gesicht.

Entweder träumte ich, dann sollte ich die Szene einfach genießen, bis ich aufwachte, oder mir präsentierte sich hier eine Reihe böser Omen, dann sollte ich kehrtmachen und nach Hause gehen. Wenn Alexander der Große mit seinen Truppen hätte ausziehen wollen, um Hibernia zu erobern, und als Erstes vor seinem Zelt über ein Filmteam und dann auch noch über zwei rangelnde Politessen gestolpert wäre, hätte er seine Invasion bestimmt zumindest auf morgen verschoben.

Leider bin ich nicht so klug wie Alexander, und außerdem erwartete man mich am Empfang der *New York Press,* also latschte ich weiter zur U-Bahn.

Auf dem Bahnsteig sang ein Idiot mit Gitarre todernst Beatles-Songs. Meine Verwirrung steigerte sich zum Ekel. Als der Zug kam, setzte ich mich und versuchte, das Brennen in meinem Kopf zu kühlen. Eine Haltestelle vor meiner gingen die Türen auf, und die Leute stiegen ganz normal aus und ein. Doch die Minuten verstrichen, und die Tür ging nicht wieder zu. Wir alle im Wagen saßen stumm und reglos da. Wir saßen da und taten so, als bemerkten wir gar nicht, dass wir einfach nur so dasaßen. Weitere Leute kamen herein. Der Zug fuhr nicht los.

Weitere Minuten vergingen, dann blaffte der Zugführer über die Lautsprecheranlage nach dem Bremser.

Die Türen blieben geöffnet, noch mehr Leute stiegen ein. Schließlich verkündete der Zugführer: »Bitte entschuldigen Sie, meine Damen und Herren, aber wir haben im letzten Waggon einen kranken Fahrgast.«

Das war's. Also aussteigen und zu Fuß gehen. Der sagenhafte kranke Fahrgast in der U-Bahn konnte alles von Nasenbluten bis zu acht Schusswunden haben. Ich hatte keine Lust, zu bleiben und herauszufinden, was es war.

Ich stand auf und drängte mich durch die anderen verlorenen Seelen zur offenen Tür hinaus auf den Bahnsteig. Der Weg würde zu schaffen sein. Nur ein paar Blocks weiter als sonst, und ich war sowieso früh dran. Ich konnte sogar noch die eine oder andere rauchen. Allerdings brauchte ich einen Drink. Ich beschloss, meine Mittagspause in der Spring Lounge zu verbringen.

Ich achtete nicht darauf, wohin ich ging, und stapfte die Treppe hoch. Wirkte einigermaßen vertraut. Ich trat durchs Drehkreuz und zündete mir eine Zigarette an, während ich zur Straße hochging. Mit gesenktem Blick marschierte ich los.

Es dauerte ein paar Blocks, bis ich merkte, dass ich keine der Straßen überquert hatte, die ich hätte überqueren müssen, wenn ich in die richtige Richtung gegangen wäre. Und es dauerte nochmal ein paar Blocks, bis ich merkte, dass ich in die aufgehende Sonne ging. Ich blieb stehen. Ich stellte mir eine Karte der Vereinigten Staaten vor. Die Sonne ging im Osten auf. Ich zoomte auf New York und weiter auf die Houston Street. Ich ging in die falsche Richtung.

Ich machte kehrt, und einen Block weiter lief plötzlich ein junger Typ, den manche wohl als Straßenrüpel bezeichnen würden, neben mir her.

»Hast dein' weißen Arsch in die falsche Scheißgegend geschleppt, Mann«, teilte er mir mit.
»Was du nicht sagst.« Ich ging weiter.
Er hielt mit mir Schritt, wobei seine Gesprächsbeiträge schnell zu wenig mehr als gebrabbelten Flüchen verkamen.
»Scheiß ... blödes ... Scheißarschloch.«
»Was du nicht sagst.«
Nachdem er es für richtig gehalten hatte abzubiegen, erblickte ein Mann, der mir entgegenkam, den großen Residents-Augapfel auf meinem Hemd und schrie tonlos: »Ich komme, Konstantinopel! Ich komme, Kon-stan-tinopel! Ich komme, Konstantinopel, jetzt komme ich!« Inzwischen kam mir das schon völlig normal vor.
Ich blickte auf die Uhr: Ich hatte noch eine Viertelstunde, um pünktlich zur Arbeit zu kommen. Es war viel zu heiß. An der Ampel vor der Houston Street stand ich neben einem älteren Asiaten. Nur noch ein paar Blocks, dann war ich im Büro in Sicherheit.
Im Büro in Sicherheit? In was für einen Wahnsinn steigerte ich mich da hinein?
Um mich in die Wirklichkeit zurückzuholen, fing der Asiate an, mir mit seinem Stock auf den linken Knöchel zu schlagen. Zunächst hielt ich es für einen Zufall – ein alter Mann kriegt das Zittern –, also trat ich ein Stück weg von ihm. Er folgte mir und schlug mich weiter. Ich fädelte mich durch das frühmorgendliche Todesrennen der Autos und zündete mir auf der anderen Seite erst mal eine an. Vielleicht halluzinierte ich ja. Es wäre nicht das erste Mal gewesen.

Ein paar Minuten darauf öffnete ich die Tür zu meinem Büro, wo der gute alte Empfangstisch mich wie ein treuer Freund erwartete. Schlag neun klingelte das Telefon, und gleich darauf hatte ich es mit einem zu tun, der unbedingt mit einer Frau sprechen wollte, die nicht mehr unter den Lebenden weilte.

»Es tut mir Leid, Sir, aber sie ist nicht mehr bei uns.«

»Was soll die Scheiße? Stellen Sie mich durch!«

»Es tut mir wirklich Leid, Sir ...«

»Das ist mir Wurscht! Ich will auf der Stelle mit ihr sprechen!«

Was sollte ich tun? Ich legte auf und rüstete mich für den Tag. Als hätte der Morgen mich nicht schon kaputt genug gemacht.

Zwanzig Minuten später rief einer an und trug mir eine Art Beat-Gedicht vor:

»Ziegenatemtarnung
Aus seltsamen Staub des Irrsinns
Treibt im Gestank verwesender Häuser
Über Amerikas Industrielandschaft
Des Todes.«

Eine lange Pause entstand, während ich überlegte, wie ich darauf reagieren sollte. Mir fiel ein: »Kann ich Sie zu jemandem in der Redaktion durchstellen?«

»Nein, nein, ich wollte das nur mit Ihnen teilen.«

»Oh ... ähm ... tja, na ja, vielen Dank.«

»Gern geschehen!«, zwitscherte er fröhlich und legte auf.

Klasse, dachte ich. Verdammte Sonnenflecken. Als ich mich nach einer ungewöhnlich angespannten Mittagspause gerade wieder auf meinen Stuhl setzte, bekam ich einen weiteren sonnenfleckigen Anruf.

»Sind Sie Mr. Knipfel?«, fragte die Stimme einer alten Frau.

»Ja«, sagte ich. Ziemlich blöd von mir.

Es war eine sehr nette alte Dame, der gerade eine Geschichte untergekommen war, die ich einige Wochen davor geschrieben hatte. Sie handelte davon, wie meine Katze Evil mein Gehirn mit bösen Geistern erfüllte, während ich schlief.

»Ich habe auch Katzen«, sagte sie. »Und was soll ich Ihnen sagen, einmal, da hatte ich die Gicht? Im Fuß? Und eines Abends, als ich zu Bett ging, schlief eine meiner Katzen auf dem Fuß, und so ist die Gicht weggegangen.«

»Aha.« Ich blickte mich nach jemandem um, mit dem ich das teilen konnte, doch ich war allein.

»Und ein andermal? Da hatte ich schlimme Schmerzen in der Brust, und als ich zu Bett ging, schlief eine andere Katze auf meiner Brust, und am nächsten Morgen waren die Schmerzen weg.«

»Na, Ma'am, das ist ja sehr schön.« Ich glaubte, sie sei nun fertig. »Es freut mich, dass alles so gut für Sie ausgegangen ist. Aber das ist eben der Unterschied zwischen uns. Sehen Sie, Sie haben brave Katzen. Aber meine Katzen sind nicht brav. Überhaupt nicht. Ich habe eine böse, böse Katze, die lauter schlimme Sachen macht, während ich schlafe.«

Diese negative Einstellung kam nicht gut bei ihr an. »Nun, ich wollte nur sagen, dass ich finde, Sie sollten Ihre Katze weiter auf Ihrer Hand schlafen lassen.«

»Ach, da bleibt mir keine große Wahl, Ma'am. Wenn ich sie nicht auf meiner Hand schlafen lasse, tut sie mir weh. Sehr weh.«

»Wie kann das nur sein?« Die Frau klang ganz entsetzt.

»Ach, Ma'am, sie hat so scharfe Krallen und Zähne ...«

Ich wollte zu einem Menschen, der bestimmt sehr nett war, nicht gemein sein, aber das Gespräch dauerte schon zu lange, und ich musste noch andere Anrufe entgegennehmen.

Verdammte Sonnenflecken.

Gegen vier Uhr nachmittags meinte ich, das Schlimmste hinter mir zu haben. Die Schwachköpfe, die nach der Katzenfrau angerufen hatten, waren die üblichen Schwachköpfe gewesen. Ich kannte sie alle sehr gut. Vielleicht waren sie etwas schriller als sonst. Doch bald schon erinnerte mich ein weiterer Anruf an die jüngsten kosmischen Ereignisse.

»Sie können jetzt aufhören mit Ihren blöden Anrufen, Sie Arschloch«, spie mir die gereizte junge Frau am anderen Ende scharf ins Ohr.

»Wie bitte?« Darauf war ich nicht gefasst.

»Ich sagte, Sie können jetzt mit Ihren blöden Anrufen aufhören.«

»Entschuldigen Sie, äh ... was?«

»Seit drei Stunden rufen Sie mich an und legen wieder auf, wenn ich abnehme. Nach dem letzten Mal habe ich die Anschlussstelle angerufen, und die haben mir Ihre Nummer gegeben.«

»Nun hören Sie mal zu, Ma'am, ich arbeite hier am Empfang. Ich habe weder die Zeit noch die Kraft oder die Lust, drei Stunden mit blöden Anrufen zu vertrödeln. In diesem Büro arbeiten eine Menge Leute. Wenn Sie also eine Ahnung haben, wer es sein könnte, stelle ich Sie gern durch.« Ich war selber neugierig.

Sie schien mir meine Geschichte abzunehmen, worüber ich sehr froh war. Viele Anrufer glaubten mir nicht, was ich ihnen sagte, und machten mich für nahezu alles verantwortlich, was in ihrem Leben und auf der Welt schief ging.

»Ich glaube, ich weiß, wer es sein könnte«, sagte sie schließlich. »Ich lege jetzt auf, und wenn es weitergeht, melde ich mich noch einmal und sage Ihnen, wie sie heißt.«

Sie? Das wurde jetzt allmählich heiß. Ich hoffte, die Frau würde noch so einen Anruf bekommen, auch wenn es nur Zufall war.

Ich hörte nie wieder von ihr. Und angesichts der Umstände hatte ich sie auch nicht nach ihrem Namen oder ihrer Telefonnummer gefragt.

Am nächsten Morgen, im Zug nach Manhattan, glaubte ich, den Bann gebrochen zu haben. Ich glaubte, ein paar Bier und ein guter Nachtschlaf hätten die Wirkung der Sonnenflecken neutralisiert. Alles lief glatt.

An der Station East Broadway stieg ein gut gekleideter Mann zu, kniete vor mir auf den Boden und begann, sich stumm und methodisch auszuziehen.

Flapp-flapp

Während das Licht in meinen Augen sich immer schneller verdunkelte, drängte mich meine Umgebung, Eltern, Freunde und diverse Augenärzte, mir entweder einen Stock oder einen Hund zuzulegen. Das mit dem Hund verwarf ich sogleich. Einen Hund würden sich die Katzen nicht bieten lassen, ich hatte auch gar keinen Platz dafür, und außerdem war ich viel zu einsiedlerisch, um zweimal täglich mit ihm rauszugehen. Da mein Augenarzt auf meinen Vorschlag hin, den widerlichen, sabbernden Köter durch eine aufmerksame Ratte zu ersetzen, meinte, das ginge nicht, wählte ich den Stock.

Laura und ich blieben Freunde, nachdem sie gegangen war. Sie hatte mir mehr als jeder andere wegen des Stocks in den Ohren gelegen. Also ließ ich mich eines Samstags von ihr in die 59th, Ecke Park, in Manhattan schleppen. Dort lagen das Büro von Lighthouse, einer Stiftung, die Blinde auf vielfältige Weise unterstützte, und Spectrum, der Laden von Lighthouse. Spectrum war voller ausgefuchster Sachen für Leute wie mich, ein Elektronik-Supermarkt für Blinde: Uhren und Telefone mit RIESIGEN ZIFFERN, sprechende Wecker, Wecker, die wie ein Hahn krähten, falls man sich bauernhofmäßig fühlen wollte, Vergrößerungsschirme für Computer und Fernseher, Kochgeräte mit kontrastreicher LED-Anzeige, Radios und andere Geräte für den alltäglichen Gebrauch mit extra großen Knöpfen.

Laura führte mich in dem Geschäft herum und zeigte mir die Sachen. Ich sah alles nur ganz undeutlich, die Auslagen verschwammen. Ich konnte kaum klare Konturen erkennen und noch weniger einzelne Gegenstände. Nur wenn ich auf etwas aufmerksam gemacht wurde, wenn ich bestimmte Anhaltspunkte hatte, konnte ich halbwegs etwas sehen.

In einer Ecke des Ladens, neben einer Auswahl von Spielen für Blinde, war ein irrwitziges Angebot von Stöcken, allesamt rot und weiß. Einen silbernen mit Wolfskopf sah ich nicht. Aber genau so einen wollte ich.

Ein Typ kam und fragte, ob wir wüssten, was für ein Laden das sei.

»Deshalb sind wir ja hier. Wir suchen einen Stock«, sagte ich zu ihm.

»Für wen soll er denn sein?«

Laura tippte mir an den Kopf, um deutlich zu machen, dass ich hier der Blindfisch war. Verlegen blickte ich zu Boden. Ich befürchtete, er werde mir keinen verkaufen. Erst wenn man sah, wie ich etwas Heruntergefallenes suchte oder gegen etwas lief oder den vergeblichen Versuch unternahm, durch eine Tür zu kommen, wurde meine Behinderung deutlich: Ich trug keine dunkle Brille, hatte keine schweifenden weißen Augen und auch keine Blechdose voller Stifte in der Hand. Doch der Mann schien keine weiteren Zweifel zu haben.

Es war mir neu, dass es unterschiedlich lange Stöcke gab, dass die optimale Länge für einen Blindenstock auf Brustbeinhöhe lag.

»Man hat herausgefunden, dass Sie mit dieser Länge die Strecke eines ganzen Schrittes nach vorn sowie jeweils fünf Zentimeter links und rechts von Ihnen ertasten können«, erklärte der Verkäufer. Er zog mehrere Stöcke aus dem Ständer und hielt sie mir an. Nachdem er die richtige Größe gefunden hatte, fragte er: »Nehmen Sie schon Unterricht für den korrekten Gebrauch?«

»Tja, noch nicht ...«

»Ich frage nur, weil wenn ich Ihnen einen gebe, ohne dass Sie dafür ausgebildet sind, wäre das so, als würde ich Ihnen einen Autoschlüssel geben, ohne dass Sie je zuvor am Steuer gesessen haben.«

Blitzartig sah ich meinen Flammentod und wie meine Leiche aus einem zerknautschten, schwelenden Stockwrack geschnitten wurde.

Mein Problem mit der Trainingsgeschichte hatte mehrere Monate zuvor begonnen, als ich genau deswegen mit Lighthouse in Kontakt getreten war. Ich war vom Augenarzt gekommen, den Kopf voller schlechter Nachrichten, und hatte in meiner Panik dort angerufen. Man sagte mir, wenn ich 250 Dollar für den Unterricht bezahlte, könnte ich gleich anfangen, oder ich müsste eben auf die Staatsbeihilfe warten. Ich wählte das Letztere, da ich zufällig keine 250 Dollar herumliegen hatte. Es beruhigte mich zu wissen, dass die gut geölte Regierungsmaschinerie schon lief, bereit, einem der Krüppel der Nation zu helfen.

Und jetzt, Monate danach, wartete ich noch immer darauf, dass der Staat sich wegen des Stocktrainings bei mir meldete.

Ich kaufte den Stock, worauf Laura und ich erst mal ein paar Straßen weiter in eine Bar gingen.

»Auf die Einsicht in das Unvermeidliche«, prostete ich ihr zu.

»Nein, darauf, dass man etwas dagegen *unter-*

nimmt, du Arsch«, antwortete Laura. Vermutlich war ich bis dahin nicht sonderlich kooperativ gewesen.

Ich sagte es keinem, aber ich war enttäuscht von dem Stock. Damit konnte ich doch keinen Angreifer totschlagen. Es war ein zusammenschiebbares Modell, mehr oder weniger das Einzige, was heute noch hergestellt wird: vier Teile, die innen mit einem Gummiband zusammengehalten werden. Klar, damit konnte ich auch zuschlagen, aber es würde nur »Flapp-flapp« machen, und mein Angreifer würde sagen: »He, lass das, ja?«

Ich brauchte etwas Tödliches. Etwas aus Eiche oder Kirschbaum mit einem silbernen Wolfskopf als Griff. Der Typ bei Lighthouse hatte nicht recht begriffen, was ich haben wollte. Wenn ich einen »Stützstock«, wie er ihn nannte, suchte, müsste ich in ein Sanitätshaus gehen.

Nein, dachte ich, ich müsste in einen Tabakladen schauen, denn nur da werden noch Gehstöcke mit Stil und Format verkauft, die auch einigermaßen bedrohlich wirken. Ich ging nach Hause, machte mir ein Bier auf und scheuchte die Katzen mit meinem neuen Blindenstock durch die Wohnung. Irgendwann würden sie mir im Schlaf noch die Luft abdrücken.

Ich wurde den Gedanken an einen Stock mit silbernem Wolfskopf als Griff nicht los. Genau so einen wollte ich haben.

Am nächsten Morgen legte ich Musik auf und machte mich an meine üblichen Verrichtungen. Dann wurde es Zeit, mich zusammenzureißen, ein schnelles Bier zu kippen, nach Midtown zu düsen und einen fiesen Stock zu kaufen. Es würde ein Kinderspiel sein. Ich wusste, was ich wollte und wo ich es bekäme: in Nat Shermans Tabakladen in Manhattan. Ich gelangte ohne Schwierigkeiten, blaue Flecken, Kratzer und ohne mich zu verlaufen hin. Erst als ich drin war, ging der Ärger los.

Es war Sonntag, also war der Laden gerammelt voll. Da er klein war, wurde ich von dem Pöbel hin und her gestoßen. Da es düster war, war ich total frustriert. Ich tastete mich ein paar Schritte dahin (keine Stöcke, nur Zigarren), ich tastete mich ein paar Schritte dorthin (keine Stöcke, nur Pfeifen) und ein paar Schritte da rüber (keine Stöcke, nur Feuerzeuge und schicke Aschenbecher). Ich beschloss, jemanden zu fragen, fand mich jedoch am Ende einer langen Schlange bescheuerter Zigarrenpaffer. Als ich jünger war, hatte ich auch Zigarren gepafft, aber das war was anderes gewesen. Diese Leute hier waren Tiere.

»Ich suche etwas ... Opulentes«, hörte ich einen dieser arroganten Wichser zu der Frau hinterm Ladentisch sagen.

Endlich fand ich eine Verkäuferin, eine angenehme junge Frau, die mich zu einer dunklen Kiste voller Gehstöcke mit delphinförmigen Griffen schickte. Delphine wollte ich nicht. Ich wollte Wölfe. Und wenn schon nicht Wölfe, dann Schlangen. Irgendwas mit einem gewissen Drohpotenzial. Sie sagte, oben gebe es noch mehr Stöcke.

Mit den kleinen, vorsichtigen Schritten, die ich mache, wenn ich mir meiner Umgebung oder meines Ziels nicht sicher bin, erreichte ich schließlich den ersten Stock. Ein Mann im hellgrauen Anzug und mit einer Andy-Warhol-Perücke trat mir in den Weg.

»Was kann ich für Sie tun?«, fragte er.

»Ich suche einen Gehstock.«

Er schniefte auf eine herrische Weise, wie ich sie schon beschrieben bekommen, aber noch nie selbst gesehen hatte, und wandte den Blick ab.

Das war grob.

»Bin ich da bei Ihnen richtig?«, fragte ich seinen Hinterkopf.

Er wirbelte herum. »Ja, was *suchen* Sie denn?«

»Gehstöcke.«

»Was?«

»Gehstöcke.«

»Gesticke? Was? Ich kann Sie einfach nicht verstehen.«

Bestimmt hätte er mich problemlos verstanden, wenn ich gesagt hätte: »Aber ich bin *Franzose*.«

Ich räusperte mich. »Stöcke«, sagte ich.

Gequält hob er einen Finger, zeigte in eine Ecke und stieß einen tiefen Seufzer aus. Ich schlurfte von dannen.

Meine erste und vernünftigste Regung war, den nächstbesten Stock zu schnappen und ihm damit die weiche Birne einzuschlagen, ihn ungespitzt in den Boden zu stampfen, doch ich tat es nicht. Obwohl es keine silbernen Wolfsköpfe gab, kniete ich mich hin und sah mir die Preisschildchen an.

Auf einem stand 125 $.

Auf einem anderen 295 $.

Hätte ich eine handgeschnitzte Elfenbeinbüste von Beethoven an meinem neuen Stock gewollt, hätte ich 600 Dollar ausspucken müssen. Nicht gerade meine Kragenweite. Ich erkannte, dass ich eine weitere kleine Welt betreten hatte, in die ich nicht gehörte. Es war Zeit, nach Hause zu gehen.

Zu meinem Leidwesen musste ich feststellen, dass der nächste Eingang zur U-Bahn an der 42nd, Ecke Sixth, geschlossen war. Und das an einem Sonntagnachmittag. Kein Cop da, keine Feuerwehr, keine Erklärung. Ich tappte los Richtung Norden.

Verdammt.

Der Zug, in den ich an der 47th stieg, fuhr in die falsche Richtung, also stieg ich an der 53rd wieder aus. Auf meinem Weg den Bahnsteig entlang hielt ich mich wie immer aus Angst, auszurutschen und auf die Schienen zu fallen, dicht an der Wand, als plötzlich irgendwelche Bahnarbeiter eine Tür aufstießen. Sie erwischte mich hart an der rechten Seite; der Stoß hätte mich beinahe auf die Gleise geschleudert. Ich rappelte mich auf, humpelte weiter und schaffte es schließlich zu einem anderen Zug. Eine Station weiter stieg ein massiger Mann in einem teuer wirkenden Anzug in den nahezu leeren Waggon und setzte sich mir gegenüber. Er hatte etwas Böses im Blick. Und noch bevor ich die Lichter der nächsten Station sah, stand er auch schon an der Tür neben mir, hämmerte mit beiden Fäusten gegen die Scheibe und trat mit dem rechten Fuß gegen das Edelstahl, wobei er Geräusche von sich gab, die mit Englisch weniger zu tun hatten als alles, was meine Katzen je zustande brachten.

Als er an der 34th ausstieg, warf ich der Frau ein paar Sitze weiter einen Blick zu. »Was soll man da machen?«, bedeuteten wir einander achselzuckend.

Nach so vielen solchen Tagen musste ich mich

fragen: Lag das nur an mir? Wenn jemand anders diese vielen kleinen Missgeschicke erlebte, würde er sie einfach nur als unbedeutende Ärgernisse betrachten, oder würden sie auch bei ihm diese übertriebenen mythologischen Dimensionen annehmen? Lag es daran, dass ich in der dritten Person lebte, dass ich das ganze Schlamassel, aus dem die dreißigjährige Tragikomödie meines Lebens bestand, von außen betrachtete, oder war es wirklich eigenartig, dass all das mir passierte? Wenn ich das bloß wüsste.

An dem Abend unterhielt ich mich mit Laura. Wir becherten auch ganz ordentlich und lamentierten über dieses und jenes. Diesmal jedoch tobte keine explosive Wut in mir, nein, ich war kalt wie ein Henker. In den acht Jahren, die wir zusammengewesen waren, hatte sie gelernt, dass ich die Hoffnung allzu schnell aufgab.

»Du machst heute Abend doch keine Dummheit, oder?«

Ich überlegte einen Augenblick. »Neee ... So weit bin ich noch nicht.«

»Versprochen?«

»Ja ... ja, versprochen«, murmelte ich.

Ich beschloss, noch ein paar Monate damit zu warten.

Trotz eines Lebens voller Bitterkeit, durchsetzt mit über einem Dutzend bewusster Versuche, mich umzubringen, ist mir doch ein Satz, ein Gedanke, immer wieder eingefallen. Er kommt einem persönlichen Mantra so nahe, wie es bei mir nur geht: Werd damit fertig.

Dieses Leitprinzip hat mir über die meisten Krisen und Tausende von Demütigungen, die täglich an mir nagen, hinweggeholfen. Sogar bei meiner allmählichen Erblindung war es mit eine gewisse Hilfe.

Ich hatte schon lange gewusst, dass mein Augenlicht seit meiner Kindheit nachließ. Sogar diesen verdammten Stock hatte ich mir in Anerkennung der Tatsache gekauft, dass ich meine Blindheit irgendwann würde akzeptieren müssen. Das Licht war in einem solchen Schneckentempo verblasst, dass ich jede minimale Verschlechterung meines Sehvermögens verdrängen und sagen konnte: »Gut, das kannst du also noch sehen und das nicht. Werd damit fertig.« Doch eines Abends im Herbst 1996 zerfielen diese drei Wörter zu Asche.

Ich stolperte nicht über einen Mülleimer und lief auch nicht gegen eine Wand, ich wurde nicht von Strolchen überfallen und schlug mir auch nicht den Schädel auf dem Gehweg oder an einem Masten auf. Nein, im Gegenteil, ich kam sogar völlig unversehrt zu Hause an. Doch an jenem Abend drängte sich mir eine fundamentale Erkenntnis auf: Mit manchen Sachen fertig zu werden lohnt sich einfach nicht.

Auf dem Nachhauseweg von der Arbeit sah ich noch nach Grendel, Lauras Kater. Sie war ein paar Tage weg, also sagte ich ihr, dass ich nach ihm sehen und ihn füttern würde. Um Viertel nach sechs kam ich in ihre Wohnung. Fütterte den Kater. Setzte mich hin und zündete mir eine an, während Grendel hungrig fraß. Ich warf einen müden Blick zum Fenster hinaus. Es wurde zu schnell dunkel, und ich kannte mich in der Gegend nicht besonders aus. Ich kam mir vor wie in einem alten Werwolffilm. Ich schnappte mir meine Tasche, setzte meinen Hut auf und hastete durch die blaugraue Dämmerung zur U-Bahn.

Die Dämmerung war schon immer die schlimmste Tageszeit für mich, es gibt keine Schatten mehr, an denen ich mich orientieren kann, und die Straßenlampen beleuchten noch nicht den Gehweg. Ich schaffte es zur Bahn, fuhr ein paar Stationen und strebte dann zur Treppe, die mich ans Tageslicht führte oder an das, was davon noch übrig war.

Viel war es nicht mehr. Auf dem Gehweg musste ich alle paar Meter stehen bleiben, wenn mir Leute entgegenkamen, damit ich nicht gegen sie lief. Ich ging noch Bier kaufen, und als ich wieder aus dem Lebensmittelgeschäft kam, war es völlig dunkel geworden. Ich konnte gar nichts mehr sehen. Ich hörte Stimmen um mich herum, Stimmen und Schritte und das Scharren von Kinderwagenrädern. Ich wagte nicht, mich zu rühren, aus Angst, den Fuß mitten auf das Kind irgendeiner blöden Kuh zu stellen.

Das war's, dachte ich, so kannst du nicht weiterleben. Das überschreitet die Grenze des Hinnehmbaren.

Es war ein langes, quälendes Stück Gehsteig zu meiner Wohnung, einen ganzen Block lang. Bei jedem Schritt hoffte ich, dass mein Fuß nicht an einer Baumwurzel, einem Kind, einem Tor oder einem Mülleimer hängen blieb. Mein breitkrempiger Hut sollte mich, theoretisch jedenfalls, wie die Barthaare einer Katze ein paar Hundertstelsekunden, bevor ich mit dem Kopf gegen einen Laternenpfahl oder eine

Wand knallte, warnen. Damit konnte ich womöglich eine weitere Gehirnerschütterung vermeiden.

Nachdem ich endlich mein Haus gefunden hatte, dauerte es weitere zehn Minuten, bis ich drin war. Ich stand auf der obersten Stufe und fummelte mit den Schlüsseln, versuchte im schwachen Schein der Straßenlampe zu erkennen, welches der kupferfarbene für die Haustür war. Im Eingang brannte kein Licht, also tastete ich nach den Briefkästen, dann nach dem Schloss zu meinem, dann nach dem Briefkastenschlüssel. Ich brauchte beide Hände, um den Schlüssel ins Loch zu bugsieren. Holte die Post heraus. Nun die zweite Tür: Schlüssel finden, Schloss finden. Als ich da durch war, wurde es einfacher, wenn auch nur, weil ich schon so lange dort wohnte, dass ich wusste, wie ich dem Fahrrad links und dem Heizkörper rechts auszuweichen hatte. Ich wusste ungefähr, wann das Treppengeländer kam und wann die Treppe. Danach war der Weg frei.

Als ich endlich hoffnungslos und verstört oben in meiner Wohnung war, tastete ich mich zum Küchentisch vor, grapschte nach der Lampe und hätte fast laut losgelacht, als die Birne kaputtging. Ich schaltete das Deckenlicht an und wartete, bis das wunderbare Neon in meine Augen flutete. Ich griff auf das Bord über der Spüle, holte die Whiskeyflasche herunter und goss mir erst mal einen ein.

Von der Arbeit abgesehen, warum ging ich eigentlich überhaupt noch vor die Tür? Herrgott, viele Geschäfte in der Gegend lieferten an. Was brauchte ich denn sonst?

Werd damit fertig.

Ich wurde immer gefragt, was ich tun würde,

wenn ich gar nichts mehr sah, und meine Antwort war immer dieselbe: »Was glaubst du wohl? Ich jag mir 'ne Kugel durch den Kopf.«

Schon bevor meine Augen nachließen, war ich nicht besonders stabil gewesen. Was blieb mir jetzt noch? Was konnte ich noch tun, außer für ein Plakat irgendeiner Blindenstiftung zu posieren? Pappbecher falten? Bleistifte verkaufen? Satan sei Dank für den Computer, denn dessen Lichtquelle schießt mir aus dem Innern des Geräts voll in die Augen. Arbeiten würde ich sicher noch bis zum letzten Augenblick können.

Ich war zunehmend an meine Wohnung gefesselt. Auch vorher war ich nie gern weggegangen, schon als ich noch sehen konnte, aber jetzt schnürte es mir immer die Kehle zu, und die Angst kroch mir in den Magen, wenn jemand sagte, ich solle vorbeikommen oder mich mit ihm in einer Kneipe oder zum Essen treffen. »Mal sehen«, sagte ich dann. Das war nicht gut. Die Angst, mich zu verlaufen, verletzt zu werden oder Schlimmeres, die Angst, als der hilflose Idiot dazustehen, der ich war, hielt mich von den Dingen ab, die ich ohnehin nur selten genug unternehmen wollte. Ich war zu verdammt stolz.

Wenn man blind wird, ist man plötzlich den Sehenden ausgeliefert.

Wenn mich Dunkelheit umhüllt, mache ich zu. Wenn ich in einer Kneipe oder einem Restaurant bin und nichts sehen kann, werde ich fast stumm. Manchmal sage ich gar nichts; ich sitze da und starre in die Schwärze. Warum, begreife ich nicht, aber ich begreife ja auch nicht, warum ich mir immer so besessen die Zähne putze.

Ich verkroch mich in meiner Wohnung. Die Welt, in der ich lebte, wurde immer kleiner, die kahlen Wände schlossen sich immer enger um mich, die Katzen nervten. Alles glitt mir wieder mal aus den Händen. Es würde nicht lange dauern, bis ich Kleenex-Schachteln an den Füßen trug und von meinen wenigen Gästen verlangte, dass sie einen Mundschutz anlegten, bevor sie meine Wohnung betraten.

Einige Organisationen in der Stadt versuchten, »Leuten wie mir«, wie ich das so nannte, zu helfen – eine war Lighthouse –, aber die hatten immer so etwas Gefühlsduseliges. Lieber wollte ich blind werden und mir eine .38er in den Mund stecken, als bei so einem Gruppengesülze mitzumachen.

Bislang hatte ich es geschafft, solche Orte zu meiden, indem ich auf meine Weise mit den Dingen fertig wurde. Ich sagte Leuten bei der Begrüßung, ich könne nicht sehen und müsse geführt werden. Ich entschuldigte mich bei den Fremden, die ich anrempelte, und hielt ihnen zuweilen auch einen Kurzvortrag über Retinitis pigmentosa: »Meine Netzhäute lösen sich auf wie zwei Alka-Seltzer im Kopf, und momentan kann niemand was dagegen tun.«

Ich ersann meine eigenen Überlebensstrategien: Schatten lesen, um zu erkennen, wo Stufen oder Bordsteine anfingen; die Ohren so gut wie die Augen gebrauchen und andere phänomenologische Tricks. Doch mehr als Tricks waren es letztlich nicht. Taschenspielertricks, die dann doch nichts halfen.

Irgendwann, erzählten mir meine Ärzte ständig und ich mir selbst auch, würde ich lernen müssen, mit dem verdammten Stock umzugehen. Ich wollte nicht verbittert sein deswegen, wenngleich das mein genetischer Imperativ ist, und ich war auch nicht allzu verbittert gewesen. Bis zu jenem Herbstabend war meine Retinitis pigmentosa ein körperliches Leiden wie viele, über das man seine Scherze machte.

Eine größere, blöde existenzialistische Furcht bemächtigte sich meiner. Ich hatte wie festgewachsen auf dem Gehweg vor dem Lebensmittelgeschäft gestanden und mich nicht mehr bewegen können. Ich hatte Schiss. Ich war fast so weit, damit fertig zu werden. Aber noch nicht ganz.

Damit fertig werden

Retinitis pigmentosa ist nicht so tödlich wie Aids und auch nicht so schmerzhaft wie Krebs oder behindernd wie ein Schlaganfall. Sie tut überhaupt nicht weh. Man wird nur blind. Ich werde auch weiterhin gehen und sprechen können; ich muss nicht ins Krankenhaus, es sei denn, ich laufe wieder gegen einen Laternenpfahl oder gegen einen Bus. Aber RP ist heimtückisch, und sie macht Angst.

Statistiken zeigen, dass die meisten RP-Kranken die Auswirkungen erst mit fünfzig oder sechzig bemerken. In meinem Fall begann sie ihren vorgezeichneten Weg früher als normal. Erst die Nachtblindheit, dann die Verschlechterung des Farbsehens, dann die Einschränkung der zentralen Sicht. Mit siebzig spätestens sind die meisten blind. Aber verdammt, was gibt's in dem Alter überhaupt noch zu sehen?

Mit zweiunddreißig hatte ich die ersten beiden Stadien durchlaufen, und meine Augenärztin hatte mich beim Staat New York als offiziell blind gemeldet. Wenigstens schien meine zentrale Sicht erhalten zu bleiben; das gab mir stets die Kraft weiterzumachen. Zwar war auch sie nie richtig gut gewesen – Kurzsichtigkeit auf beiden Augen und Astigmatismus –, aber mit Kontaktlinsen konnte ich immerhin lesen, tippen und erkennen, wie die Leute aussahen.

Dann aber brauchte ich zum Lesen eine sehr starke, direkte Lichtquelle über der Lektüre sowie ein Vergrößerungsglas. Um ein Gesicht zu identifizieren, musste ich ganz nah rangehen und die Augen zusammenkneifen. Auf der Straße unterwegs zu sein wurde ein reines Ratespiel, unterstützt von ein wenig Vorwissen.

Nun also, mit zweiunddreißig, trat ich in die letzte Phase ein. Noch gab es keine Transplantate (frühe Experimente am Menschen mit Netzhauttransplantaten hatten sich als glatte Fehlschläge erwiesen), keine Behandlungsmöglichkeit, keine Technik, die den allmählichen Ausschluss des Lichts verhinderte. Länger als zehn, fünfzehn Minuten am Stück konnte ich nicht lesen, dann verschwammen die Wörter zu grauen Schlieren.

Als das anfing, ging ich nicht mehr zu meiner Augenärztin – nicht gerade die klügste Entscheidung. Die Ärztin war eine der besten der Stadt, wie ich von verschiedenen Seiten gehört hatte, und das Praxispersonal hatte ich als schlau und witzig erlebt. Doch am Ende konnten auch die Leute dort nur bedauernd und achselzuckend den Kopf schütteln. Die einzige Hilfe, die sie mir noch leisten konnten, war, mich in Sachen staatliche Unterstützung zu beraten.

Im Angesicht des Unausweichlichen beschloss ich, meine Bibliothek wegzugeben. Auf sie war ich immer sehr stolz gewesen, daher wollte das genau überlegt sein. Aber ich musste sie loswerden, so schmerzhaft es auch sein würde.

Mit den Jahren war meine Bibliothek für die wenigen, die ich meine Freunde nenne, zu einer festen Bezugsgröße geworden. Sie fragten mich etwas, und auch wenn ich die Antwort nicht gleich parat hatte, wusste ich doch, dass sie irgendwo in den Regalen zu finden war, und meistens wusste ich auch, wo. Wann genau wurde Bruno Hauptmann hingerichtet? Das haben wir gleich. Wie sind diverse Übersetzer mit Nietzsches unangenehmeren Seiten umgegangen? Hier steht's. Wenn ich nicht mehr sehen und lesen konnte, ging das nicht mehr. Die Bücher würden mich nur noch verhöhnen. Die Erstausgaben, die Bücher mit Widmung, das alles würde mich nur noch tieftraurig stimmen.

Ich räumte nicht nur die Bücher aus, sondern auch noch etliche andere Sachen, aber aus einem anderen Grund. Obwohl die Wohnung klein und eng war und man sich praktisch nicht darin verlaufen konnte (Gott weiß, an ein paar besoffenen Abenden habe ich es trotzdem geschafft), standen zu viele Sachen im Weg. Jeden Morgen stand ich mit einem Wehwehchen auf, weil ich am Abend davor gegen irgendwas gelaufen war oder mich an etwas geschnitten hatte. Falsch stehende Stühle, Bücherstapel und Platten, Telefonbücher (die ich schon seit einiger Zeit nicht mehr hatte lesen können), Lampenteile, Kisten, die ich für Freunde aufbewahrte. Kram. Lauter verdammter Kram. Der musste als Erstes raus, aber oft gelang mir das nicht. Beispielsweise versuchte ich monatelang, eine mechanische abgetrennte Hand loszuwerden. Ein Freund aus Philly hatte mir diese lebensgroße, batteriebetriebene, nun ja, abgetrennte Hand geschenkt. Man schaltete sie ein, und sie kroch herum. Kaum zu etwas zu gebrauchen, so witzig sie auch war. Aber jedes Mal, wenn ich sie wegwarf, tauchte sie wieder auf. Wie das kam, möchte ich, glaube ich, lieber nicht so genau wissen.

Ich zog Bilanz und stellte fest, dass ich nur eine sehr begrenzte Anzahl von Dingen wirklich brauchte. Ein Messer. Eine Schüssel. Alles andere war im

Weg. Ich musste wissen, wo das Notwendigste war – alles hatte seinen Platz, wo ich es finden konnte. Lag es woanders, war ich aufgeschmissen. Und auch das war ein Problem mit der Bibliothek: Je mehr Bücher es wurden, desto schwerer fiel es mir, ein bestimmtes zu finden. Ich wusste, es war besser, diesem Frust ein Ende zu machen, egal, wie sehr ich es bedauern würde. Darüber würde ich hinwegkommen; Frust war etwas Alltägliches.

Um diese Zeit bekam ich einen Anruf von Pisspott, einem alten Freund aus Philly; er war Schriftsteller und hatte bei einer Reihe Punkbands, die ich mochte, mitgespielt. Er hatte zwei Jobs, mit denen er zwei Kinder aus einer früheren Ehe unterstützen und seine gegenwärtige Frau und ihren Zweijährigen ernähren musste. In einem Vierteljahr, erzählte er mir, sollte ein weiteres Kind kommen.

Wie beinahe jeder fragte auch er als Erstes: »Was machen die Augen?«

Ich sagte ihm, was ich allen anderen sagte: »Ich stell mich schon mal auf die Blindenschule ein.« Irgendwann.

»Und? Was wirst du tun?«

Ich erzählte ihm von dem Kram mit Stocktraining und Braille und davon, wie ich in der Wohnung zurechtkam.

»Schön. Aber was wirst du tun?« Wie meine Ex-Frau kannte auch Pisspott mich schon zu lange. Er wusste von dem Plan. Ich hatte ihn oft genug mit ihm besprochen. Das Ende meines Sehens bedeutete auch das Ende meines Lebens, das war sein letzter Stand.

»Was meinst'n?«

»Ich meine, was wirst du tun?«, wiederholte er. Ich wurde gereizt. Es klang so, als wäre er es auch.

»Herrgott, ich weiß nicht. Nicht den leisesten Schimmer. Ich tu, was mir gerade einfällt. So wie bei allem anderen auch.«

»Nicht gut genug.«

»Hab ich mir gedacht.«

Offenbar dachten das eine ganze Menge Leute.

Ein paar Tage, nachdem ich in einer meiner Geschichten in der *New York Press* beiläufig erwähnt hatte, dass ich nicht mehr zum Augenarzt ging, wartete zu Hause ein Brief von Dschingis auf mich (was für Leute mit doofen Namen ich kenne!). Dschingis war der Assistent meiner Augenärztin und Motorradfahrer. Er hatte eine monatliche Kolumne in einem Hochglanzmagazin für Biker.

Ich erwartete das Schlimmste – dass dieser Outlaw mich mit erhobenem Zeigefinger ausschimpfen oder gar bedrohen würde. Aber nein, er war richtig freundlich und teilte mir mit, dass die Leute in der Praxis mich nach Kräften unterstützen würden. Natürlich so lange, bis die Wissenschaft etwas entwickelt hatte. Am nächsten Tag bekam ich einen Anruf von der Augenärztin selbst.

»Ich rufe nicht an, um Ihnen zu sagen, dass Sie wiederkommen sollen«, sagte sie. »Dschingis war sehr besorgt, und ich wollte Ihnen nur sagen, dass wir für Sie tun, was wir können.«

Das war ganz toll, aber noch nicht alles.

»Nachdem er mir erzählt hat, was Sie in Ihrer Geschichte geschrieben haben, habe ich wegen Ihres Falls mit einigen Leuten bei der Staatlichen Kommission für Blinde telefoniert, und die fanden das sehr aufregend.«

»Ach ja?«

»Wie es scheint, sind Sie ideal für die.«

»Wie das? Ich war noch nie für jemanden ideal.«

»Sie sind jung.«

Das hat mir auch noch nie einer gesagt, dachte ich.

»Sie haben eine feste Stelle, und Sie schreiben.«

»Und blind bin ich auch.«

Mit dieser Sammlung von Eigenschaften hatte ich die besten Karten, um ein Supermodel fürs Sozialamt zu werden. Ich sah es schon lebhaft vor mir: Über einem Foto von mir, auf dem ich leer ins Nichts starre, das ich hinter der Kamera sehe, die Worte »Bitte spenden Sie«, und unter dem Bild: »Jim könnte jetzt gut einen Schluck vertragen.« Wenn alles gut lief, konnte es nicht mehr lange dauern, bis man mich Schuhgeschäfte einweihen ließ.

In Wirklichkeit aber bedeutete es, dass nach Abschluss meines Blindentrainings Vater Staat eingreifen und mir in seiner Großmut die neuesten Hightech-Teile mit allem Schnickschnack kaufen würde: sprechende Computer, Lesegeräte, die ganze Palette.

Am Tag vor dem Beginn meines offiziellen Blindentrainings fragte mich einer bei der Arbeit, was meine Trainer denn mit mir machen würden.

»Als Erstes, glaube ich«, sagte ich zu ihm, »geben sie mir eine Dose voller Bleistifte und stellen mich an die 47th Ecke Fifth, um mal zu sehen, wie viel Geld ich einnehme.«

»Weißt du, was sie dann mit dir machen?«, sagte er. »Sie ziehen dir deinen Hut vom Kopf und verstecken ihn irgendwo in der Nähe. Dann sagen sie: Okay, Blinder, da ist dein Stock. Und jetzt such mal deinen Hut!«

Ein anderer Freund hatte eine noch bessere Idee fürs Bleistifteverkaufen. »Weißt du, was du machst? Du nimmst dir einen deiner Bleistifte, stößt ihn den Leuten in die Augen, wenn sie stehen bleiben, und sagst: ›Ha! Jetzt können Sie auch Bleistifte verkaufen!‹«

Gut, dass manche die Sache mit meinen Augen mit Humor nehmen. Als die Augenspezialistin, mit der ich es künftig zu tun haben würde, anrief, um den ersten Termin zu vereinbaren, fragte sie zunächst: »Und, was haben sie in letzter Zeit gemacht?«

»Anrufe entgegennehmen, blind werden. Na ja, vor allem blind werden«, antwortete ich.

Ihre Stimme wurde traurig und ernst. »Das tut mir Leid«, stammelte sie. Und bei allem, was ich ihr auf ihre Fragen nach meinen nachlassenden Augen antwortete, stammelte sie fortan »Tut mir Leid«.

Klar, gelegentlich zerfließe auch ich vor Selbstmitleid darüber, dass ich blind werde, etwa wenn ich anfange, mir zu überlegen, was ich so alles vermissen werde. Bäume allerdings nicht. Alle sagen Bäume. Ich mag Bäume nicht besonders. Nein, ich werde andere Sachen vermissen: das Gesicht meines Katers Big Guy, wenn ich abends nach Hause komme und er sich auf dem Küchenstuhl räkelt und unbedingt gekrault werden will; die mikroskopisch feinen Details der Bilder von Joe Coleman; Filme von Orson Welles; all die Bücher; die Skyline von Manhattan morgens um sieben, wenn die Linie F für ein paar Stationen aus der Erde kommt; das Glühen meiner Zigarette in einer dunklen Bar.

Ich komme immer wieder auf mein simples Mantra zurück, werd damit fertig, während ich zunehmend erkenne, dass mein Leben zu einer einzigen langen Slapsticknummer geworden ist – als wäre ich in einem Film der Marx Brothers, nur nicht mit ganz so vielen Musikeinlagen.

Bei meiner Ärztin verbrachte ich die meiste Zeit damit, Formulare auszufüllen. Ich war beim Amt der Kommission für soziale Dienste für Blinde und Sehbehinderte des Staates New York registriert und hatte auch schon meine offizielle Blindennummer. Nun wartete ich noch auf meine Mitgliedskarte und den Decoder-Ring.

Man wollte mir unter anderem die korrekte Handhabung des Stocks beibringen und auch Braille, damit ich die gesammelten Werke von Tom Clancy, Sidney Sheldon und Ken Follett lesen konnte. Zeit, zum Wesentlichen zu kommen.

In einem Abschnitt eines Formulars wurde ich aufgefordert, die Dienste anzukreuzen, an denen ich interessiert war. Es waren grundlegende Dinge dabei, Dinge, die ich erwartet hatte, wie Beweglichkeitstraining, aber auch viel Unerwartetes: berufliche Weiterbildung, wie man einen Job bekommt, wie man ihn behält. Letzteres kreuzte ich an. Ich hatte heitere Visionen von Mafiosi, die im Auftrag der Blinden im Büro vorbeischauten und den Verantwortlichen einen Besuch abstatteten.

Nachdem ich die Formulare ausgefüllt hatte, unterzog ich mich ein paar Stunden lang Tests: Gesichtsfeld, Entfernung, die gleichen Tests, die ich schon seit meinem dritten Lebensjahr gemacht hatte. Doch diesmal erhielt ich andere Reaktionen.

»Das machen Sie aber gut!«, sagte die Ärztin.

Ganze zwei Wochen davor hatte ein anderer Arzt in derselben Praxis, nachdem ich dieselben Tests gemacht hatte, den Kopf geschüttelt und immer wieder gesagt: »O je ... o je ...«

»Die meisten Pigmentosa-Patienten in Ihrem Alter sehen überhaupt nichts mehr!«, sagte diese Ärztin nun ganz aufgeregt. »Die meisten sind völlig blind!«

Das war, wie ich wusste, gelogen. Ich wusste genau, dass die meisten in meinem Alter ausgezeichnet sahen.

Nach dieser guten Nachricht besprachen wir mein Training. Bald sollten mich drei Leute anrufen – einer wegen des Stocktrainings, ein anderer wegen der Mobilität zu Hause, und ein dritter sollte mir helfen, meinen Job zu behalten. Bis die drei mich anriefen, war es meine Aufgabe, »damit fertig zu werden«.

»Das kann ich«, sagte ich zu ihr.

Sie zog ein paar alberne Geräte hervor, eins, das mir beim Scheckausfüllen helfen, und eins, mit dem ich Textzeilen auseinander halten sollte. Das war sicher nützlich, solange ich nur Taschenbücher las.

»Gibt's das auch größer?«, fragte ich. »Für gebundene Bücher oder Zeitungen?«

»Nein«, beschied mich die Ärztin, »aber Sie können es sich auch selbst basteln. Hier ganz in der Nähe ist ein Papiergeschäft.«

Ich sah ihn schon kommen, den zarten Hinweis auf mein handwerkliches Geschick. Ich wurde behutsam darauf vorbereitet, in einem Sklavenbetrieb für Blinde zu arbeiten, wo meine Kollegen und ich sechzehn Stunden am Tag in einem Speicher in Chinatown Pappbecher falteten oder Schnittkäse in Zellophan einwickelten.

Wir sprachen über Kosten und Zeitpläne, dann hielt mir die Ärztin diverse mechanische Gerätschaften vor die Augen, um zu sehen, wie die darauf reagierten. Anscheinend nicht sonderlich. Aber in Anbetracht dessen, dass ich das »toll« machte, war es wohl okay. *Mann!*

Dann verabschiedete sie mich, und ich ging nach Hause, um auf die Anrufe zu warten. Als die Sonne langsam unterging, machte ich mir ein Bier auf, legte mich aufs Bett und dachte über alles nach. Mir war nicht sehr danach, mit jemandem zu reden.

Die Anrufe kamen erst ein paar Wochen später bei der Arbeit. Kaum hatte man sich einander vorgestellt, flogen mir auch schon die Fragen um die Ohren. Natürlich war ich nicht darauf vorbereitet, sie zu beantworten, nicht, während ein Dutzend Leitungen zugleich klingelten und Pakete reinkamen und rausgingen. Ich schaffte es, mit einem Sozialarbeiter ein Treffen zu vereinbaren.

Als ich am Morgen des Treffens aus der Haustür trat, stand eine Frau mit einem kleinen Mädchen unten auf dem Gehweg vor der Treppe. Das Mädchen machte große Augen und zeigte auf mich.

»Guck mal, Mama. Der Pechbote!«

Es hört *nie* auf.

Als Erstes musste ich zu meiner Augenärztin, und obwohl meine Augen dort geweitet worden waren, fand ich es einfacher, danach zu Fuß zu der Kommission zu gehen, als die U-Bahn zu nehmen. Alles war verschwommen; ich brauchte nur dem Verschwommenen, das sich bewegte, aus dem Weg zu gehen.

Die Adresse der Kommission stand in dicken schwarzen Markerlettern auf meiner Zigarettenschachtel. Mein Ziel war 270 Broadway. Ich wechselte auf die andere Seite des Broadway, die mit den geraden Zahlen, und ging nach Süden.

Als ich bei den 400ern darauf wartete, eine Seitenstraße zu überqueren, tippte mir jemand auf die Schulter. Ein hagerer, verschwommener junger Mann.

»Weißt du, wo das Sozialamt ist?«, fragte er ganz nett. Ich sah wohl so aus, als könnte ich es wissen.

»Nein, tut mir Leid, keine Ahnung.«

»Du hast keine Ahnung.«

»Nein. Leider nein. Keine Ahnung.«

»Ich hasse dich«, sagte er sanft und beugte sich zu mir her. Das Nette war weg.

»Schon gut«, sagte ich. »Ich dich auch.«

»Dann sind wir ja quitt!«, knurrte er lächelnd. Er hielt mir die Hand hin, ich schüttelte sie. Die Ampel wurde grün, und wir setzten unsere jeweilige Suche fort.

Je niedriger die Hausnummern, desto erleichterter wurde ich. Es fällt mir unglaublich schwer, etwas zu finden, wo ich noch nie allein gewesen bin. Habe ich es erst mal gefunden, vergesse ich es auch nicht mehr, aber das Finden ist ein Albtraum. Jetzt schien alles ganz einfach, und ich hatte noch ziemlich viel Zeit.

Ich las die Nummern: 346 ... 292 ... 280 ... Dann ein Turnschuhladen, und der nächste Block war ein Park. Doch die Häuser nach dem Park waren plötzlich auf die 260er gesprungen.

Verdammt.

Ich lief herum wie ein Blöder, einen Block hoch, einen anderen runter, auf der vergeblichen Suche nach einem Haus, das es offenbar nicht gab. War das wieder so ein übler Streich, wie man sie Blinden spielt?

Ich kaufte mir eine Dose Wasser, steckte mir eine Zigarette an, setzte mich in den Park an einen Betonschachtisch und überlegte. Nach einer Weile kam ich zu dem Schluss, dass ich jemanden fragen musste. Ich hasse es, Leute um Hilfe zu bitten. Aber immer häufiger war ich nun dazu gezwungen. Am Nebentisch ordnete ein Penner seine Sachen in seiner Sammlung praller Plastiktüten.

»Entschuldigen Sie«, fragte ich, ohne ihm zu nahe zu kommen. Ich wollte ihn nicht erschrecken. »Wissen Sie, wo 270 Broadway ist?«

Wortlos zeigte er mit dem Finger auf die andere Straßenseite.

Zufällig ist 270 Broadway die eine Ausnahme, das eine Gebäude mit gerader Hausnummer auf der Westseite der Straße.

Als ich durch die Haustür war, stand ich praktisch im Dunkeln. Dazu neigen, wie ich festgestellt habe, fieserweise Einrichtungen, die »blindenfreundlich« sein wollen. In dieser Hinsicht schoss die Wills-Augenklinik in Philadelphia den Vogel ab. Der

Empfangsbereich ist ein gruftartiger, unbeleuchteter Raum, in dem lauter Betonsäulen zum Abstützen der Decke stehen. Man könnte den ganzen Tag da sitzen und sich von den irrwitzigen Possen der Blinden unterhalten lassen, die von einer Säule an die andere prallen wie in einem riesigen Flipperautomaten. Hier im Gebäude 270 Broadway gab es wenigstens nur einen langen, unbeleuchteten Flur.

Ich fragte einen Mann, wo der Fahrstuhl sei, worauf er sagte: »Gleich da drüben«, was mir natürlich gar nichts nützte. Als ich mich endlich zu den Fahrstühlen getastet hatte, stieß ich darin auf einen Mann auf allen vieren, der auf ein Metallstück einhämmerte, das sich gelöst hatte.

Als ich zum Büro meiner Sozialarbeiterin vorgedrungen war, wurde es besser.

»Wir wollen das schneller durchdrücken, als es sonst möglich wäre«, sagte sie zu mir, »und deshalb sagen wir einfach, dass Sie das Training sofort brauchen, damit Sie Ihren Job behalten können. Wir machen einen Notfall draus.«

»Klingt gut.«

»Sehen Sie, wenn Sie schon einen Job haben, ist es für die Kommission wichtig, dass Sie ihn auch behalten.«

»Klingt auch gut.«

Bedauerlicherweise bedeutete die Tatsache, dass ich einen Job und ein regelmäßiges Einkommen hatte, dass ich nicht in den Genuss der erhofften Hightech-Geräte kommen würde.

»Wir übernehmen Ihr Training, das kostet Sie keinen Cent. Aber Sie müssen Ihren Boss überreden, dass er Ihnen die Spezialausrüstung kauft, die Sie vermutlich brauchen.«

»Mhm. Dann wird's wohl ohne gehen müssen.«

Ich ging nach Hause, um auf weitere Anrufe zu warten.

Mr. Vera und ich tauschten über eine Woche lang Nachrichten aus, bevor wir zusammenkamen. Er war von der Kommission zu meinem persönlichen Überlebenstrainer auserkoren worden. Bei der Kommission hieß er eher nicht so, für mich aber war er es. Wir vereinbarten, dass er mich an einem Samstagvormittag um elf in meiner Wohnung besuchen würde.

Als mein Summer Punkt elf Uhr Laut gab, tastete ich mich ohne die geringste Vorstellung davon, wer mich da erwartete, nach unten. Die Stimme am Telefon hatte indisch geklungen. Als ich die Tür aufmachte, stand ein kleiner, rundlicher Mann davor, Peruaner, wie ich bald erfuhr, einen ganzen Kopf kleiner als ich. Mir war nicht so ganz klar, was er erwartete, aber wahrscheinlich ging es ihm mit mir genauso.

Ich führte ihn nach oben, schloss meine Wohnungstür auf und schob eine der Katzen aus dem Weg. Mr. Vera legte seinen Mantel auf die Bank, zog einen Packen Papiere aus seiner Tasche, legte ihn auf dem Küchentisch ab, setzte sich mir gegenüber und begann mit seiner Arbeit, wobei er das große »Töten oder getötet werden«-Schild über dem Tisch übersah oder ignorierte.

»Kochen Sie?«, fragte er.

Da ich während der vergangenen Jahre am Empfang gezwungen gewesen war, mit Leuten zu reden, fand ich es häufig schwierig, auf einfache Fragen einfache Antworten zu geben. »Also, ich sag Ihnen«, erzählte ich Mr. Vera, »vor vielen Jahren mal, da habe ich richtig gut gekocht, das muss ich schon sagen. Also, da konnte ich noch ...«

Mr. Vera wartete geduldig, bis er dann präziser fragte: »Und heute?«

»Oh. Heute, na ja, da hole ich meistens Sachen aus dem Tiefkühlfach und stelle sie zwanzig Minuten lang in den Ofen.«

Wir gerieten in einen Streit über die Mikrowelle. Seit mein Vater mich vor »den ganzen schlimmen Mikroben, die diese Dinger durchs Essen tanzen lassen« gewarnt hatte, mochte ich die Mikrowelle nicht. Mr. Vera fand, ich sollte eine haben, um die nahe liegende Gefahr, mich scheußlich zu verbrennen, auszuschließen. Ich blieb bei meiner Haltung. Meine schlimmsten Verbrennungen hatte ich mir zugezogen, als ich etwas aus einer Mikrowelle holte.

»Mhmmm.« Er machte sich eine Notiz auf seinem Block. »Und Putzen? Haben Sie Probleme mit dem Putzen?«

Wir blickten uns in der Küche um, sahen auf die verrauchten Wände, die verdreckten Herdplatten, den knirschenden Fußboden. Der Fußboden war mal weiß gewesen.

»Schon«, sagte ich in der Hoffnung, die Kommission würde eine Putzhilfe springen lassen.

»Mhmmm.«

Nach weiteren, ähnlichen Fragen umriss Mr. Vera, was er mir während der kommenden Monate jeden Samstagnachmittag beibringen wollte. Dann zog er einen Katalog aus seiner Tasche, blätterte ihn durch, hielt dabei immer wieder inne und machte eine rasche Notiz auf seinem Block, wobei er mir jedes Mal mitteilte: »Ich besorge Ihnen *das* und *das* und *das* und *das* ...«

Staunend hörte ich diesem Fremden an meinem Tisch zu, der mir von den wundersamen Geschenken erzählte, die er mir mitbringen wollte. Und wie die meisten Geschenke hätte ich sie mir niemals selbst gekauft – einen sprechenden Wecker, eine Uhr mit großen Ziffern, ein groß gedrucktes Adressbuch, Herdfäustel, die weit die Arme hochgingen.

Ich fragte mich, ob er mir auch einen ganzen Anzug aus dem Zeug besorgen könne. Wie so ein Hundetrainer-Outfit. Aber das sagte ich nicht laut. Die Sache war zu ernst.

Mr. Vera zählte weiter Sachen auf, die er mir besorgen wollte. Manche waren schlichtweg albern.

»Wie ist das, wenn Sie etwas in ein Glas gießen«, sagte er mit seiner abgehackten, singenden Stimme, die für mich nach wie vor indisch klang, »wie schaffen Sie es, dass Sie nicht zu viel eingießen und es überläuft?«

»Meistens stecke ich einen Finger rein. Wenn die Fingerspitze nass wird, höre ich auf.«

»Sehr gut. Das würden wir Ihnen auch beibringen. Aber ich hatte mal einen, der fragte mich: ›Was ist, wenn meine Verlobte da ist? Ich kann doch nicht den Finger in ihr Glas stecken.‹«

Ich hob die Augenbrauen und sagte nichts.

»Da hatte er nicht Unrecht«, fuhr Mr. Vera fort. »Wenn man Besuch hat, wäre das doch unhöflich.«

Ich unterbrach ihn. »Also, erstens habe ich nicht

oft Besuch. Und wenn, ähm, dann sind das meistens Leute, die es fast schon erwarten, dass ich den Finger in ihr Glas stecke.«

»Trotzdem. Ich will Ihnen sagen, was ich Ihnen besorge. Ein Stöckchen, das man ins Glas stellt, und wenn die Flüssigkeit den Rand erreicht, pfeift das Stöckchen.«

»Das ist aber komisch.«

»Besser als vergießen.«

Ich ließ ihn machen.

Nachdem er mir all die Geschenke aufgezählt hatte, die er mir besorgen wollte, meinte er noch, es sei sehr wichtig, die Sachen in der Wohnung auf das äußerste Minimum zu beschränken. Ich erklärte ihm, dass ich schon dabei sei, dass ich meine Bücher weggäbe und jede Woche Aktenkisten und wichtige Platten rausschmisse und damit ein gemütliches, warmes, wenngleich ein wenig voll gestelltes Heim in einen kalten, kargen Bunker verwandelte, der jederzeit auf einen Angriff von außen vorbereitet sei.

Dann dachte ich an den Widerspruch, der sich hier auftat: Ich sollte mich aufs bloße, überlebensnotwendige Minimum beschränken, aber gleichzeitig überhäufte er mich mit sprechenden Weckern und pfeifenden Getränkescherzen.

Bevor er ging, sagte Mr. Vera: »Wenn Ihnen noch etwas einfällt, was Sie gern hätten, müssen Sie es mir in den nächsten drei Tagen sagen. Denn wenn ich bei der Kommission eine Liste einreiche, bekommen Sie alles, was Sie wollen, aber wenn ich eine zweite Liste machen muss, werden sie dort sauer, und Sie bekommen gar nichts.« Er packte seinen Papierkram und den Katalog ein und verabschiedete sich.

Später rief ich meine Freunde Ken und Laura an, um ihnen von meinem Besucher zu erzählen. Als ich anfing, Mr. Vera zu imitieren, unterbrach mich Ken.

»He, mal langsam, Mr. Knipfel. Ich dachte, du hast gesagt, der Typ sei Hispanier.«

»Ist er auch. Genauer gesagt, Peruaner, aber er hat einen indischen Akzent.«

»Schon verdächtig, wenn du mich fragst. Klingt ganz nach einer typischen Knipfel-Geschichte.«

Ich grunzte und fuhr fort zu erzählen. Als ich zu den beiden Listen kam, fügte Ken das Puzzle zusammen.

»Ich glaube«, sagte er, »da hast du dir einen guten Geist ins Haus geholt.«

»Wie bitte?«

»Dieser kleine, rundliche Mensch, der wie ein Hispanier aussieht, aber einen seltsamen, irgendwie indischen Akzent hat, erscheint vor deiner Tür, bietet dir wunderbare Schätze an und sagt, er gewährt dir einen großen Wunsch, aber wenn du danach noch um etwas bittest, verschwindet alles. Also, wenn das kein guter Geist ist.«

Ken hatte durch die trüben Wolken der Vernunft geschaut und den seltsamen Kern der Sache erkannt.

Die Stockfrau

Ich bemerkte die Menschenmenge, die Autos, den Rauch oder gar das Feuer erst, als ich mittendrin steckte.

Ein sonniger Tag hatte sich für mich plötzlich verdunkelt. Es war nicht Nacht, aber die Sonne war weg, und um mich herum herrschte Dunkelheit, grau und voller Bewegung.

Der Gehweg vor mir war von Feuerwehrmännern und Schläuchen blockiert, mein Nachhauseweg von Menschen versperrt. Wegen der Löschzüge konnte ich nicht über die Straße, und in die Häuser neben mir konnte ich mich auch nicht verdrücken, weil sie, tja, in Flammen standen.

Ein Feuerwehrmann auf der Straße rief einem anderen zu: »Wir müssen den Chef anrufen. Ich weiß nicht, was wir da noch machen sollen, verdammt.« Eine Koreanerin stolperte, hemmungslos schluchzend, aus dem Rauch auf mich zu und an mir vorbei auf die Straße, wo sie unablässig herumlief.

Ich hatte keine Zeit, stehen zu bleiben und mir das Spektakel anzusehen. In einer Stunde wollte die Stockfrau kommen, um mir, wie ich hoffte, beizubringen, nicht blindlings in ein Feuer zu laufen.

Ich bahnte mir den Weg durch die wachsende Menge, sah Licht und machte mich auf zur Sixth Avenue, ging dann ein paar Blocks quer auf die Seventh und nach Hause.

Nachdem ich mich mit diesen Blindentrainern noch kaum ein paar Wochen herumgeschlagen hatte, war ich schon frustriert. Ich brauchte das Training, und zwar sofort. Da ich ja arbeitete, blieb mir fast nur das Wochenende für andere Dinge – Einkaufen, meine wöchentliche Geschichte für die *Press* schreiben, mit Freunden reden, schlafen. Auch das Training konnte nur am Wochenende stattfinden. Doch die Trainer hielten sich an keinen verdammten Plan. Hätten sie es getan, wäre alles viel einfacher gewesen.

In einer Woche sagte mein Home-Survival-Geist, er wolle um neun kommen; um halb eins tauchte er schließlich auf. Meine andere Trainerin, die mit dem Stock, sagte in der einen Woche aus irgendwelchen Gründen ab, nur um eine Woche später morgens um acht wegen des Regens erneut abzusagen, nachdem ich seit dem Morgengrauen aufgewesen und wie ein Idiot herumgerannt war, um alles Mögliche zu erledigen, bevor sie kam. Sie sagte, sie wolle es am nächsten Vormittag noch einmal versuchen.

Wenigstens kam der Home-Survival-Geist meist zum verabredeten Termin. An einem Samstag bestand die Lektion darin zu lernen, wie man an zerfledderte Hemden mit besonderen Blindennadeln Knöpfe annäht.

Als wir am Küchentisch saßen und ich vergnügt vor mich hin nähte, sagte er: »Darf ich Ihnen mal eine persönliche Frage stellen? Sie müssen nicht antworten, wenn Sie nicht wollen oder wenn es Ihnen peinlich ist.«

»Jede Frage ist persönlich«, sagte ich. »Das macht mir aber nichts.«

»Also ... Ihre Ehe. Hat Ihre Frau Sie verlassen, weil Sie blind wurden?«

Das hatte ich nicht erwartet. Eine komische Frage.

»Ich glaub nicht, dass es was damit zu tun hatte.«
»War nur so ein Gedanke. Weil ich es schon oft erlebt habe, dass eine Frau glaubt, wenn ihr Mann blind wird, wird er hilflos und eine zu große Last.«
»Oh. Nein. Daran lag's nicht, glaube ich. Aber eigentlich an allem anderen.«
»Gut.«
Ich nähte weiter, während er drauflos erzählte, welche Fortschritte seine anderen Schüler machten.

Am Morgen des Brandes rief die Stockfrau an, um mir mitzuteilen, dass sie unterwegs sei. Eine Stunde nachdem sie hatte kommen wollen, machte ich mir ein Bier auf in dem Glauben, sie spiele mir wieder einen Streich.

Vielleicht war sie tot oder hatte auf dem Brooklyn-Queens-Expressway einen Platten. Verfahren haben konnte sie sich nicht. Ich hatte sie am Telefon gefragt, ob ich ihr den Weg beschreiben solle. Nein, hatte sie geantwortet, sie kenne die Gegend.

Ich drückte den Knopf auf dem sprechenden Wecker: ein Uhr. Versauter Tag oder nicht, ich hatte keine Lust, ihn an meinem Küchentisch zu verbringen und auf etwas zu warten, was nicht geschehen würde. Viel lieber saß ich an meinem Küchentisch und wusste, dass nichts geschehen würde.

Dann hörte ich den Summer.

»Ich schreie gleich los«, war das Erste, was aus ihrem Mund kam. Es war unser erstes Treffen, das sie schon zweimal verschoben hatte.

»Hallo«, sagte ich. »Kommen Sie rein.«

Sie war ebenfalls eine kleine, rundliche Person, dichter weißer Pony, aufgequollene Augen und ein breiter, schmallippiger Mund. Sie sah aus wie eine Akademikerin. Nachdem sie ihre Horrorgeschichten über Baustellen losgeworden war, stellte sie mir die üblichen Fragen: Fälle von RP in der Familie, meine RP, allgemeine Krankengeschichte, Medikamente, die ich regelmäßig nahm, was ich sehen konnte und was nicht.

»Wie kommen Sie abends von der Arbeit nach Hause?«

Sie kannte meine Zeiten und wusste, dass es dunkel war, wenn ich mich auf den Heimweg machte.

»Ein Freund führt mich zum Zug in Manhattan«, sagte ich. »Und hier, also, ich wohne jetzt seit sieben Jahren in dieser Wohnung, und praktisch jeden verdammten Tag, den ich hier lebe, bin ich immer denselben Weg gegangen. Man kann wohl sagen, dass ich jeden Spalt in diesen verdreckten Gehwegen Brooklyns kenne.«

»Wie ist es mit den Bordsteinen?«

Sie war in Ordnung. Nach dem ersten Telefonat mit ihr hatte ich so meine Zweifel gehabt. Sie hatte entsetzlich angespannt geklungen, keine Zeit für weitere Klienten, aber, seufz, einen könne sie wohl noch annehmen.

Während unseres Gesprächs erwachte das Telefon, das den ganzen Vormittag stumm gewesen war, zum Leben. Wie immer hatte ich den Anrufbeantworter an, und wie immer war am anderen Ende ein Verrückter. »He, Jim! Biste da? Miiiister Knipfel? He! Wuuu-huuu! Hallooo? Knipfel! He!« Das dauerte und dauerte, doch ich saß geduldig da und warf der Frau mit dem Stock gelegentlich einen entschuldigenden Blick zu.

»Das war mein Anwalt«, erklärte ich ihr, nachdem der Anrufer endlich aufgegeben hatte. Minuten später klingelte es wieder. Es war Murray, ein Bekannter von der Zeitung, der von Gott weiß woher anrief.

»He, Jim, hörst du mich? El Duce von den Mentors ist in die Kiste gesprungen.«

Ich senkte den Blick auf meine Hände, während er eine gnädig kurze Verschwörungstheorie betreffend Duce, Courtney Love und den Tod von Kurt Cobain zum Besten gab. Als er zu Ende war, sagte die Stockfrau: »Klingt interessant.«

»Ich hoffe nur, es ruft keiner von den Milizen an, während Sie da sind«, antwortete ich verlegen.

Sie wandte sich wieder unseren Angelegenheiten zu. »Sie werden in zwei verschiedenen Welten leben, und das wird hart sein. Sie werden den Stock nur benutzen, wenn Sie ihn brauchen, aber sobald Sie den Mechanismus ausziehen, wird alles anders sein. Die Leute werden Sie anders behandeln. Die glauben dann nämlich, Sie könnten gar nichts sehen. Sie werden feststellen, dass sie Sie anfassen und hierhin und dorthin zerren, weil sie natürlich besser zu wissen glauben als Sie, wohin Sie gerade gehen. Ich will damit sagen, dass Sie sich auf eine ganze Menge ziemlich seltsamer Dinge einstellen sollten.«

Ich überlegte kurz. »Sagen wir einfach, das bin ich gewohnt.«

Wir gingen die Treppe hinab nach draußen. Die Sonne schien. Alle Ärzte und Trainer, mit denen ich während der vergangenen Monate zu tun gehabt hatte, fragten mich, ob das grelle Licht an sonnigen Tagen ein Problem für mich sei. »Nein«, antwortete ich jedes Mal. »Ich brauche sogar so viel Sonne wie möglich. Deshalb würde ich auch nie eine Sonnenbrille tragen.« Das grelle Licht war nie ein Problem, weil ich immer den Hut trug, dessen Krempe die meisten direkten Strahlen abhielt. Erst in den letzten Wochen hatte ich gemerkt, dass sich mir ohne Hut die Sonne wie eine Ahle in den Schädel bohrte.

Wir schlenderten zu einer Ecke, wo mich die Stockfrau fragte, wie gut ich den Bordstein sehen könne und wie weit den Gehweg entlang. Dann drehten wir um und gingen ans andere Ende des Blocks, wo sie mich dasselbe fragte. Alles noch ohne Stock. Der sollte später kommen. Ich wollte sie fragen, ob wir zur Seventh Avenue gehen könnten, um uns den Brandschaden anzusehen, doch dazu fand ich keine Gelegenheit. Stattdessen gingen wir wieder zu mir nach Hause, wo sie mir an meinem Küchentisch zusammenfasste, was wir während der kommenden neun Wochen machen würden.

Dann fuhr sie nach Hause, nachdem sie versprochen hatte, am nächsten Samstag wieder zu kommen. Ich machte noch ein Bier auf und löschte die Nachrichten auf meinem Anrufbeantworter.

»Wie bereiten Sie sich denn auf diesen Fotografen vor?«, fragte mich mein guter Geist. Wir schnitten gerade Gemüse für den Fleischeintopf, dessen Zubereitung er mir zeigte. »Werden Sie sich richtig in Schale werfen?« Da er ein guter Geist war, sprach er auch so geschwollen.

Mächte, die stärker waren als ich, hatten mir mitgeteilt, dass ich ein Foto von mir machen lassen musste. Auch dass kein Weg daran vorbeiführte.

Ich setzte ein großes, stumpfes Messer an einer Zwiebel an. »Nee, wahrscheinlich bleibe ich so, wie ich bin.«

»Das finde ich gut.« Mein guter Geist konnte sich für alles ungeheuer begeistern. »Die Leute sollen sehen, wie Sie wirklich sind.«

»Genau, so richtig verwarzt.«

Es war ein eigenartiger Samstag gewesen. Ich war um sechs aufgestanden, damit ich noch in dem 24-Stunden-Laden einkaufen konnte, bevor um neun die Stockfrau kam. Nach ihrer Ankunft setzte diese zunächst ihre Erzählungen von einer ihrer Klientinnen fort, die in der vergangenen Woche gestorben war. Sie hatte mir schon donnerstags am Telefon davon erzählt. Dabei hatte ich mich insgeheim gefragt, ob diese Klientin vielleicht beim Überqueren der Straße überfahren worden oder aufs U-Bahn-Gleis gefallen war. Und wenn ja, wie gut sind dann *Sie* als Trainerin? Aber die Klientin war eines natürlichen Todes gestorben; was jedoch natürlich an ihrem Tod war, musste erst durch eine Obduktion geklärt werden.

Mitten in ihrer Geschichte beruhigte mich die Stockfrau: »Aber sie ist noch nicht wirklich verschieden. Sie ist noch nicht hinübergegangen.«

Oje.

»Neulich Abend habe ich mit ihrer Mutter gesprochen, und die hat mir erzählt, als sie ins Zimmer ihrer Tochter ging, war es da eiskalt. Sogar die Bettdecke war eiskalt.«

Oje.

»Sie war noch nicht bereit zu gehen. Daher kommen nämlich die Gespenster. Von Leuten, die sterben, bevor sie dazu bereit sind.«

»Mhm.« Ich musste ja noch herumtappen lernen, und angesichts dieser Geschichte wollte ich lieber gleich als später damit anfangen.

Bevor wir dann zum ersten Mal mit dem Stock rausgingen, erzählte mir die Stockfrau noch etwas anderes.

»Bald fängt wieder ein Programm an«, sagte sie, »und ich möchte, dass Sie daran teilnehmen.«

Jedes Mal, wenn ich das Wort »Programm« höre, denke ich: »Encounter-Gruppe.« Trotzdem ließ ich sie erzählen.

»Es heißt ›Sicher unterwegs‹ und wird von der Transit Authority veranstaltet. Das Ganze wird von einem Blinden geleitet, der ist einfach unglaublich. Die gehen mit einer Gruppe von Ihnen ins Verkehrsmuseum. Waren Sie da schon mal?«

»Ja.«

»Okay, also, sie stellen den Strom ab – es ist immer noch ein funktionsfähiger Bahnhof –, stecken Sie in weiße Overalls und gehen mit Ihnen auf die Gleise.«

Das war schon besser: »Encounter-Gruppe Aug in Aug mit dem Tod.«

»Man zeigt Ihnen, wo Sie stehen oder sich hinlegen können, damit der Zug an Ihnen vorbeifährt. Oder über Sie hinweg, wenn Sie direkt aufs Gleis fallen.«

Das Programm war ein paar Jahre alt und auf einen Unfall hin entstanden; 1993 war eine blinde Frau auf die Schienen gefallen und vom Stromabnehmer zerquetscht worden. Der Blindenhund der Frau hatte allerdings überlebt. Er war nicht mal aufs Gleis gefallen. Und da wunderten sich die Leute, dass ich keinen Hund wollte!

Die Stockfrau und ich gingen raus und tappten um ein paar Blocks.

Ich kam immer besser mit dem rotweißen Stock zurecht und musste zugeben, dass er eine Hilfe darstellte. Wenn ich früher nachts von der U-Bahn nach Hause gegangen war, hatten sich meine Augen abgemüht, auch noch das letzte verfügbare Fünkchen Licht aufzusaugen. Sie waren hin und her und auf und ab gezuckt, immer auf der Suche nach Anzeichen eines Hindernisses. Infolgedessen war ich häufig gestolpert und gefallen. Doch seit der Stock einen Schritt vor mir über den Gehweg kratzte, entspannten sich meine Augen. Mehr noch. Sie stellten ihren Dienst ein und hielten sich ganz raus. Verfügbares Licht war nicht mehr wichtig. Mit dem Stock zählte nur noch, was für Vibrationen durch den Griff kamen. Meine Augen waren in meine Handflächen gerutscht. Sie offen zu halten und sie zu zwingen, das zu tun, was sie noch konnten, während ich tastete, machte die Sache nur komplizierter.

Nach einigen Wochen versuchte die Stockfrau, mir die Grundlagen des U-Bahnfahrens mit dem Stock beizubringen. Es lief nicht besonders.

»Es ist der hinterste da drüben«, sagte der Mann am Münzschalter.

»Das sagt mir gar nichts«, brüllte ich durch das kugelsichere Glas. »Der hinterste wo drüben?«

»Da drüben.«

Herrgott. Ich hob den rechten Arm. »Da drüben?« Ich hob den linken. »Oder dort drüben?«

Es war härter, als ich gedacht hatte. Wenn man blind ist, gehört zu jeder U-Bahn-Fahrt, herauszufinden, wo in den Stationen der Krüppeleingang ist. Ich kam schnell zu dem Entschluss, mich weiter mit den Münzen zu begnügen und mir keine Gedanken über den ganzen Krüppelquatsch zu machen. Besondere Eingänge, besondere Eingangsscheine. Wenn ich bei jeder Fahrt erst mal am Münzschalter fragen musste, hatte ich kein Interesse daran.

Die Stockfrau und ich kehrten in meine Wohnung zurück, wo sie mir ein Band mit dem Rundfunkinterview eines blinden Richters vorspielte, der für einen Sitz im Bundesgericht vorgeschlagen worden war. Der Richter klang ziemlich hochgestochen.

»Und? Wie finden Sie das?«, fragte sie, als das Interview vorbei war.

»Ich bin zweiunddreißig Jahre alt und lebe davon, dass ich Anrufe beantworte. Ich bin kein Richter. Ich werde auch nie einer werden.«

»Vor zehn Jahren war er ein Klient von mir.«

»Tatsächlich.«

»Damals war er unmöglich, und nun sehen Sie, was aus ihm geworden ist. Er scheint es doch ganz gut gepackt zu haben.«

»Und wie, hm?«

Ein paar Stunden nachdem die Stockfrau gegangen war, klingelte mein guter Geist. Warum er durch richtige Türen ging und nicht aus einer grünen Wolke trat, war mir ein Rätsel. War ihm wahrscheinlich zu protzig. Ich ging nach unten, um ihm aufzumachen.

»Hallo, Mr. Knipfel! Wie geht's Ihnen? Wie war die Woche?«

»Ach, ganz gut.« Ich war erschöpft von den U-Bahn-Faxen mit dem Stock. »Und Sie, wie war die Woche bei Ihnen?«

»Oh, gut. Gut!«

»Na, das hört man aber gern.«

Wir gingen in die Wohnung, wo er sich sogleich an die Arbeit machte.

»Sind Sie bereit, einen köstlichen Auflauf zu kochen?«, sagte er. »Fangen wir doch gleich an!«

Ich folgte ihm in die Küche, wo er diverse Lebensmittel auspackte. Die meisten Sachen, die er mir beibrachte, konnte ich längst.

Das Problem war nur, dass ich, wenn ich nach einem Arbeitstag nach Hause kam, meistens zu müde und betrunken war, um einen Fleischeintopf zu kreieren oder ein Souffle zu zaubern. Viel einfacher war es, eine Pizza in die Röhre zu schieben und ein Bier zu knacken. Das sagte ich ihm immer wieder, doch er wollte nichts davon wissen. »Das ist kein Home Survival!«, sagte er dann.

Ich hoffte, er würde jeden Samstagnachmittag kommen und mir ein Essen kochen, das die ganze Woche reichte, aber ich wusste, die Kommission würde das nicht bezahlen. Als ich meinem Freund Ken davon erzählte, konnte er es nicht fassen: »Das sieht dir ähnlich. Jeder andere hätte den Geist um siebzig Millionen Dollar gebeten. Und was machst du? Bittest ihn um einen Auflauf.« – »Aber es war ein richtig *guter* Auflauf«, antwortete ich.

Und so machten Mr. Vera und ich den Auflauf fertig und schoben ihn in die Röhre, und während er garte, fragte Mr. Vera mich, ob ich irgendwelche besonderen Probleme hätte, das Home Survival betreffend, bei denen er mir helfen könne.

»Ich lasse häufig Sachen fallen oder stoße sie vom Tisch. Vor allem Messer. Ich lasse häufig Messer fallen.«

»Wissen Sie, die meisten Leute, die mir begegnet sind, lassen häufig Sachen fallen – und wissen Sie auch, warum?«

»Weil sie tollpatschige Trottel sind?«

»Nein. Sondern weil sie Angst haben. Sie sind voller Angst.«

»Hm.«

»Glauben Sie, *Sie* sind voller Angst?«

»Um ganz ehrlich zu sein, Mr. Vera, trotz allem, trotz der ganzen täglichen Traumata, mache ich mir eigentlich nicht besonders viel Sorgen. Wenn was Schlimmes passiert, geht es auch wieder vorbei. Ich halte mich nicht lange damit auf. Warte einfach bloß auf das nächste.«

»Dann ist es also nicht Angst?«

»Glaub ich eher nicht.«

»Es gibt noch einen Grund, weswegen die Leute häufig Sachen fallen lassen.«

»Moment. Bevor Sie weiterreden, dürfte ich selber eine Vermutung äußern?«

»Aber selbstverständlich.«

»Ich glaube, ich lasse häufig Sachen fallen, weil ich nicht so gut sehe. Ich renne gegen Sachen – Tische, Stühle –, während ich andere Sachen trage, und die Folge ist, dass ich die Sachen, die ich trage, fallen lasse. Klingt das vernünftig?«

»Ahhh, sehen Sie? Jetzt kommen wir voran!«

Es war, als hätte ich es mit einem Seelenklempner zu tun. Klar, mit einem netten, einem sehr netten und einem, der zufällig auch ein guter Geist war, aber eben doch ein Seelenklempner.

Nachdem er mir gezeigt hatte, wie man nach Sachen tastet, die einem heruntergefallen sind, fragte ich ihn, was noch so auf seiner Liste stehe, was er mir noch beibringen müsse. Er zog ein Blatt Papier aus einem Umschlag und las die Liste vor.

»Mal sehen ... ich habe Ihnen gezeigt, wie man Hemden und Hosen identifiziert?«

»Mhm. Mit Sicherheitsnadeln.«

»Und Socken? Um die zwei richtigen zu finden?«

»Mhm. Auch mit Sicherheitsnadeln.«

»Ich habe Ihnen gezeigt, wie man die verschiedenen Münzen und Scheine auseinander hält?«

»Ja.«

»Und den Boden und den Tisch sauber macht?«

Ich nickte, worauf er fortfuhr und ich bei jedem Punkt zustimmend grunzte. Als er am Ende der Liste ankam, blickte er auf und sagte: »Oh. Ich glaube, wir sind durch.«

Das verblüffte mich. Auch er schien verblüfft. Ich hatte geglaubt, es werde eine zehn- oder zwölfwöchige Tortur, in deren Verlauf meine Wochenenden halbiert würden, weil ich den Samstag komplett vergessen konnte, aber nun war mein guter Geist erst die fünfte Woche da, und schon waren wir fertig.

»Sie meinen, das war's? Mehr muss ich nicht wissen, um in dieser Wohnung zu überleben?«

Das war das Stichwort für den guten Geist, mit dem offiziellen Pep-Talk für Blinde loszulegen, wie das, glaube ich, in der Branche heißt. Er nahm die

Lesebrille ab, legte das Blatt Papier weg und lehnte sich auf seinem Stuhl zurück.

»Haben Sie schon von dem Richter gehört ...?«

»Blind, spielt Golf, ist gerade als Bundesrichter vorgeschlagen worden. Bin voll auf dem Laufenden.« Ich beschloss, mir das Wort »Edelkrüppel« zu verkneifen.

»Ja. Und wussten Sie, dass er mal ein Schüler von mir war?«

»Nein, nein, könnt ich nicht sagen. Er war auch mal ein Schüler meiner Stockfrau.« Allmählich glaubte ich, dass jeder Blindentrainer in New York den Richter als ehemaligen Schüler beanspruchte.

»Ich möchte Ihnen eine Geschichte von ihm erzählen. Eines Tages kam er zu mir und sagte: ›Mr. Vera, ich habe ein großes Problem damit, in ein Restaurant zu gehen und ein Stück Fleisch mit einem Knochen darin zu bestellen.‹ Wenn er versuchte, das Fleisch zu schneiden, drückte er die Beilagen immer über den Tellerrand. Das war ihm ganz peinlich.«

»Warum hat er dann nicht was anderes bestellt? Vielleicht einen schönen Salat?«

»Genau darauf will ich hinaus. Ich habe ihm Folgendes gesagt: ›Wenn Sie ein Steak bestellen, dann bitten Sie den Kellner, den Knochen zu entfernen und Ihnen das Fleisch in Stücke zu schneiden.‹ Worauf er sagte: ›Oh, Mr. Vera, das könnte ich nie. Das wäre mir zu peinlich.‹ Und wissen Sie, was ich dann getan habe?«

»Keine Ahnung.«

»Ich habe ihn mit zwei anderen Blinden zum Mittagessen eingeladen, und zwar in ein Lokal, wo er

Fleisch bestellen musste. Und als der Kellner kam, baten die beiden anderen ihn, er möge ihnen den Knochen entfernen und das Fleisch klein schneiden ...«

Das wird ja eine echt lange Geschichte.

»... und bei dem Richter machte der Kellner genau das Gleiche. Na ja, wir unterhielten uns und lachten, es war alles sehr nett. Eine Woche später sah ich ihn wieder und fragte ihn, ob es ihm wirklich peinlich gewesen sei, sich sein Fleisch so zu bestellen. Und wissen Sie, was?«

»Nein.«

»Er hat sich nicht mal mehr daran erinnert!«

»Das ist ja toll. Und jetzt könnte er sogar Bundesrichter werden.«

»Es geht doch um Folgendes.«

Oha, jetzt geht's los. Ich kann alles, was ich will, auch wenn ich blind bin.

»Sie sollen sich dadurch, dass Sie blind sind, von nichts abhalten lassen. Von gar nichts. Wenn Sie etwas tun wollen, aber nicht wissen, wie es gehen soll, denken Sie einfach mal kurz darüber nach, dann wird Ihnen die logische Antwort schon einfallen. Angenommen, Sie wollen ein schönes Steak, wissen aber nicht, wie Sie es braten sollen.«

Dann rufe ich einen meiner Koch-Freunde an und sage, er soll kommen und es mir braten, den Knochen herausnehmen und das Fleisch in kleine Stücke schneiden.

»Sie werden denken: Soll ich es grillen oder schmoren oder braten? Und dann machen Sie Folgendes.«

Ich rufe einen meiner Koch-Freunde an ...

»Sie versuchen es auf die eine Weise, und wenn es danebengeht ...«

Grauenhaft danebengeht.

»... versuchen Sie es eben auf andere Weise!«

»Das könnte aber ziemlich teuer werden, meinen Sie nicht? Besonders bei einem Steak.«

»Ja, aber Sie experimentieren so lange, bis es gut wird. Sie können alles tun, was Sie wollen, wenn Sie nur mal kurz darüber nachdenken.«

Der Pep-Talk ging noch eine Zeit lang weiter, und mein guter Geist erzählte mir, es werde Tage geben, da würde ich sehr deprimiert sein, weil ich blind sei, doch davon solle ich mich nicht unterkriegen lassen. Ich versuchte ihm zu erklären, dass ich meistens deprimiert sei und dass das nur wenig mit meiner Blindheit zu tun habe. Wenn überhaupt, gab mir das Blindwerden eher Auftrieb. Es ist faszinierend, die vollständige Zerstörung eines der wichtigsten Sinnesorgane mitzuerleben. Nein, deprimiert war ich meistens deshalb, weil mein Leben mit Ausnahme weniger kurzer Momente der Freude ein mittleres Zugunglück war. Aber das nahm mir Mr. Vera auch nicht ab. Ich ließ Sachen fallen, weil ich voller Angst war, und ich war meistens deprimiert, weil ich blind war. So einfach war das.

»Sie leben nun in einer ganz neuen Welt. Alles ist anders, und Sie werden alles mit den Fingern sehen.«

Aber die Stockfrau hat gesagt, ich würde alles mit den Ohren sehen und solle nicht so sehr die Finger benutzen, weil die dann verletzt werden und brechen könnten.

»In gewisser Weise kann das ein sehr erregendes Erlebnis sein.«

Bevor Mr. Vera ging, sagte er, er werde noch einmal kommen, um ein letztes Essen für mich zu kochen, die Sache zu einem richtigen Abschluss zu bringen, mir einen weiteren Pep-Talk zu geben und mir vielleicht noch zu zeigen, was ich im Falle des Großbrands zu tun hätte, der ausbräche, wenn ich versuchte das verdammte Steak zu braten.

An einem Freitag rief mich die Stockfrau bei der Arbeit an, um unseren Termin am nächsten Morgen um neun zu bestätigen. Beiläufig erwähnte sie, da wir nun schon zehn Sitzungen gehabt hätten und meine Gutscheine alle seien, werde sie den für mich zuständigen Sachbearbeiter bei der Kommission anrufen und um weitere bitten. Ich war verwirrt.

Keiner hatte mir gesagt, dass die Sache auf Gutscheine lief. Und außerdem, jawohl, hatte man mir vorher erzählt, dass ich zehn Sitzungen mit der Stockfrau haben würde, aber die nächste war doch erst die fünfte. Irgendwas stimmte da nicht. Als sie am Samstagmorgen kam, sprach ich die Sache an.

»Die Gutscheine sind ein altes System«, sagte sie. »Meist kriegen wir von der Kommission einen bestimmten monatlichen Betrag, mit dem wir dann arbeiten. Aber bei Ihnen machen Sie es noch mit Gutscheinen.«

Ich wusste nicht recht, wie ich das verstehen sollte. »Trotzdem, ich dachte, wir sehen uns zehnmal.«

»Das haben wir auch.«

Ich überlegte kurz. Erst Mr. Vera, jetzt die Stockfrau. Sogar die Trainer taten, was sie konnten, um die Blinden übers Ohr zu hauen.

»Nein ... nein. Sie waren doch erst fünfmal hier. Ich habe mitgezählt.«

»Ach, das haben Sie missverstanden. Eine Sitzung dauert nämlich fünfzig Minuten ...«

Wie beim Seelenklempner.

»... und so, wie wir es gemacht haben, waren es zehn Sitzungen. Aber keine Sorge. Ich habe angerufen und noch mehr bekommen.«

In der heutigen Lektion sollte es, wie sie mir schon vorige Woche gesagt hatte, ums Einkaufen im Supermarkt gehen. Obwohl es mir immer wichtig war, meine Sachen früh morgens zu kaufen, sollte ich diesmal eine Sache »vergessen«, damit es einen Grund gab, nochmal um die Ecke bis zur nächsten Kreuzung zu gehen.

»Also«, sagte sie, »brauchen Sie noch etwas aus dem Laden?«

»Ja, das haben Sie mir ja gesagt.«

»Schön. Und was?«

»Bier. Ist bald alle.«

»Ich trinke auch gern Bier«, sagte sie.

Bevor wir losgingen, zeigte sie mir, wie man sich von einem anderen Menschen führen lässt. Vieles davon lief auf den Einsatz des gesunden Menschenverstands hinaus.

»Lassen Sie sich jetzt schon von anderen führen?«

»Klar. Muss ich ja.«

»Wo?«

»In Kneipen und Restaurants. Auf der Straße im Dunkeln. In den hinteren Räumen der Redaktion.

In Treppenhäusern. Wenn jemand hier wäre, ließe ich mich auch hier herumführen.«

Sie führte mich durch die Wohnung, zeigte mir, wie man durch Türen ging und Ähnliches. Dann zeigte sie mir etwas Nützliches.

»Angenommen, Sie gehen auf der Straße und jemand beschließt, Ihnen zu helfen, ob Sie wollen oder nicht. Ob Sie also darum gebeten haben oder nicht, dieser Mensch wird Ihnen helfen. Irgendwann wird Ihnen das mal passieren. Es gibt solche Leute. Ob sie nun betrunken, stoned oder sonst was sind, sie beschließen, das ist an dem Tag ihre Mission. Es kommt also ganz unerwartet jemand von hinten und packt Sie am Arm. Was tun Sie?«

»Ihm eins mit dem Stock überziehen?«

»Nein, das tun Sie nicht.«

»Weil er bloß flapp-flapp macht?«

»Nein. Sie schlagen niemanden. Sie tun Folgendes.« Sie demonstrierte mir eine sehr schnelle, sehr einfache Selbstverteidigungstechnik in zwei Schritten, mit der man eine unerwünschte Führungshand vom Arm entfernt.

»So zeigen Sie diesem Menschen, dass Sie seine Hilfe nicht wollen. Es liegt ganz im Überraschungsmoment.«

»Dem Überraschungsmoment, aha. Aber *dann* ziehe ich ihm eine mit dem Stock über, oder?«

Zwanzig Minuten nachdem sie gegangen war, erschien mein guter Geist zum letzten Mal.

»Sind Sie bereit, ein leckeres Spaghettigericht zu kochen?« Er war jovial wie immer.

»Und ob!« Ich hatte mich zunehmend verpflichtet gefühlt, in seiner Gegenwart den Enthusiasmus der Eisenhower-Ära zur Schau zu tragen.

»Möchten Sie diese Zwiebel klein schneiden?« Er hielt sie mir vor die Nase, damit ich sie sehen konnte, bevor ich mich ans Hackbrett setzte.

»Geben Sie mir ein Messer und lassen Sie mich loslegen!«

Während ich Sachen klein schnitt und Hackfleisch zu Fleischbällchen formte, fragte ich ihn: »Sagen Sie, wann haben Sie gelernt, Spaghetti so zu machen?«

»Erst heute Morgen.«

Ich hatte vergessen, dass sein erster Schüler samstags ein sechzehnjähriger blinder Diabetiker in Bay Ridge war, der in einer riesigen italoamerikanischen Familie lebte.

»Die haben mir viel übers Kochen beigebracht«, sagte Mr. Vera lächelnd. »Und wissen Sie was, viele der besten Sachen, die ich in puncto Haushalt gelernt habe, habe ich von meinen Schülern.«

Ich verspürte eine leichte Scham. Ich hatte meinem guten Geist gar nichts beigebracht. Ich hatte immer nur genommen, genommen und genommen, hatte Home-Survival-Tipps aus ihm herausgequetscht und viele dann mit einem »Das mache ich übrigens schon lange so« abgetan.

Wir rührten die Soße zusammen, stellten sie zum Köcheln auf den Herd und setzten uns dann an den Küchentisch. In einer guten Viertelstunde würde er zum letzten Mal gehen.

»Wissen Sie«, sagte er, »manchmal habe ich Hemmungen, meinen Schülern Fragen zu stellen, die vielleicht zu persönlich sein könnten.« Seit er kam, hatte er wenigstens einmal die Woche eine Frage so eingeleitet.

»Pfff. Machen Sie sich da mal keine Sorgen. Fragen Sie ruhig.« Und das hatte ich ihm, seit er kam, wenigstens einmal die Woche geantwortet.

»Meinen Sie, Sie heiraten noch einmal?«

Wieder war ich unvorbereitet. Diese Frage hatte er mir irgendwie schon mal gestellt, vor Wochen. Als Nächstes würde nun wohl sein üblicher »Wenn ja, dann sagen Sie ihr, dass sie nichts von seiner festgelegten Stelle nehmen soll«-Spruch kommen.

»Das kann ich Ihnen wirklich nicht sagen, Mr. Vera.«

»Ich will Ihnen sagen, warum ich frage. Weil, wenn Sie ein Mädchen finden, das Sie mögen, und Sie gehen mit ihr aus und laden sie dann zu sich in Ihre Wohnung ein ... dann wäre es vielleicht ganz gut, wenn Sie die Wände streichen lassen würden.«

»Wie bitte?« Er hatte mich schon einmal auf die Wände angesprochen, doch ich war nicht darauf eingegangen. Ich konnte sie nicht sehen, sie störten mich nicht, und sie streichen zu lassen wäre ein Riesenaufstand gewesen, wie für jeden anderen auch, nur schlimmer.

»Es wäre gut, wenn Sie die Wände streichen lassen würden, und ich will Ihnen auch sagen, warum. Viele Leute, die mit Blinden in Kontakt kommen, haben eine Befürchtung. Nämlich die, dass der Blinde nur ein Hausmädchen will, eine, die ihm die Wohnung sauber hält. Aber wenn Sie die Wände streichen lassen und sie kommt Sie besuchen, dann sieht sie, dass Sie allein zurechtkommen, dass Sie auch gut für sich selbst sorgen können und kein Hausmädchen suchen.«

Ich dachte darüber nach. Wollte er mir damit nur sagen, dass ich ein hoffnungsloses Ferkel war?

»Das ist ein sehr interessanter Gedanke, Mr. Vera. Vielen Dank. Das werde ich mir bestimmt merken.«

Er strahlte. Dann stand er auf, zog seinen Mantel an, gab mir die Hand und ging. Ich glaube, er war erleichtert, dass er nun wieder einen Schüler weniger hatte. Vielleicht hatte er auch deshalb seine zehn Lektionen in sechs Wochen abgerissen. Vielleicht war er sauer, weil ich ihm nichts zeigen konnte, sondern nur ein paar blöde Geschichten zu erzählen hatte. Ich stand an der Tür und lauschte ihm nach, wie er hinunterging.

Kurz nachdem er weg war, war die Spaghettisoße fertig. Ich stellte den Herd ab und ließ die Soße darauf stehen. An dem Abend kochte ich mir einen Riesenhaufen Spaghetti, goss die Soße drüber, setzte mich vor den Fernseher, sah die Nachrichten und aß. Eine halbe Stunde später war mir kotzübel. Mein guter Geist hatte sich doch noch gerächt.

Encounter-Gruppe Aug in Aug mit dem Tod

Eines Montagmorgens um Viertel vor neun stand ich am Eingang zum Verkehrsmuseum im Zentrum Brooklyns. Man hatte mir gesagt, ich solle um neun da sein, dann werde jemand kommen, der mich und meine Mitschüler zum Kurs »Sicherheit am Bahnsteig« auflesen werde, und Punkt Viertel nach neun solle es dann losgehen. Ich war zu früh da, weil ich immer zu früh komme und auch, weil ich fast den ganzen Samstag davor mit der Stockfrau damit zugebracht hatte, mir den Weg dorthin einzuprägen.

Die Anweisungen, die mir der Blinde geschickt hatte, der dieses Programm der Städtischen Verkehrsbetriebe leitete, waren unter aller Sau: »Sie sollten den Ausgang zur Jay St. bei der Fulton St. nehmen; gehen Sie weiter zur Livingston St., überqueren Sie diese. Biegen Sie nach rechts ab. Gehen Sie weiter zum Boerum Place ...« Für einen Blinden oder in dem Fall eine Gruppe von Leuten, die alle Schwierigkeiten hatten, Straßenschilder zu lesen, waren die Anweisungen wertlos. Ich überredete die Stockfrau, die Strecke mit mir abzugehen, damit ich den Weg kannte, wenn es so weit war. Andere aus meiner Gruppe hatten weniger Glück.

Ich stand also an der Treppe, die zum Museum hinabführt; der Eingang war auf Kniehöhe mit einer Kette abgesperrt. Ich blickte auf und sah einen Mann über den Boerum Place tappen. Er verpasste den Abzweig, der ihn sicher zum Museum gebrachte hätte, und ging stattdessen in Richtung Straße, mitten auf den heranbrausenden Verkehr zu. Ich rannte los, erwischte ihn, bevor es ein Blutbad gab, und führte ihn dorthin, wo ich gestanden hatte.

»Diese verdammten Anweisungen«, grummelte er. »Ich komme von Staten Island. Das bedeutet Bus, Fähre und Bahn. Mann, und als ich dann aus dem Zug war, hieß es: ›Gehen Sie in diese Straße, finden Sie jene Straße.‹ Ich muss mit diesem Kerl mal ein Wörtchen reden. Wenn Sie mich fragen, hat der sich schon viel zu lange in seiner Limousine herumkutschieren lassen.« Der Mann erzählte mir, er habe sein Stocktraining erst vor einigen Wochen abgeschlossen.

»Muss ja 'n tolles Training gewesen sein.« Ich zeigte auf den vorbeirauschenden Verkehr, wobei ich ganz vergaß, dass er die Geste ja gar nicht sehen konnte.

Er sagte, er arbeite in einem Waschsalon, der von einem Blinden und dessen blinder Frau betrieben werde. »Von dem habe ich mehr darüber gelernt, was mir zusteht, als von dieser Kommission«, sagte er. »Die versorgen einen doch bloß auf die Schnelle mit so 'n paar Jobtechniken und lassen einen dann losziehen. Sonst wollen sie nichts tun, zum Beispiel auch kein Braille. Braille dauert ihnen viel zu lange. Das finden sie frivol. Sie wollen einem bloß diese Jobsachen beibringen, damit man auf eigenen Beinen stehen kann und ihnen nicht mehr zur Last fällt. Also bringe ich mir jetzt selber Braille bei. Fernkurs irgendwo in Illinois. Sollten Sie sich mal ansehen.«

»Vielleicht.«

»Machen Sie auch bei diesem Verkäuferprogramm mit?«

»Keine Ahnung, was das ist.«

»Ein Programm, von dem mir der Typ vom Waschsalon erzählt hat. In ein paar Monaten fange ich an. Da übernimmt man solche Münzautomaten. Die klappert man ab und holt das Geld raus. Nach einer Weile kann man dann so einen Zeitungsstand übernehmen, Sie wissen schon, wie die in den staatlichen Gebäuden. Da verkauft man dann Zeitungen und Schokoriegel, alle möglichen Süßigkeiten und so. Wollen Sie das nicht?«

»Also, nein. Ich ...« Es war mir beinahe peinlich, ihm zu sagen, dass ich einen Job hatte und ihn zu behalten hoffte. Aber wer weiß? Irgendwann geht mal was schief, und dann werde ich doch noch zum Snackman.

Die Zeit verstrich, und schließlich fragte ich ihn das, worauf ich am neugierigsten war.

»Sagen Sie, wie haben Sie Ihr Augenlicht verloren? Ein Glaukom? RP? Diabetes? Oder was?« Allem Anschein nach – der Stock, die schwere Rundumsonnenbrille, wie er in den Verkehr lief – war er völlig blind. Das ist ganz selten. Die meisten Blinden können immer noch wenigstens ein bisschen was sehen.

Das ist ein schmutziges kleines Geheimnis, das die meisten Angehörigen der Blindengemeinde den Sehenden am liebsten verheimlichen würden. Nur ein sehr kleiner Prozentsatz derjenigen, die wir »Blinde« nennen, ist tatsächlich völlig blind, das heißt, nur sehr wenige leben in völliger Dunkelheit. Bei denen ist es meistens die Folge eines Unfalls – wie bei dem hier vor mir – oder angeboren. Alle anderen, ich eingeschlossen, können immer noch Schatten und Bewegungen, hell und dunkel erkennen, manchmal sogar Farbe, wenn es hell genug ist, aber natürlich nicht gut.

»Tja«, seufzte er, als habe er die Geschichte schon zu oft erzählt. »1978 hat mich so ein junger Kerl mit einer abgeschlagenen Flasche überfallen. Hat mir das rechte Auge aufgeschlitzt. Die Cops haben ihn nie erwischt. Dann bin ich ein paarmal operiert worden. Schmerzen, das können Sie sich nicht vorstellen. Die hab ich heute noch in Erinnerung. Haben aber nichts gebracht, diese Operationen. Mein Auge füllte sich immer wieder mit Blut, egal, wie oft sie es drainierten. Die Ärzte sagten mir, das linke Auge würde allmählich kräftig werden. Es würde so viel übernehmen, wie es könnte. Größeres Gesichtsfeld, solche Sachen. So kam es dann auch. Ich konnte alles praktisch wieder normal machen.«

Ich nickte überflüssigerweise.

»Vor fünf Jahren hab ich dann auf dem Bau gearbeitet, ja? Und wollte da irgendwas mit 'nem Kistenschneider aufmachen, und da ist der Kistenschneider abgerutscht und mir voll ins linke Auge.«

»Scheiße, Mensch.«

»Der Arzt hat gesagt, ich hätte Glück gehabt, dass die Klinge nicht länger war, sonst wär sie ins Gehirn gegangen, und ich wär jetzt tot.«

Ich dachte: Na, wenn du das Glück nennst.

Endlich kamen Leute vom Museum. Sie führten uns die Treppen hinab und durch die Drehkreuze in einen Vortragssaal weiter hinten, wo es nach Kotze stank, was allerdings keiner erwähnte.

Wir waren nur zu viert: ich, der Typ aus Staten Island, eine ältere Frau, die so tat, als hätte sie gar nicht kommen wollen, und ein Student mit einem derben jamaikanischen Akzent, Dreadlocks und einem großen, übel riechenden Blindenhund. Der Blinde, der das Programm leitete, Levy, war klein und gedrungen, sehr gut gekleidet, vielleicht Ende dreißig. Er saß vorn, zusammen mit einem Beauftragten vom Mitarbeitersicherheitsdienst MSD der Verkehrsbetriebe.

Wir waren an diesem warmen Tag zusammengekommen, um zu erfahren, was genau wir tun sollten, wenn uns Stock und Hund im Stich ließen und wir vom Bahnsteig aufs Gleisbett stürzten.

Der Beauftragte verschaffte uns einen kurzen Überblick darüber, wie das typische Gleisbett angelegt ist: zwei Schienen, auf denen der Zug fährt, sowie die tödliche, Strom führende dritte. Dann gab er ein paar Anekdoten von Leuten zum Besten, die auf die Gleise gefallen waren und überlebt hatten.

Als Nächstes kam ein praktischer Rat für den Fall der Fälle: »Als Erstes«, sagte der Beauftragte, »schreien Sie. Und zwar laut. Und hören Sie nicht auf zu schreien.«

Klang vernünftig.

Er und Levy verteilten Trillerpfeifen, die uns die Sache erleichtern sollten.

»Sehr wahrscheinlich sind Polizisten oder MSD-Mitarbeiter auf dem Bahnsteig, die ziehen Sie dann wieder rauf.«

Ich fragte mich, wann diese MSD-Typen wohl das letzte Mal mit der U-Bahn gefahren waren.

»Lassen Sie sich, wenn möglich, nur von einem Polizisten oder MSD-Mitarbeiter helfen. Nur wenn von denen niemand da ist, können Sie sich auch von einer Privatperson helfen lassen. Privatpersonen wissen nicht immer, was sie zu tun haben. Wenn kein Polizist oder MSD-Mitarbeiter zur Stelle ist, könnten Sie vielleicht eine Privatperson bitten, der Person am Münzschalter zu sagen, dass ein Blinder auf die Gleise gefallen ist. Die Person am Münzschalter hat zwar keinen Kontakt zu den Zugführern der einfahrenden Züge, aber sie kann die Polizei benachrichtigen, die wiederum die Leitstelle des MSD benachrichtigen kann, die dann mit den Zugführern Kontakt aufnimmt und ihnen sagt, sie sollen anhalten.«

Ich hob die Hand.

»Wie lange genau dauert es denn, bis ein einfahrender Zug gestoppt ist, ich meine den Bremsweg?«, fragte ich.

»Wenn der Zug mit ungefähr dreißig km/h in den Bahnhof einfährt, schätzungsweise siebzig Meter. Das ist mit Notbremse. Fährt er schneller, wissen wir es nicht. Es gibt dafür keine feste mathematische Formel, da spielen zu viele Faktoren mit. Sind die Schienen nass, dauert es länger. Ist es eine Steigung, wahrscheinlich weniger lang. Bei einem Gefälle ein wenig länger. Bei einem Zug, der mit fünfzig km/h fährt, wären das zwischen hundert und hundertachtzig Meter. Vielleicht auch länger.«

»Und wie schnell sind die Züge in der Regel, wenn sie in einen Bahnhof einfahren?«

»Auch das kommt darauf an. Ob sie aus einer Kurve kommen oder Ähnliches. In manche Bahnhöfe fahren die Züge mit, tja, achtzig, neunzig km/h ein.«

Damit sagst du uns, dachte ich, dass wir nicht die geringste Chance haben, dass er zum Stehen kommt, bevor er uns überrollt.

»Zweite Frage: Wird dieses Training auch New Yorkern angeboten, die normal sehen können? Ich meine, warum gehört das nicht zu dem normalen Trainingspaket, das die Stadt jedem Zugezogenen gibt?«

»Nein, wir bieten es der Öffentlichkeit nicht an«, blaffte Mr. Levy. »Und zwar deshalb, weil die meisten New Yorker sehr gut sehen können. Sie können sehen, wo die dritte Schiene ist, und auch, wo der Bahnsteig ist. Sie können sehen, wo sie sich, falls erforderlich, hinlegen müssen. Das alles können sie selber.« Er schien verärgert, weil ich die Exklusivität seines Babys in Zweifel zog.

Man erklärte uns, dass der Strom auf den Schienen, die wir gleich erkunden würden, abgeschaltet worden sei, dann wurden uns Vieren weiße Plastik-Overalls und schicke »NYCTA«-Arbeitshandschuhe ausgehändigt. Wir verwandelten uns in Figuren aus dem Film *Andromeda:* die Angestellten führten uns im Gänsemarsch in die sauberen, rattenfreien Tiefen des Verkehrsmuseums.

Lektion eins: Glauben Sie ja nicht, Sie könnten sich retten, indem Sie in den gemütlichen Raum unter der Bahnsteigkante kriechen. Fast jeder, dem ich mein Training beschrieb, sagte das Gleiche: »Ich würde einfach in den gemütlichen Raum unter der Bahnsteigkante kriechen.« Wenn der Zug mit siebzig km/h heranrast und man sich unter die Bahnsteigkante gekuschelt hat, ist man tot, ganz einfach. Und nicht nur einfach tot, sondern zerschmettert, zerfetzt und auch noch durch einen Stromstoß gegrillt. Denn die meisten Züge verfügen heute über so genannte Bremsschuhe, dicke Dinger aus unter Strom stehendem Stahl, die an den Seiten herausstehen und unter die Bahnsteigkante ragen, wo sie alles, was ihnen in den Weg kommt, zermalmen. Ich weiß nicht, wozu diese Bremsschuhe sonst gut sein sollen als dazu, Leute unter der Bahnsteigkante umzubringen.

Lektion zwei: Wenn Sie auf den Schienen sind, ein Zug nähert sich und Sie haben zufällig noch Zeit, dann entfernen Sie sich in die Gegenrichtung.

Lektion drei: Wenn alles zu spät ist und Sie in einem unterirdischen Bahnhof sind, können Sie sich möglicherweise in den Trog zwischen den Schienen legen und den Zug über sich hinwegfahren lassen. Man erzählte uns, vor einigen Monaten habe so eine Schwangere überlebt. Natürlich wurde uns nichts darüber gesagt, wie schwanger sie gewesen war. Die meisten unterirdischen Bahnhöfe haben Betonbetten und eine Abflussrinne zwischen den Schienen. Die meisten überirdischen Bahnhöfe haben ein Kiesbett, bei dem es keine Rinne gibt. Legt man sich da zwischen die Schienen, macht man sich in seinen letzten Augenblicken bloß lächerlich.

Ich tappte ein paar Minuten mit dem Stock auf den Schienen herum und stellte dem Führer morbide Fragen, die ich in wissensdurstige Neugier kleidete:

»Wie viele Leute fallen denn pro Jahr auf die Schienen?«

»Eigentlich nicht sehr viele. Vielleicht ein halbes Dutzend. Da sind allerdings die Springer nicht eingerechnet. Von denen haben wir mehr – Sie wissen schon, Selbstmörder, Leute, die absichtlich vor einen Zug springen.«

Eines war mir bei meinen vielen U-Bahn-Fahrten aufgefallen: Am Tag nachdem jemand auf den Gleisen gestorben war, war die betreffende Station erfüllt vom Gestank unverdünnten Pine-Sol-Luftverbesserers und von Grabmoder. Vielleicht roch der U-Bahn-Tod einfach so. Ich wollte den Führer danach fragen, ließ es aber sein.

Stattdessen tastete ich mich zu der dritten Schiene und fasste sie an. Nichts.

»Die meisten, die aus Versehen runterfallen, werden ohne Probleme raufgezogen«, beruhigte mich der Führer.

»Das ist gut, was?«

Das U-Bahn-System hatte mich schon lange fasziniert, und ich kroch voller Begeisterung auf dem Gleis umher. Aber dass ich nur von Blinden umgeben war, langweilte mich zunehmend. Es waren die ersten Blinden, mit denen ich länger zu tun hatte, und das Einzige, worüber sie offenbar zu reden imstande waren, waren »Blindenthemen«. Blind dieses und blind jenes. Welcher Blinde sein eigenes Geschäft hatte. Wer einen neuen Hund bekommen hatte und wie das gelaufen war. Wie die Blindenkommission sie um das beschissen hatte, was ihnen zustand. Und so weiter. Keine witzigen oder gruseligen Geschichten. Nur eine hermetische Subkultur wie viele andere auch. Schon nach einer Stunde wollte ich nichts mehr mit ihnen zu tun haben.

Aber wer weiß? Nach Jahren ohne visuelle Reize würden Blindenthemen vielleicht das Einzige sein, worüber dann auch ich noch reden konnte. Ich flüchtete aus dem Museum, faltete meinen Stock zusammen, steckte ihn in die Tasche und ging zur Arbeit, ein paar hundert Telefonate entgegennehmen.

Während der folgenden Wochen erhielt ich immer wieder Anrufe von der Kommission und auch von Lighthouse. Ich hatte den Fehler begangen, ihnen zu sagen, sie könnten mich nur bei der Arbeit erreichen. Was stimmte, da ich um sieben Uhr morgens dorthin aufbrach und erst um acht oder neun Uhr abends wieder nach Hause kam.

Mit dem Survival-Kurs in der U-Bahn war mein offizielles Blindentraining beendet; ich war jetzt also auf mich gestellt, nur dass ich noch diese Anrufe bekam, denen ich mich nicht entziehen konnte.

»Mr. Knipfel?«, fragte eine muntere Stimme. »Hier ist Marcy von Lighthouse.«

»Ja?«

Ich erinnerte mich, dass sie und ein Mann von Lighthouse einmal zu mir ins Büro gekommen waren, um zu sehen, wie sie mir die Arbeit erleichtern könnten. Ich hatte ihnen den Computer gezeigt, an dem ich arbeitete, meine Telefonanlage und die Frankiermaschine hinten. Der Mann meinte, er könne mir eine Software für Blinde besorgen, er werde mich am folgenden Tag anrufen. Das Einzige, was sie mir sonst noch vorschlugen, war die Anschaffung eines dieser Bildvergrößerungsdinger.

Mit so einem hatte ich schon mal rumgespielt. Es war ein großer alter Kasten mit einer Kamera drin. Man schob auf einem Träger ein Buch oder ein Blatt Papier hinein, worauf der Text vergrößert auf dem Bildschirm erschien. Das Dumme war, dass so ein Gerät ein paar Tausender mehr kostete, als ich mir leisten konnte. Eine Frau von der Kommission hatte mir schon gesagt, dass ich mit meinem Gehalt, so lumpig es auch war, zu viel verdiente, als dass mir die Kommission etwas Derartiges bezahlen könne. So viel zu meinen Träumen von einer Karriere als Postermodel.

Seit jenem Besuch vor vier Monaten hatte ich von dem Lighthouse-Paar nichts mehr gehört. Und nun fragte mich diese kregle Frau am Telefon, warum ich mir noch keinen Bildvergrößerer angeschafft hatte.

»Ich kann mir keinen leisten, Marcy. Ich verdiene mein Geld mit Telefonieren.«

»Aber Sie sind auch nicht zu Lighthouse gekommen, um sich verschiedene Modelle anzusehen?«

»Nein.«

»Warum nicht?«

»Sehen Sie, Sie sollen mir doch eigentlich dabei helfen, dass ich diesen Job so lange wie nur möglich behalten kann, ja? Aber gleichzeitig sagen Sie, ich soll mir während der Arbeitszeit all diese Sachen ansehen, zum U-Bahn-Training gehen oder zu einem Ihrer Ärzte. Die ganze Zeit, die ich mir dafür freinehmen soll, würde meinen Job um einiges mehr gefährden als die Tatsache, dass ich nicht sehen kann, was zum Teufel ich mache, wenn ich hier bin.«

»Trotzdem sitzen Sie Tag für Tag bei der Arbeit und leiden.« Ihr ungeschminkt wehleidiger Ton sorgte dafür, dass ich sie noch ein kleines bisschen weniger respektierte.

»Ich leide hier nicht mehr als zu Hause. Es ist halt einfach so.«

»Aber es muss nicht so sein. Ich rufe Ihren Sachbearbeiter bei der Kommission an und sehe, was ich für Sie tun kann.«

Bei der letzten Zählung hatte ich vier oder fünf Sachbearbeiter gehabt. Mit zweien hatte ich nur je einmal gesprochen, und beide hatten nur gesagt, sie seien mein einziger wahrer Sachbearbeiter und ich solle ja nicht auf das hören, was die anderen sagten. Meine Erfahrungen mit der Stockfrau und der Kommission legten nahe, dass die verschiedenen Blindenorganisationen der Stadt einander leidenschaftlich hassten und versuchten, einander zu schaden, so sehr sie nur konnten, egal, welche Auswirkungen das auf die Leute hatte, denen sie eigentlich helfen sollten.

»Na schön. Dann werden Sie halt glücklich damit«, sagte ich zu ihr. Ich hatte keine Ahnung, was da in meinem Namen abging oder abgehen sollte. Ich wusste nur, dass ich Anrufe entgegenzunehmen hatte.

»Ich melde mich gleich wieder«, sagte sie und legte auf.

Eine Woche verging, und ich hörte nichts von Marcy. Allerdings stattdessen von einer meiner Sachbearbeiterinnen von der Kommission.

»Ich habe mir nochmal Ihre Akte angesehen«, sagte sie. »Ihr Einkommen liegt gerade über der Grenze, die es uns erlauben würde, Ihnen bei alldem zu helfen.«

»Okay.«

»Drum sollten Sie einfach mal zu Lighthouse gehen und sich selber so ein Gerät anschaffen.«

»Gut.«

Kein Wunder, dass sich die Kommission mit

Lighthouse bekriegte, das sich wiederum mit der American Foundation for the Blind bekriegte, die sich mit Associated Blind bekriegte, die sich mit der Kommission bekriegte.

»Wie kommen Sie mit dem grellen Licht zurecht?«, fragte sie.

»Merklich schlechter.« Selbst bei tief heruntergezogener Hutkrempe war es fast so schwierig, ins helle Sonnenlicht hinauszugehen, wie bei Nacht das Haus zu verlassen. »Es wird langsam ziemlich schlimm.«

»Vielleicht sollten wir Ihnen eine Sonnenbrille beschaffen.«

»Das kann ich doch auch selber.« Den Aufstand, den es geben würde, wenn ich mir von einer dieser Gruppen eine Sonnenbrille besorgen ließ, wollte ich mir lieber nicht vorstellen. »Die Ärztin bei mir gleich um die Ecke ist Spezialistin für Augenschwäche. Bei der bin ich seit sechs Jahren. Die besorgt mir schon eine.«

Es entstand eine Pause, Papiergeraschel war zu hören. »Wir hatten doch schon festgehalten, dass sie nicht auf unserer Liste ist.«

»Ich dachte, doch.«

»Ihre Praxis in Queens, ja, aber nicht die in Brooklyn. Nein, ich möchte, dass Sie wieder zu unserer Ärztin in der 43rd Street gehen, dann würden wir sie Ihnen bezahlen.«

»Ich kauf mir einfach selber eine, und der Fall ist erledigt.«

»Aber eine gute Sonnenbrille kann Sie bis zu zweihundert Dollar kosten.«

»Nicht wenn ich sie mir auf Coney Island hole. Da kriege ich locker eine schöne für fünf Dollar.«

Sie meinte, sie werde mir einen Termin bei der Ärztin in der 43rd Street besorgen und mir dann noch genauer Bescheid geben. Ich war alldem hilflos ausgeliefert wie eine Flasche, die auf dem Wasser treibt, wurde von Kräften herumgestoßen, die ich weder sehen noch beherrschen konnte.

Ein paar Tage später rief Marcy wieder an, um mir mitzuteilen, dass die Kommission die Kosten für das Lesegerät nicht übernehme und ich daher doch einfach vorbeikommen und mir selber eins kaufen solle. Einfach so. Aber in Wirklichkeit wollte ich das verdammte Ding gar nicht. Mein Schreibtisch war klein und ohnehin schon mit Telefonen und einem Computer voll gestellt. Ich hatte kaum Platz, mit dem Kopf gegen die Wand zu laufen, wenn es sein musste. Da brauchte ich doch keinen Kasten, der mir auch noch den letzten Platz wegnahm.

»Na super«, sagte ich zu ihr. »Dann komme ich am besten sofort vorbei und hol mir eins. Cash auf die Kralle.«

Ich wusste, dass sie mir nur helfen wollte. Blinden zu helfen war ihr Job. Das war ja auch in Ordnung, aber diese bürokratische Idiotie war so ärgerlich, dass ich gar nicht anders konnte, als sie so abzubürsten.

Zwei Wochen danach rief die Frau von der Kommission an, um mir zu sagen, dass jemand ein gebrauchtes Lesegerät vorbeigebracht habe. Es sei längerfristig zu mieten. »Sie müssten herkommen, damit Ihnen jemand zeigt, wie man es aufbaut und benutzt«, sagte sie. »Dann könnten Sie es mitnehmen.«

»Das geht nicht. Ich kann deswegen nicht von der Arbeit weg.«

»Dann lassen Sie sich eben etwas einfallen.« Sie legte auf.

Ich saß an meinem Schreibtisch und schäumte. Das war es doch nicht wert. Nichts davon war es wert. Es lohnte sich nicht, sich wegen dieses Lesegeräts verrückt machen zu lassen. Gut, Marcy wollte mir helfen. Aber genau wie alle anderen hörte sie einfach nicht zu. Keiner von denen verstand einen Wink mit dem Zaunpfahl. Ich wollte in Ruhe gelassen werden. Ich hatte mein Training abgeschlossen, wusste, wie ich mit dem Stock umzugehen hatte und auch, wie ich mir einen schönen Auflauf machen konnte. Was brauchte ich noch? Was wollten sie noch von mir?

Nachdem ich zuerst so lange gebraucht hatte, sie um Hilfe zu bitten – angefangen vor Jahren, als ich von der Sozialarbeiterin gedemütigt wurde, die auf meinem Alkoholkonsum herumritt –, und nachdem diese Leute mich später mit solchem Tempo durch ihr System geschleust hatten, indem sie mir binnen weniger Wochen die Stockfrau und meinen guten Geist besorgten, sollte man meinen, dass ich dankbar hätte sein müssen, und das war ich auch. Nur dieses anhaltende Wohlwollen war frustrierend.

Ich weigerte mich, mich als Krüppel zu betrachten, außer wenn ich auf billige Anteilnahme aus war. Mein angeschlagener Stolz hielt, aber ich war nicht der Typ, der über so etwas steht, und würde es auch nie werden; im Angesicht von Widrigkeiten würde ich nie das Haupt erhoben tragen. Ich versuchte nur, so gut damit zurechtzukommen, wie ich konnte. Wenn ich kein Heiliger war, so war ich auch kein schlimmer Finger. Dass ich blind geworden war, hatte mich nicht sonderlich verändert.

Verdammt.

Plötzlich wollte ich ihre Hilfe nicht mehr. Eigentlich wollte ich von niemandem mehr Hilfe. Ich würde auch allein ganz gut zurechtkommen auf dieser Welt. Nun, da die Lichter immer schwächer wurden, wollte ich mich wieder auf mein Dreirad schwingen und mit Schmackes gegen die Backsteinmauer fahren, mich dann aufrappeln, wieder draufsetzen und es erneut tun.

Mit Durchblick in die Finsternis

Trotz des Trainings und vergangener Verletzungen und Demütigungen gewöhnte ich mich nur schwer daran, meinen Stock einzusetzen. Das kriege ich schon so hin, dachte ich, wenn ich vor einer dunklen Straße stand. Das dachte ich so lange, bis ich wieder mal in Schwierigkeiten geriet.

Eines Abends stolperte ich spät nach Hause. Alles war noch verschwommener als sonst. Ich war stolz darauf, mich ohne Zwischenfall um einen Haufen Stimmen herumgetastet zu haben, die den Gehweg blockierten. Ich war stolz darauf, das Gleichgewicht gehalten zu haben, als ich mit dem Fuß an einem Tor hängen geblieben war, das jemand hatte offen stehen lassen. Der Stolz hinderte mich daran, den Stock zu gebrauchen. Ich kam auch so ganz gut zurecht, ohne der ganzen Welt meine Krüppelexistenz auf die Nase zu binden. Dann trat ich auf etwas.

Der Hund – dem Ton nach zu urteilen auch noch ein großer – jaulte auf und riss das Bein unter meinem Fuß weg.

»Herrgott, haben Sie ihn denn nicht gesehen?«, brüllte mich der Hundebesitzer, ein alter Mann, an.

Ich blieb stehen, bedachte meine Lage und wandte mich dann der Stimme zu.

»Oh, das tut mir sehr Leid ... ich habe ihn *wirklich* nicht gesehen.«

»Das ist aber doch ein verdammt großer Hund!«

»Ja, bestimmt. Tut mir Leid. Das ist allein meine Schuld, wissen Sie, ich habe« – ich klappte meine Tasche auf und griff hinein – »ich habe hier so einen rotweißen Stock, den ich eigentlich benutzen müßte.« Ich zog den Stock heraus und hielt ihn dem Mann hin. »Ich bin blind, Sir. Ich habe den Hund nicht gesehen, es war meine Schuld.«

»O Gott. Das tut mir aber Leid.« Der Zorn war aus seiner Stimme gewichen, und er fasste mich leicht am Arm. »Das ... das habe ich ja nicht gewusst.«

»Schon gut. Das konnten Sie auch gar nicht wissen. Wenn ich mit dem Stock gegangen wäre, wie ich es hätte tun sollen, hätten Sie's gewusst, und die Sache wäre nicht passiert.«

»Es tut mir sehr, sehr Leid.« Er fing leise an zu weinen. Ich kam mir ganz beschissen vor.

Ich drückte ihm die Hand, entschuldigte mich noch einmal, wiederholte, es gehe mir gut, schob dann den Stock wieder in die Tasche und schlurfte den letzten Block entlang nach Hause, wo meine Katzen schlau genug waren, mir eilends aus dem Weg zu gehen.

Einige Wochen später passierte mir etwas Ähnliches. Ich war nach der Arbeit mit ein paar Leuten in einer Bar verabredet. Sie kamen aus verschiedenen Teilen der Stadt, und ich hatte beschlossen, früh einen Tisch zu besetzen und auf sie zu warten. Einigen davon war ich noch nie begegnet, und ich war nervös. Bei Sonnenschein war die Bar einigermaßen hell, weshalb ich sie auch gewählt hatte. Und weil die Barleute mich kannten.

Wenn ich von draußen komme, dauert es ein paar Minuten, bis meine Augen sich umgestellt haben, egal, wie hell es in dem Raum ist. Und trotz der

Fenster war mitten in dieser Bar eine ewig dunkle Stelle, die mir immer Schwierigkeiten machte. Beim Eintreten senkte ich den Kopf und machte mich behutsam auf den Weg nach hinten. Die Bar wirkte ziemlich leer. Dann trat ich auf etwas. Wieder erscholl ein Jaulen. Wieder war ich auf einen Hund getreten, wieder auf einen großen.

»Haben Sie ihn denn nicht gesehen? Sperren Sie doch Ihre blöden Augen auf!«, knurrte eine Frau, die an der Bar saß.

Darauf entspann sich nahezu der gleiche Dialog wie mit dem alten Mann, nur dass diese Frau überhaupt nicht einsichtig war. »Passen Sie doch auf, wo Sie hintreten, verdammt.«

»Ist gut«, brummelte ich und ging weiter. Brummelnd stapfte ich zu einem Tisch im hinteren Bereich, wo ich meine Tasche hinknallte, meinen Stock herauszog und vor mich hinlegte. Ich steckte mir eine Kippe zwischen die Lippen und setzte mich, um mich zu beruhigen, bevor ich mir ein Bier holen ging.

Teils war ich sauer auf sie, weil sie mich angeblafft hatte und ihr Hund sich so breit machen durfte. Aber eben auch auf mich, weil ich wieder mal Mist gebaut hatte.

Während ich grollend dasaß, erklärte der Barmann der Frau leise den Sachverhalt. Als ich aufstand und mich zur Bar hintastete, beugte sich die Frau zu mir her und entschuldigte sich.

»Schon gut«, sagte ich zu ihr. »Sie konnten's ja nicht wissen.«

Aber sie entschuldigte sich weiter. Als ich zur Bar ging, um ein Bier zu bestellen. Als sie auf dem Weg zur Toilette an mir vorbeikam. Als sie auf dem Rückweg von der Toilette an mir vorbeikam. Das ging eine ganze Weile so.

Seither ist sie immer wieder in dieser Bar, und immer mit einem großen Tier, und jedes Mal, wenn ich vorbeigehe, zerrt sie es aus meinem Weg.

»Sehen Sie, ich hab ihn weggenommen«, sagt sie.

»Danke, das ist sehr nett von Ihnen. Sehr freundlich.«

Wenn ich Leute anremple, auf ihre Tiere trete, gegen Mülleimer, Ampelmasten oder T-Träger in der U-Bahn renne, müssen die Leute, die mich sehen, glauben, ich sei betrunken. Wie auch anders? Wenn ich keinen Stock hin und her schwenke, welche andere Erklärung kann es da geben?

»Lachen Sie mich nicht aus.«

Ich wusste, ich hatte es nicht so laut gesagt, dass sie es hören konnte. Egal. Ich stand an der Kreuzung, wartete auf Grün, ein alter Hass brodelte in mir hoch, und ich schimpfte vor mich hin.

»Lachen Sie mich nicht aus.«

Es war ein Missgeschick gewesen, noch dazu ein ganz einfaches. Es hätte jedem passieren können; aber es passierte eben meistens mir.

Ich war auf dem Weg nach Hause, es war noch recht früh an einem Winterabend, und ich stieß gegen sie. Eine dicke Frau, die fast den ganzen Gehweg blockierte und mit einer ebenso dicken Freundin palaverte.

Ich blieb stehen und entschuldigte mich sofort. Das war inzwischen ein Reflex geworden. »Entschuldigen Sie. Tut mir schrecklich Leid«, sagte ich und starrte in ihre ungefähre Richtung, »aber ich sehe nicht gut.«

Stille, als ich die wenigen Meter zur Kreuzung schlurfte. Nie war Grün, wenn ich es brauchte. Mit dem sechsten Sinn, den wir Blinden entwickeln, spürte ich ihre kleinen Äuglein auf mir. Ich wollte nur weg.

Dann fing die Frau an zu lachen. Das grausame, kaum menschliche Lachen einer Pubertierenden. Ihre Freundin lachte mit. Sie genossen meine missliche Lage.

Ich Feigling stand an der Kreuzung und brummelte: »Lachen Sie mich nicht aus.« Dabei wusste ich, dass sie das bei dem Verkehr niemals hören würden. Einige Tage danach war so etwas sicher nicht mehr schlimm, aber in dem Moment löste es nur unangenehme Erinnerungen aus. Insbesondere erinnerte ich mich an einen Herbstabend einige Jahre zuvor.

Ich war in Manhattan unterwegs gewesen zu einem Club, in dem ich mit einer Band singen sollte, als ein junger Typ, der ein paar Meter hinter mir ging, Beschimpfungen ausstieß. Warum, weiß ich nicht. Ich versuchte ihn zu ignorieren. Ich musste in den Club, und er lohnte nicht den Aufwand. Aber es war spät, und ich hatte mein Krampfmittel nicht genommen. Seine Bemerkungen bohrten sich mir unter die Haut. Ich spürte, wie sich die Anspannung in meinem Kopf aufbaute, und ohne eine beruhigende Maßnahme konnte durchaus ein Anfall daraus werden.

Er fuhr mit seiner Schimpfkanonade fort, bis wir auf der Mitte des Häuserblocks waren. Da drehte ich mich zu ihm um und schlug mit der Faust nach ihm. Sie traf ihn seitlich am Kopf, glitt aber wirkungslos ab. Er wich zurück, trat um mich herum und ging weiter. Ich stand mitten auf dem kalten Gehweg, und meine Wut war mit dem einen bösen Schwinger so gut wie verflogen.

Ich konnte erkennen, dass er an der Ecke auf mich wartete und zu mir herstarrte, während ich reglos dastand und darauf wartete, dass das Feuer erlosch, bevor ich weiter zu dem Club ging. Ich weiß nicht, wie lange ich so dastand. Schließlich wurde es mir zu kalt, und ich musste weiter. Er wartete noch immer. Ich konnte ihm nicht ausweichen. Als ich bei ihm war, beging ich einen noch größeren Fehler.

»Tut mir Leid«, sagte ich. »Dass ich Sie an den Kopf geschlagen habe.«

»Mann, ich kapier das alles nicht.« Er kicherte.

Er ging weiter, und ich stand da und kam mir mies vor, weil ich so feige gewesen war. Erstens, weil ich nicht härter zugeschlagen, und zweitens, weil ich mich dann auch noch dafür entschuldigt hatte.

Seitdem habe ich meine Anfälle im Griff, solange ich daran denke, meine Pillen zu schlucken. An dem Abend, als die Frauen über mich lachten, rannte ich fast im Eiltempo nach Hause, nur weg von ihrem spöttischen Gelächter, mit einem Hass auf sie, einem Hass auf alle, die mich jemals ausgelacht hatten. Ich schimpfte so laut vor mich hin, dass mir die Leute auf dem dunklen Gehweg aus dem Weg gingen.

Ich stelle fest, dass ich mein Leben lang Dinge an mir gefunden habe, die es wert waren, dass man sich darüber lustig machte. Ich hatte mich schon selbst darüber lustig gemacht, bevor andere überhaupt Gelegenheit dazu hatten. Zudem war mein eigener

Hohn viel grausamer und kälter und witziger als alles, was sich andere getraut hätten.

Das machte die Sache für alle viel einfacher.

Ich konnte es noch nie ertragen, ausgelacht zu werden. Deshalb nahm mich die Begegnung mit diesen Frauen auch so mit. Sie kannten mich nicht, hatten keine von meinen Geschichten gelesen und keine Ahnung davon, was Sache war oder dass ich mich nur allzu gern selber auslachte. Es war schlicht eine unselige Begegnung, wie sie mir tagtäglich widerfuhr, und ich hatte mich freundlich und rasch entschuldigt, weil mir wieder mal etwas schief gegangen war. Und trotzdem lachten sie mich aus.

Da war das Maß voll.

Alle, mit denen ich zu tun hatte, ich eingeschlossen, glaubten, es bedürfe eines einschneidenden Vorfalls, damit ich den Stock so gebrauchte, wie ich es sollte. Vielleicht eines Beinbruchs oder noch einer Gehirnerschütterung. Oder dass Blut floss. Stattdessen bedurfte es nur zweier feister Drachen mittleren Alters, die mich an einer dunklen Straßenecke auslachten. Am Abend nach diesem Zwischenfall zog ich den Stock aus der Tasche, um besser meinen Heimweg von der U-Bahn zu finden, und so halte ich es bis heute.

Nacht für Nacht habe ich mich in den Hintern getreten dafür, dass ich das nicht schon früher gemacht hatte. Den Stock zu gebrauchen, genau den Stock, mit dem ich sechs Wochen lang geübt hatte, war meine beste verdammte Idee seit langem, und das aus einem ganz einfachen Grund.

Indem ich den Stock aus der Tasche zog und aufflappen ließ, veränderte ich die Lage von Grund auf. Ich verkehrte die Regeln. Während der Jahre davor war ich mit der ganzen Anmut eines verkrüppelten Lamms die Straße entlanggeschlurft, immer in Abwehrhaltung, immer in Angst davor, gegen wen oder was ich beim nächsten Schritt laufen würde. Ich wich Schatten aus, donnerte aber gegen Mülleimer. Ich trat auf Tiere, ich trat auf Menschen und musste mich dann rechtfertigen. Ich wurde angebrüllt und ausgelacht. Alles nur, weil mein Stolz mich hinderte zuzugeben, dass ich eine Hilfe benutzen musste. Ich weigerte mich sozusagen, einen Hammer zu benutzen, um einen Nagel einzuschlagen, und beharrte darauf, dass es mit der Stirn genauso gut ging. Na schönen Dank auch.

Jetzt aber, ha, wenn jetzt der Stock rauskommt, bin *ich* derjenige, der bestimmt. Gerade mal drei, vier Abende nach meinem Entschluss, den Stock zu benutzen, prallte ich gegen drei Leute, noch bevor ich die U-Bahn erreicht hatte, und *die* entschuldigten sich bei *mir*. Plötzlich wollten alle nett zu mir sein, entweder indem sie mir aus dem Weg gingen oder indem sie mir Hilfe anboten (was ich meist freundlich ablehne).

Einmal überquerte ich im Regen eine Straße, als ich in der Nähe zwei Stimmen hörte. Erst als sie sich wiederholten, merkte ich, dass sie mit mir redeten.

»Achtung. Pfütze! Große Pfütze vor Ihnen!«

Es war ein australisches Paar. Ich zögerte vor dem nächsten Schritt.

»Ein bisschen nach links gehen«, meinten sie, und ich tat es. »Da ist zwar auch noch eine Pfütze, aber die ist nicht so groß.«

Ich spürte, wie sie dastanden, mich anspornten, aber Hemmungen hatten, mich anzufassen und mich um das verdammte Ding herumzuführen. Vielleicht hatten sie Angst, sie könnten sich mit meiner Blindheit anstecken.

»Ja, gut so. Jetzt geradeaus. Fuß hoch!«

Natürlich stellte ich den Fuß mitten in die kleinere Pfütze, aber das war in Ordnung. Als ich dann auf dem Bürgersteig stand, schickte ich mich an abzubiegen.

»Halt, passen Sie auf. Wollen Sie geradeaus weiter? Dann hier rüber.«

»Nein, schon gut.« Ich gestikulierte mit dem Stock. »Ich will nur in die Bar da. Da ist doch eine Bar, oder?«

Ich dankte ihnen und winkte in die Richtung, in der ich sie vermutete, dann ging ich hinein.

Ich hatte mit Freunden über diese Entscheidung, über diesen nächsten Schritt, die Gegenwart und das Unvermeidliche zu akzeptieren, gesprochen. Mich mit ihnen über Stolz und Unabhängigkeit unterhalten. Viele Freunde hatten mir schon lange in den Ohren gelegen, ich solle endlich damit anfangen. Aber stur, wie ich bin, musste ich die Entscheidung allein treffen.

All die Monate und Jahre hatte ich einfach nicht mehr hingehört, wenn sie damit ankamen. Als ich mich dann dazu durchgerungen hatte, mit dem Stock zu gehen, konnte ich wieder zuhören und war dabei auch noch ganz zufrieden mit mir selbst.

»Du redest von dem Stolz, es auch ohne Stock zu schaffen«, sagte einer meiner Freunde, »aber du ziehst doch sicher auch einen Stolz daraus, dass du ihn benutzt.«

»Jeder weicht vor mir zurück wie das verdammte Rote Meer, das steht jedenfalls fest.«

»Ja, es ist, wie wenn man mit einem Gewehr durch eine Menschenmenge geht.«

»Nur dass ich sie mit dem Stock bloß an Füße und Knöchel hauen kann.«

Nachdem die Redaktion der *New York Press* von SoHo nach Chelsea umgezogen war, musste ich auf meinem Weg zur Arbeit jeden Morgen die 23rd Street entlanggehen. Und jeden Morgen begegnete ich dabei drei, vier anderen Blinden. Ich kam am Gebäude der Associated Blind vorbei, einem Wohnkomplex speziell für Leute, die gar nichts mehr sehen können. Ich habe gehört, der Komplex sei ein Pfuhl für fleischliche Lüste jeglicher Art. Großartige Orgien bei den Blinden, hieß es. Wenn ich sehe, wie diese Leute über den Gehweg tappen oder sich von ihren Hunden führen lassen, während ich mir diese Orgien ausmale, denke ich unwillkürlich, wie gut es ist, dass sie blind sind. Seltsam, dass so viele von ihnen einander immer ähnlicher werden: klein, gedrungen, schlechter Topfhaarschnitt, aufgeblähte wattierte Jacken, noch aufgeblähtere käsige Gesichter. Keiner von denen, die ich sah, trug eine Sonnenbrille; vermutlich fanden sie es gut, die Welt mit ihrem unheimlichen Blindenblick zu konfrontieren.

Mir fielen die unterschiedlichen Stockstile dieser Leute auf: Sie scharrten mit ihren Stöcken sachte mal hierhin, mal dorthin, tasteten sich an den Wänden entlang, verloren den Rhythmus und setzten ihren Stock einfach nicht sinnvoll ein. Jeder hatte seinen eigenen Stil, aber alle Stile waren zu schlampig.

Wenn sie damit zurechtkamen, war das natürlich okay. Vielleicht war ich mit meinem neuen Stolz ein wenig arrogant geworden. Sie sollten ihren Stock mit Entschlossenheit und kalter Bosheit schwingen, fand ich. Jedes Tappen sollte eine Ankündigung sein, dass etwas Fieses des Wegs kam, also Platz da. Sie sollten mit dem Ding so gehen, als hätte es einen silbernen Wolfskopfgriff, und immer aufrecht. Diese Leute jedoch schlurften über die Straße wie ich früher ohne Stock, voller Angst, was der nächste Schritt bringen mochte.

Mir ist in Gegenwart von Blinden noch heute unbehaglich zumute. Nicht furchtbar unbehaglich, nur ein bisschen. Nicht annähernd so unbehaglich, wie ich mich in Gegenwart von Tauben oder geistig Behinderten fühle. Blinde haben mich schon immer nervös gemacht. Das ist eigentlich dumm von mir. Aber ich finde, es ist eine normale, angeborene menschliche Reaktion gegenüber Krüppeln, obwohl ja auch ich einer bin.

Eines Abends, als ich das Büro verließ und wie meistens vor der Tür des Redaktionsgebäudes stehen blieb, um mir eine Zigarette anzuzünden, hörte ich eine Stimme neben mir.

»Möchten Sie mir vielleicht auch noch ein bisschen Platz lassen, oder wie?« Es war eine Frauenstimme, und ich bekam einen Schreck.

»Tut mir Leid, Ma'am.« Ich griff in meine Tasche, zog den Stock heraus und ließ ihn ausflappen. »Ich habe Sie da nicht stehen sehen.«

»Meine Güte, ist das zu fassen! Sie benehmen

sich ja, als könnten Sie sehen. Das finde ich aber toll.«

»Danke, Ma'am«, sagte ich, bevor ich mich auf den Weg machte. Für mich war das ein ungeheures Kompliment. Vielleicht war das falsch. Ich hatte einen Großteil meines Lebens wenigstens halbwegs sehend verbracht und damit immer nur Ärger gehabt.

»Halten Sie sich ein wenig weiter rechts.«

Inzwischen erkannte ich die Stimme. Es war das dritte Mal hintereinander, dass ich sie hörte. Jedes Mal war ich nach Dienstschluss zur U-Bahn unterwegs, und jedes Mal gab sie mir eine nützliche Information. Wer immer da sprach – es war ein Mann, mehr weiß ich nicht –, er blieb nicht stehen, stellte sich nicht vor, sprach nie mehr als einen Satz, immer im Vorbeigehen.

Am ersten Abend hörte ich: »Sie überqueren gerade die 25th Street.«

»Danke«, sagte ich, während wir in entgegengesetzte Richtungen weitergingen. Inzwischen war ich es gewöhnt, dass Leute mir nützliche kleine Informationen gaben. Aber dieser Typ tauchte immer wieder auf.

Am nächsten Abend: »Schnell, die Ampel wird jeden Moment umspringen.«

»Danke«, sagte ich wieder. Und erneut dachte ich mir nichts dabei. Erst als er am dritten Abend sagte: »Halten Sie sich ein bisschen weiter rechts«, hatte ich ihn schon erwartet und fand die Sache allmählich komisch.

Heute schaffe ich es nicht mehr zum Zug, ohne dass mir jemand, meistens mehrere, Hilfe anbietet.

Sei es die alte Frau, die mir sagt, die Ampel sei jetzt grün, ich solle aber auf »die verdammten Taxifahrer« achten, oder der puertorikanische Zwerg, der mir nacheinander über sechs Straßen hilft, oder der Penner, dessen verschlissenes, verrücktes Herz vor Güte überläuft und der mich, nachdem ich ihm gesagt habe, ich brauchte keine Hilfe, am Arm packt und über die Straße schleift, wobei ich über meine eigenen Füße stolpere, der Stock an jedem Hubbel hängen bleibt und wir schließlich in einer Pfütze landen, während der Penner sauer ist, weil ich nicht schnell genug gelaufen bin. Ich laufe deshalb nicht schnell genug, weil an jenem Abend der Wind heult und ich neben dem Stock auch noch meinen Hut festhalten muss, damit er nicht davonfliegt, und mit der freien Hand eine Zigarette, während er mich zwischen den Autos hindurchzerrt.

Inmitten all dieser anderen Stimmen war diese eine, außerordentlich freundliche und genaue. Auch wenn ich sie nicht brauchte, auch wenn ich sehr gut wusste, dass ich mich ein wenig weiter rechts halten musste, war ich ihr dankbar.

Eines Dienstagnachmittags Mitte März klingelte mein Telefon.

»Jim?«

»Ja.« Ich erkannte die Stimme; es war meine Sachbearbeiterin bei der Blindenkommission.

»Ich hab mir Sorgen gemacht«, sagte sie. »Jack von Lighthouse meinte, er habe versucht, Sie zu erreichen, aber Sie hätten nicht zurückgerufen. Und als er in der Zeitung anrief, habe man ihm gesagt, Sie seien nur ein freier Mitarbeiter.«

»Der war das? Ja, *ich* hab ihm das gesagt. Er hat mir nicht mitgeteilt, wer er ist, also hab ich ihm auch nicht gesagt, wer ich bin.«

»Er meint, er hat ein paar Computertipps für Sie.«

»So? Na ja, da kann ich nur sagen, als er vor wie viel?, rund acht Monaten in der Redaktion vorbeikam, sagte er, er wolle sich gleich am nächsten Tag mit mir in Verbindung setzen. Bis heute habe ich keinen Piep von ihm gehört. Inzwischen hab ich mir das meiste schon selber besorgt.«

»Was haben Sie denn alles?«

Ich zählte es ihr auf. Nicht schrecklich viel, aber mehr, als Lighthouse mir hätte besorgen können.

»Und das funktioniert alles?«

»Ja, durchaus.«

»Na schön. Das hört sich ja richtig gut an. Sie scheinen prima zurechtzukommen.«

»Glaub schon«, sagte ich.

»Super. Wenn das so ist, werde ich Ihre Akte wohl schließen. Ich glaube, es ist jetzt für alles gesorgt.«

»Ja, toll«, sagte ich. »Tun Sie das.«

»Toll.«

Doch bevor sie auflegte, bevor sie einen Sticker über meine Akte klebte, froh, wieder einen selbständigen Blinden auf die Straßen New Yorks losgelassen zu haben, der keinem mehr zur Last fiel, kam mir noch etwas in den Sinn.

»Hey, bevor Sie auflegen.«

»Ja?«

»Danke für die Hilfe.«

»Schon gut.« Ende des Gesprächs, und ich machte mich wieder an die Arbeit.

In einem der Rundschreiben, die ich regelmäßig von Lighthouse erhielt, schlug jemand als hilfreichen Vorsatz fürs neue Jahr vor: »Aktualisieren Sie Ihr Testament.« Ich wusste nicht recht, was ich davon halten sollte, als ich es las. Ich fand es auf makabre Weise komisch. Das tue ich noch immer.

Blind zu werden ist selbst eine makabre und komische Sache. Besonders langsam blind zu werden, über einen Zeitraum von dreißig Jahren hinweg. Ich gewöhnte mich daran, während die Lichter schwächer wurden. Es mag ja lange gedauert haben, bis ich das alles gelernt habe, beispielsweise den Umgang mit dem Stock, aber letztlich habe ich es doch gelernt. Und ihn dann auch benutzt.

Fraglos wird einiges anders, wenn man blind ist, egal, was alle Blindentrainer der Welt einem sagen. Das Leben wird viel strukturierter, viel organisierter, viel beengter, zumindest wenn man allein lebt. Man kann nicht einfach so an einem freien Sonntagnachmittag losziehen und ziellos lange durch die Stadt streifen. Gut, es ginge schon, aber wahrscheinlich nicht ohne schlimme Folgen. Man kann sich nicht einfach in den Bus setzen und in eine Stadt fahren, in der man noch nie war, nur weil man in dieser Stadt noch nie war. Selbst die Vorstellung, in eine andere Wohnung zu ziehen, ist, jedenfalls für mich, lächerlich. Jeder Gegenstand um einen herum muss immer an seinem Platz sein, außer man benutzt ihn. Aus reiner Notwendigkeit wird der Blinde in gewisser Hinsicht nicht nur agoraphob, sondern auch noch zum Zwangscharakter.

Die in der Blindenindustrie Beschäftigten, die Trainer, die Sozialarbeiter, diese ganzen Selbstgerechten hören so etwas nicht gern. Aber ich möchte lieber ehrlich sein.

Blindsein ist ziemlich beschissen. Hätte ich die Wahl, würde ich natürlich nicht blind sein wollen. Es wäre dumm, die Blindheit zu wählen. Da ich aber nun mal keine Wahl habe – schließlich ist es nun so, und zwar für immer –, muss ich mir überlegen, wie es weitergeht. Selbstmord interessiert mich nicht mehr. Ebenso wenig möchte ich einer dieser überkompensierenden Typen werden, die Skifahren und Fallschirmspringen lernen. Ich will auch nicht in die Blindensubkultur, wo lauter Blinde über nichts anderes als das Blindsein reden und ihre Tage damit verschwenden, sich in Erinnerungen an ihr Leben als Sehende zu suhlen.

Es gibt noch einen anderen Weg zwischen Leugnen und Selbstmitleid. Trotz allem hat mich das Blindwerden nicht sonderlich gestört, nur dann, wenn ich stürze oder jemandem übermäßig zur Last falle. Damit muss ich eben zurechtkommen, wie mit Wahnsinn, Trunkenheit, Verbrechen, Armut oder der Erkenntnis, dass ich mir nahe stehenden Menschen in all den Jahren oft wehgetan habe. Das alles wird mich auf die eine oder andere Weise für immer begleiten, dicht unter der Oberfläche. Seltsamerweise hat mich das Blindwerden von vielem davon erlöst – oder es war ausgleichende karmische Gerechtigkeit. Das Blindsein wird natürlich direkt an der Oberfläche bleiben und alles beeinflussen, was ich tue.

Das Blindsein ist nur ein Festwagen von vielen im Umzug der Verrücktheiten, in dem ich mein Leben lang mitmarschiert bin. Ich weiß, vor mir, gleich um die Ecke, erwarten mich noch mehr Verrücktheiten, also laufe ich eben weiter mit wie all die Jahre schon. Ich bin gespannt, was als Nächstes kommt. Es wird interessant sein, das steht fest, weil ich immer Mist baue. Dessen bin ich mir ganz sicher. Das kann ich nämlich am besten.

Dank

Jeder einzelne der folgenden Menschen hatte wesentlichen Anteil an der Entstehung dieses Buches; allen danke ich von ganzem Herzen. Bei denen, die ich vergessen habe, möchte ich mich entschuldigen. Ich werde mir blöd vorkommen, wenn sie sich in Erinnerung bringen. Und weiß Gott, das werden sie tun.

Derek Davis, mein lieber Freund und erster Redakteur, brachte meine erste Geschichte im *Welcomat* in Philadelphia. Dann meine zweite, meine dritte und sechs Jahre lang so weiter. Er nahm mich gegen Berserker von Verlegern in Schutz, behandelte mich wie ein Familienmitglied und brachte mir das Schreiben bei.

Ken Swezey und Laura Lindgren haben auf mich Acht gegeben, seit ich nach New York gekommen bin. Warum, weiß ich bis heute nicht. Sie holten mich aus Kliniken und brachten mich an seltsame Orte. Nur ihretwegen kam ich in Kontakt mit der *New York Press,* und auch dieses Buch wäre ohne sie ungeschrieben geblieben. Ihre Anmerkungen und ihre Kritik an den ersten Entwürfen waren mehr als hilfreich. Ich verdanke ihnen sehr viel.

Laura L. Koenig, eine großartige Dichterin und Dramatikerin, begleitete mich, sehr zu ihrem Verdruss, bei vielen der hier beschriebenen Abenteuer. Auch wenn unsere Ehe nicht gehalten hat, bin ich stolz, sie meine Freundin nennen zu dürfen. Dutzende Male hätte sie mich einfach sterben lassen können und war vielleicht auch versucht, es zu tun, doch sie tat es nicht. Ich wünsche ihr nur das Beste.

John Strausbaugh, mein Redakteur bei der *New York Press* und ein Freund, der immer für ein offenes Wort gut ist, hat sich Dutzende Male für mich eingesetzt. Auf ihn höre ich, ihm vertraue ich.

Russ Smith, der Chefredakteur der *Press,* ging das Risiko ein, mich gegen seine Überzeugung zum Blatt zu holen. Seither ist er viele ähnliche Risiken eingegangen, ohne Aufhebens darum zu machen.

Ich trinke ein anständiges Glas Whiskey auf Sam Sifton, einen meiner früheren Redakteure bei der *Press*.

Meine Guggenheim-Kollegen mühten sich nach Kräften, einander – und mir – in und außerhalb dieser wunderbaren Hölle die Zurechnungsfähigkeit zu erhalten: Linda Hunsaker, John Graz, Sue McGuire, Erik und Phaedra Davidowicz, Jim Wallerstein sowie Steve und Simone Duresis.

David E. Williams' morbide, gestörte und schöne Musik (wie auch seine Freundschaft) haben meinen Blick auf die Welt verändert.

Ken Siman tätigte eines Tages einen Anruf, der sich zu unserer Überraschung auszahlte.

David Groff, mein Lektor bei Tarcher/Putnam, ist ein wunderbarer und leicht schräger Mensch, dessen Vorschläge zu diesem Buch unschätzbar waren. Er ließ sich eine Menge Dummheiten gefallen und riss sich den Arsch auf, alles mit einer Engelsgeduld.

Anna Jardine, die auf sachliche Richtigkeit las, sprang weit über ihren Schatten.

Mary, Bob, McKenzie und Jordan Adrians sorgen dafür, dass ich auf dem Teppich bleibe.

Joe Coleman, ein Mann mit Furcht erregenden Talenten, hat immer auf mich aufgepasst.

Greg Sandow meinte vor vielen Jahren als Erster, dass hieraus ein Buch werden könnte.

Meinen Illustratoren Russell Christian, Marcellus Hall, Bob Hires, Carol Lay, Tony Millionaire und Takeshi Tadatsu sowie der ganzen Redaktion der *New York Press,* der damaligen und heutigen – darunter Kevin Baier, Murray Cockerill, Greta Cohen, Michael Gentile, Don Gilbert, Adam Heimlich, Lisa Kearns, Adam Mazmanian und Al Nesselt –, gebührt mein Dank ebenso wie Jeff Koyen und Amy Nathanson für ihre technische Unterstützung.

Die Leute vom Buffa's hielten mich fünf Tage die Woche bei Verstand und gut genährt.

Und die Folgenden waren und sind allesamt nett zu diesem nervigen Scheißkerl: Jim Caulfield, Desire, Homer Flynn, Hardy Fox und andere bei Cryptic, Dschingis, die Hangdogs, Gordon Kato, Don Kennison und Ann Walton, Corrine Kurie, Louise Paluzzi, Adam Parfrey, Clayton Patterson, Dr. Frank Petito, David Read, Dr. Jean Rosenthal, Suzanne und Peter Ross, Celso Vera, Mike Walsh, Gretchen Worden, Dr. Andrea Zimmerman, die tollen Leute vom Khyber Pass Pub, vom Moby Dick's, vom 288 und vom Botanica (Jay!) und die bei den Zeitschriften und Blättern, die meine Geschichten gedruckt haben, sowie die anderen Autoren vom *Welcomat* und von der *New York Press.*

Schließlich hat mir Morgan Intrieris liebevolle Begeisterung und endlose Unterstützung die Abfassung dieses Buches sehr erleichtert. Ich schulde ihr viele Biere.

INHALT

Einleitung 7
Die Welt steht dir offen 13
Entblößung 27
Blindfisch 50
Ein echter Amerikaner 63
Dan Rather 93
Willkommen, Nachbarin 117
Ich muss ich sein 132
Dem geschenkten Gaul ins Maul treten 150
Eckige Typen im runden Museum 159
»If I Can Make it There ...« 176
Öffentlicher Nahverkehr 197
Flapp-flapp 222
Damit fertig werden 236
Die Stockfrau 254
Encounter-Gruppe Aug in Aug mit dem Tod 276
Mit Durchblick in die Finsternis 292
Dank 309

JIM KNIPFEL
Blindfisch

erscheint als neunter Band der
BRIGITTE-EDITION
ERLESEN VON ELKE HEIDENREICH

Lizenzausgabe für BRIGITTE-EDITION

Die Originalausgabe erschien 1999 unter dem Titel
Slackjaw
bei Tarcher / Putnam, New York
© 1999 by Jim Knipfel
© 2002 by Rowohlt Verlag GmbH,
Reinbek bei Hamburg
Aus dem Amerikanischen
übersetzt von Eike Schönfeld
© Autorenfoto: Debbie Egan-Chin
Ausstattung und Gestaltung von
Groothuis, Lohfert, Consorten, Hamburg
Herstellung:
G+J Druckzentrale, Hamburg
Prill Partners producing, Berlin
Satz: Dörlemann Satz, Lemförde
Druck und Bindung: GGP Media GmbH, Pößneck
Printed in Germany

ISBN 3-570-19516-3

DIE BRIGITTE-EDITION
IN 26 BÄNDEN
ERLESEN VON ELKE HEIDENREICH

1 | PER OLOV ENQUIST *Der Besuch des Leibarztes*
2 | PAULA FOX *Was am Ende bleibt*
3 | T.C. BOYLE *América*
4 | NIGEL HINTON *Im Herzen des Tals*
5 | RUTH KLÜGER *weiter leben*
6 | RICHARD FORD *Unabhängigkeitstag*
7 | JANE BOWLES *Zwei sehr ernsthafte Damen*
8 | ARNON GRÜNBERG *Phantomschmerz*
9 | JIM KNIPFEL *Blindfisch*
10 | DOROTHY PARKER *New Yorker Geschichten*
11 | DIETER FORTE *Das Muster*
12 | WISŁAWA SZYMBORSKA *Die Gedichte*
13 | HERMANN H. SCHMITZ *Das Buch der Katastrophen*

14 | HARUKI MURAKAMI *Gefährliche Geliebte*
15 | CARL FRIEDMAN *Vater/Zwei Koffer*
16 | BORA ĆOSIĆ *Die Rolle meiner Familie in der Weltrevolution*
17 | MARLEN HAUSHOFER *Die Wand*
18 | JOHN UPDIKE *Gertrude und Claudius*
19 | ANNE MICHAELS *Fluchtstücke*
20 | STEWART O'NAN *Das Glück der anderen*
21 | CHRISTA WOLF *Kein Ort. Nirgends*
22 | MAARTEN 'T HART *Gott fährt Fahrrad*
23 | ALESSANDRO BARICCO *Seide*
24 | ISABEL BOLTON *Wach ich oder schlaf ich*
25 | RADEK KNAPP *Herrn Kukas Empfehlungen*
26 | ANTONIO TABUCCHI *Erklärt Pereira*

MEHR INFOS ZUR GESAMTEDITION UNTER
www.brigitte.de/buch und in BRIGITTE

FSC
Mix
Produktgruppe aus vorbildlich
bewirtschafteten Wäldern und
anderen kontrollierten Herkünften

Zert.-Nr. SGS-COC-1940
www.fsc.org
© 1996 Forest Stewardship Council